乡村振兴研究文库

云南花农合作社增加社员收益的机理研究

Research on the Mechanism of Increasing Member Income in Yunnan Flower Farmers' Cooperatives

李丽莎◎著

中国经济出版社
CHINA ECONOMIC PUBLISHING HOUSE
·北京·

图书在版编目（CIP）数据

云南花农合作社增加社员收益的机理研究 / 李丽莎著. --北京：中国经济出版社，2023.8
ISBN 978-7-5136-7367-9

Ⅰ. ①云… Ⅱ. ①李… Ⅲ. ①花卉-种植业-农业合作社-收益-研究-云南 Ⅳ. ①F326.13 ②F321.42

中国国家版本馆 CIP 数据核字（2023）第 116977 号

责任编辑 焦晓云
责任印制 马小宾
封面设计 任燕飞

出版发行 中国经济出版社
印 刷 者 河北宝昌佳彩印刷有限公司
经 销 者 各地新华书店
开 本 710mm×1000mm 1/16
印 张 14.5
字 数 245 千字
版 次 2023 年 8 月第 1 版
印 次 2023 年 8 月第 1 次
定 价 88.00 元
广告经营许可证 京西工商广字第 8179 号

中国经济出版社 **网址** www.economyph.com **社址** 北京市东城区安定门外大街 58 号 **邮编** 100011
本版图书如存在印装质量问题，请与本社销售中心联系调换（联系电话：010-57512564）

序 言

《2021 年度云南省花卉产业发展报告》显示，2021 年云南鲜切花产销量连续 28 年保持全国第一；鲜切花产量 162.2 亿枝，占全国鲜切花总产量的 50%以上；产值 140.4 亿元，同比增长 21.1%；花卉生产合作组织 626 个，其中国家级示范合作社 7 个，省级示范合作社 40 个；花农 13.3 万户，同比增长 10%；花农收入 61.8 亿元，同比增长 45.1%。纵观云南鲜切花产业发展，其种植规模不断扩大，生产水平不断提高，成为拉动农户收入增长的有力抓手，为云南乡村发展做出了突出贡献。

增加农民收入一直是我国“三农”问题中的重点之一，受到党和政府的高度重视。云南花农在产业发展和农民合作社的带动下交出优秀答卷，成为农民增收的一个重要成功案例。苏联农业经济学家恰亚诺夫·A. B.（1927）指出：小农经济能够通过合作社这种组织形式得到改造，并实现现代化。我国农业经济学家（黄祖辉、郭红东、孔祥智等）也一直致力研究合作社在增加农民收入、促进农业现代化中的作用。云南花农合作社在促进农民增收方面取得了喜人成绩，为我国欠发达地区合作社建设提供了宝贵经验，对巩固拓展脱贫攻坚成果、推进乡村振兴及农业现代化具有重要意义。

据云南省花卉产业办公室统计，2011 年云南省鲜切花总产量达 65.03 亿枝，同比增长 7.49%，鲜切花产业逐渐成为云南的品牌产业。2011—2020 年是云南鲜切花产业与花农合作社高效发展的时期，也是云南花农增收取得喜人成绩的辉煌时期。本书聚焦这一时期云南鲜切花产业发展过程中合作社对花农收入增加的促进作用，探索合作社这一组织形式在农民增收、产业发展、农业技术进步及农业现代化方面的微观经济原理和实现路径。随着农产品加工商和零售商规模的扩大，小农户在农产品交易中的弱势地位越来越明显。国际市场的开放使农产品市场竞争更加激烈，小农户的收益空间变得越来越小。云南花农同样面临这个问题：在小农户与大市场的对接中，小农户应该如何应对来自各方的压力，实现自身收入的稳定和增长？分散经营的方式造成较高的生产费用、销售费用和交易成本，严重挤占了云南花农的收益空间。农民合作社是提高农民生产经营组织化程度、提升农民生产经营的规模效应与边际收益、抵御农民生产经营风险的重要载体，也是云南花农克服分散经营缺陷的重要路径。云南花农合作社把花农组织起来，实行“统一技术、统一包装、统一品牌、统一销售”的经营模式，为花农提供产前、产中与产后服务，社员收益明显增加。不少花农合作社商标成为昆明国际花卉拍卖市场中的知名商标。

我国现代农业经济学家陈翰笙一直强调农村经济调查的重要性，指出中国农村经济的研究工作一定要深入农村进行调查，取得真实可靠的第一手资料。在调查中，本书作者向陈翰笙老专家学习，高度重视农户的合理分类，将花农分为社员与非社员，为设立实验组进行比较分析做了充足准备，同时关注花农资源禀赋的资料收集。本书作者于2011—2020年多次深入云南鲜切花主产地（昆明呈贡区、晋宁县，玉溪江川县、通海县，曲靖市麒麟区，红河州开远市等地区的多个乡镇）进行概况调查和典型调查，旨在拿到云南花农合作社和花农生产经营情况的第一手数据，探析花农合作社促进社员收入增加的路径，基于农户视角深层次地阐述合作社在增加农民收入上的微观经济原理。基于收集的第一手数据，本书进行了详细的统计学分析，构建了基于云南花农合作社增加社员收益概念模型的相关变量体系，以中介变量为载体探索了社员收益高于非社员收益的原因，继而提出研究假说，并采用 Ordered Logistic 模型进行检验。本书非常重视调查数据的分析，力求做到规范和严谨。调查数据的分析涉及 43 个实验变量，提出了 8 组研究假设，建立了 19 个统计模型。在提出问题、概念建模、实地调查和数据分析的基础上，本书作者一直关注与跟踪云南鲜切花产业、花农合作社及云南花农生产经营的各项情况，对研究结果不断进行延伸与拓展，直至完成此书。

本书的主要特色体现在以下三个方面：

第一，选题范围方面。萨皮罗学派强调，合作社应该按照农产品种类来组织，而且合作社在不同地区的发展存在巨大差异。本书尊重合作社的发展规律，基于特定地区、特定农产品种类展开研究，以云南地区生产经营鲜切花的花农合作社为研究对象。

第二，研究视角方面。大多数花农合作社对社员收益影响的研究只关注社员收益与非社员收益之间的差异，忽略了农民合作社自身经营差异性对社员收益的影响。本书在探讨花农合作社增加社员收益机理的过程中，以合作社基本特征（规模、成立年限、商标知名度等）和合作社服务评价为解释变量，实证研究合作社个体差异对社员收益的影响，揭示了合作社增加社员收益效果存在差异的内部原因。

第三，研究思路方面。现有的大多数研究局限于从社员收益的某个直接变量或某项生产经营行为来分析合作社对社员收益的影响。本书从合作社整个业务范围来考察社员收益增加的过程，同时在构建花农合作社增加社员收益机理的概念模型中，引入鲜切花的产量、质量、价格、生产成本及交易成本作为中介变量，从而观测合作社增加社员收益的路径，以期更清晰地揭示花农合作社增加社员收益的微观经济学原理。

本书的主要结论包括三个部分：

第一部分，云南花农合作社增加社员收益的机制。由于社员收益是自身生产经营与合作社服务共同作用的结果，所以在云南花农合作社增加社员收益机制中，社员资源禀赋、合作社基本特征及合作社服务能力是社员收益形成的基础；合作社的三项基本业务，即生产资料提供业务、种植技术与生产标准指导业务和代理销售鲜切花业务，是合作社增加社员收益的主要载体；社员的生产经营行为，即鲜切花品种选择行为、生产资料采购行为、种植行为和销售行为，是合作社增加社员收益的传导路径；社员收益的决定变量，即鲜切花的产量、质量、生产成本、销售成本和交易价格，是合作社增加社员收益的中介变量。

第二部分，云南花农合作社增加社员收益的原理。云南花农合作社增加社员收益是合作社业务引导社员生产经营行为发生转变的结果，即合作社通过业务活动影响社员的生产经营行为，进而改变社员生产经营中的对应经济变量，然后通过收益中介变量的传导，最终实现社员收益的增加。

首先，基于生产资料供应业务的社员收益增加原理：改善品种，提高交易价格，从而增加收益；减少种苗费用、化肥费用及农药费用，降低生产成本，从而增加收益。其次，基于种植技术与生产标准指导业务的社员收益增加机理：种植科学化与规范化，提高鲜切花质量及产量，从而增加收益。最后，基于代理鲜切花销售业务的社员增加机理：发挥规模效应，降低社员销售成本，从而增加收益；改变市场交易地位，提高社员交易价格，从而增加收益。

第三部分，促进云南花农合作社增加社员收益的建议。本书基于云南花农合作社增加社员收益的机制，从合作社的生产资料供应业务、种植技术和生产规范指导业务、鲜切花代理销售业务、业务多样化及合作社基本特征五个方面提出建议，以提高云南花农合作社增加花农收入的能力，推动云南花农合作社更好地发展，助力云南的乡村发展和产业发展。

花农合作社成为云南鲜切花产业的重要助力，不仅有效增加了农户收入，而且推进了农户生产经营的现代化水平，为乡村振兴注入活力，在农民增收、农民合作社发展及合作社嵌入与助力特色产业发展等方面提供了宝贵的实践经验。作者希望通过本书，从云南花农合作社促进花农增收的实践中总结经验、发现规律、揭示原理，为推进相关学术研究及云南鲜切花产业发展尽绵薄之力。云南民族大学管理学院（作者单位）一直心系云南的发展，特别关注乡村振兴、特色产业发展及农民增收等重要经济问题，鼓励并支持教职员工进行产学研的结合，倡导教职工积极向政府、地方及企业提供有价值和有针对性的建议。在这样良好的氛围下，本书的出版有幸得到云南民族大学管理学院的资助，在此真诚表示感谢！

目录

第1章 绪 论

1.1 研究背景与研究意义

1.1.1 研究背景

党的十九大报告提出，要“实现小农户和现代农业发展有机衔接”。2019年，中共中央、国务院办公厅印发《关于促进小农户和现代农业发展有机衔接的意见》，明确指出：拓展小农户增收空间，健全面向小农户的社会化服务体系。农业社会化服务不仅有助于促进农民增收、推动农业结构调整，还有助于保持和提高农业综合生产能力（钟真 等，2021）。实现小农户和现代农业发展有机衔接的关键，是通过组织化路径提供包括生产性服务、经营性服务和金融性服务在内的现代农业服务。农民合作社是小农户和现代农业发展有机衔接的理想载体（徐旭初、吴彬，2018）。政府和学界高度重视农民合作社在小农户与现代农业衔接中的作用。在当前我国城乡发展的情境下，农村劳动力转移对农业生产效率的制约作用日益凸显，农民合作社平均成员数量对农业生产效率提升具有积极作用，并能够缓解农村劳动力转移给农业生产带来的不利影响（苏昕、刘昊龙，2017）。

1978 年以来，我国农村启动了两项重要的改革措施：家庭联产承包责任制和农副产品市场化。前者奠定了农户作为农业生产经营基本组织单元的地位，极大地调动了微观经济主体——农户的积极性，促进了农业生产的发展；后者使我国大部分农副产品实现了市场化。随着农副产品价格的逐步放开，20 世纪 90 年代初，我国 90%以上的农副产品实现了市场交换。小农户如何在与大市场的对接中获得合理收益，成为我国农业发展中一个至关重要的问题。由于农产品加工商和零售商的规模越来越大，小农户在农产品交易中的弱势地位越来越明显。与此同时，国际市场开放度的提高使农产品市场竞争更加激烈，小农户的收益空间越来越小。农户必须提高农产品产量与质量，节约生产成本与销售成本，提高农产品交易价格，才能获得足够的收益。为了帮助小农户获得合理收益，各类农民合作社不断建立并发展起来。我国的农民合作社就是在农村实行家庭联产承包责任制的基础上，为了适应市场竞争，提高小农户与大市场的对接程度和新技术应用水平，而成立的新型合作经济组织。农民合作社的增收功能成为一个研究热点。例如：周振、孔祥智（2015）分析了盈余分配方式对农民合作社经营绩效的影响；王真（2016）研究了合作社治理机制对社员增收效果的影响；王图展（2016）讨论了农民合作社议价权、自生能力对成员经济绩效的影响；张连刚、陈卓（2021）肯定了农民合作社在农业增效和农民增收等方面的经济功能。

云南花卉产业作为云南全力打造世界一流“绿色食品品牌”的 8 个重点产业之一，主导云南社会经济的发展，超越了许多国内传统的花卉大省，取得了令人瞩目的成绩。云南花卉产业发展主要分为三个阶段：形成阶段（20 世纪 80 年代末—1994 年）、快速发展阶段（1995—2008 年）、产业成熟阶段（2009 年至今）。云南已发展成为全球三大新兴花卉产区之一和全球第二大鲜切花交易中心，鲜切花在国内市场占有率为 70%左右，在巩固发展国内市场的同时，也着眼于东南亚以及东亚等海外市场。在面积方面，2020 年，全省花卉种植面积 12. 67 万公顷，同比增长 8. 3%。在产值方面，呈现逐年增长态势。2010—2018 年，云南花卉产值增速总体维持在 12%，2019 年达到峰值 42. 9%。2019 年，云南花卉产值为 751. 4 亿元，2020 年达到 830. 1 亿元，同比增长 10. 5%。

长期以来，鲜切花在云南众多花卉中占据优势地位。云南鲜切花生产面积、产量和出口额已连续 27 年位列全国第一。云南已经成为全国乃至亚洲的鲜切花种植栽培中心、交易流通中心和科技创新中心，是全国鲜切花种植生产领域的领头羊。云南鲜切花以昆明市、玉溪市为主要生产中心，对昆明花卉综合总产值贡献率近 40%，昆明和玉溪鲜切花产量占全省总产量的约 75%。云南鲜切花品种以康乃馨、玫瑰、百合、洋桔梗、非洲菊等为主。2020 年，云南鲜切花产量占全国总产量的 50%以上，其中，玫瑰产量占全国总产量的 70%，康乃馨产量占全国总产量的 90%。2019 年，云南鲜切花种植以玫瑰和康乃馨为主，其中，玫瑰产量占比为50%，康乃馨产量占比为30%。通过20余年的发展，斗南已建立成熟的供应链品控体系、交易规则、价格指数、服务体系、品牌推广体系，目前已成为中国花卉市场的“晴雨表”和“风向标”。昆明国际花卉拍卖交易中心（简称“花拍中心”）有花加、花立购、鲜花严选等电商平台，与淘宝、京东、拼多多等电商平台深度合作，直播带货、微商销售、电商批零等新型交易模式蓬勃兴起，销售规模逐年扩大。

2018年，云南花农合作组织544家，花农户数15.6万户，种植大户18931户，花农收入达124.8亿元，从业人员达39.57万人。花农是云南鲜切花生产的主力军，是云南鲜切花产业发展的基石。云南建立了自己的鲜切花市场营销网络，拥有昆明斗南花卉交易市场、昆明花拍中心和一些自发性的花卉交易市场。其中，昆明斗南花卉交易市场是农业部确定的全国定点花卉批发市场，也是亚洲鲜切花交易量最大的市场。云南花农分散经营的方式使得鲜切花销售费用和交易成本较高，极大地挤占了收益空间。为了降低鲜切花销售成本，由农民自发组织、以农民为本的花农合作社应运而生。农民合作社是农民提高生产的组织化和集约化程度、提升农业生产的规模效应和边际收益、联合抵御系统性农业风险的重要载体。云南省政府不仅在资金、土地、注册登记等方面给予花农合作社扶持，而且加强了对花农合作社的引导，并帮助其完善内部运行机制。现在，云南花农合作社已发展到600多个，并且呈现出模式多样、机制灵活、市场适应能力强等特点。云南花农合作社以昆明花拍中心及昆明斗南花卉交易市场为基础，把花农联合起来，为花农提供服务。“联庆玫瑰”“姚联满天星”“紫秋花卉”等花农合作社商标已成为昆明国际花卉拍卖市场中的知名商标，花农收益明显增加。

1.1.2 研究意义

1.1.2.1 理论意义

学者们对农民合作社的研究，随着其建立与发展而侧重于不同内容：有的分析农民合作社出现的原因，也有的研究农民合作社存在的影响；有的关注农民合作社的内部治理，也有的着眼于农民合作社参与市场的经济活动。农民合作社对农户收益的影响是很多学者关注的焦点。从理论上说，扩大农户生产规模和提高农户组织化程度，都能缓解小农户在面对大市场时的困境，增加农户收益。我国人均耕地规模的限制性和小农户以家庭为农产品基本生产单位这一客观现实，决定了单纯依靠扩大农户生产规模来解决“小农户大市场”问题的难度较大。为了解决小农户与大市场的对接问题，即农产品的销售问题，农民合作社应运而生。大多数研究者认为，农民合作社能够缓解大市场带给小农户的压力，在农产品交易中具有不可替代的作用，即肯定了农民合作社对农户收益的正向影响。信息滞后、农产品市场势力失衡、交易成本过高是限制农民增收的主要因素，农民专业合作社是实现农民增收的有效途径。不同地区不同产业的农民合作社具有不同的特点，增加农户收益的原理与路径也具有自己的特殊性。本书以云南花农合作社为研究对象，构建社员收益影响机制，通过收益增加的载体、路径和中介变量来描述花农合作社对社员收益影响的发生、传导与效果，进而提出云南花农合作社增加社员收益的研究假说，并进行实证检验。本书构建的花农合作社社员收益影响机制，描述了云南花农合作社增加花农收益的发生、传导与效果，分析了云南花农合作社增加花农收益的路径，扩展了农民合作社对社员收益影响的揭示变量，为研究农民合作社社员收益高于非社员收益的原因、合作社对社员收益影响的差异性、在助力农户增收及农产品产业升级的目标下如何促进农民合作社发展，提供了经过实证检验的理论依据。

1.1.2.2 实践意义

虽然云南花农合作社在增加花农收益方面取得了令人瞩目的成绩，但是，如何增加社员收益、如何传导、效果如何等问题，仍然是合作社管理人员、社员与政府关注的、亟待解决的问题。本书基于社员资源禀赋、合作社的基本特征及服务，提出了云南花农合作社增加社员收益的路径，回答了云南花农合作社增加社员收益的原因；同时，基于云南鲜切花主产区晋宁县与通海县的样本数据，对云南花农合作社增加社员收益的机理进行了实证研究，并根据实证研究结论，从生产资料供应业务、种植技术与生产标准指导业务、代理销售业务及新业务开发四个方面，提出了云南花农合作社增加社员收益的针对性建议，对增加云南花农合作社社员收益、促进云南花农合作社发展具有重大的实践意义。

1.2 研究问题与研究目标

1.2.1 研究问题

云南花农合作社在增加社员收益方面取得了令人瞩目的成绩，为农民增收领域研究提供了珍贵的实践经验。本书研究云南花农合作社增加社员收益的实现机制及原理，从以下两个方面展开：第一，云南花农合作社增加社员收益的机理，即云南花农合作社增加社员收益的切入点、路径、实现原理分别是什么。第二，检验云南花农合作社增加社员收益的路径及效果：①云南花农合作社能否通过改善品种、提高交易价格来增加社员收益；②云南花农合作社能否通过减少种苗费用、降低生产成本来增加社员收益；③云南花农合作社能否通过减少化肥费用、降低生产成本来增加社员收益；④云南花农合作社能否通过减少农药费用、降低生产成本来增加社员收益；⑤云南花农合作社能否通过引导社员种植科学化规范化、提高鲜切花质量来增加社员收益；⑥云南花农合作社能否通过引导社员种植科学化规范化、提高鲜切花产量来增加社员收益；⑦云南花农合作社能否通过规模经济、降低销售成本来增加社员收益；⑧云南花农合作社能否通过改变市场交易地位、提高社员交易价格来增加社员收益。

1.2.2 研究目标

本书研究目标有三个：第一，总结农民合作社在鲜切花产业成长方面的特点及经验。农产品的生产特性不同，导致其生产过程中所需的各项服务及服务的增收功能存在显著差异。与一般粮食作物相比，鲜切花的生产经营活动不仅投入较高，而且对交易及配送效率的要求较高，具有一定的难度。研究云南花农合作社的生产经营活动，不仅有利于促进其自身的完善，还能为经营需要高投入、高交易效率的同类农产品合作社提供借鉴。第二，从农民合作社社员收益视角深化山区农户的组织化研究。云南的大部分耕地为分散的山地，花农的耕地情况也是如此。面对农业机械化难度大、交通不够便利、耕地经营细碎等困境，云南花农依托农民合作社走出了一条组织化的成功之路。这条成功之路的关键在于，花农合作社通过组织化服务确实提高了社员收益。花农合作社提高社会收益的路径、机制及原理，对山区农户的组织化研究具有巨大价值。第三，基于云南花农合作社增加社员收益的路径，优化花农合作社的增收功能，从而提高云南花农合作社增加社员收益的效果。

1.3 技术路线与内容安排

1.3.1 技术路线

本书的技术路线如图 1.3.1 所示。

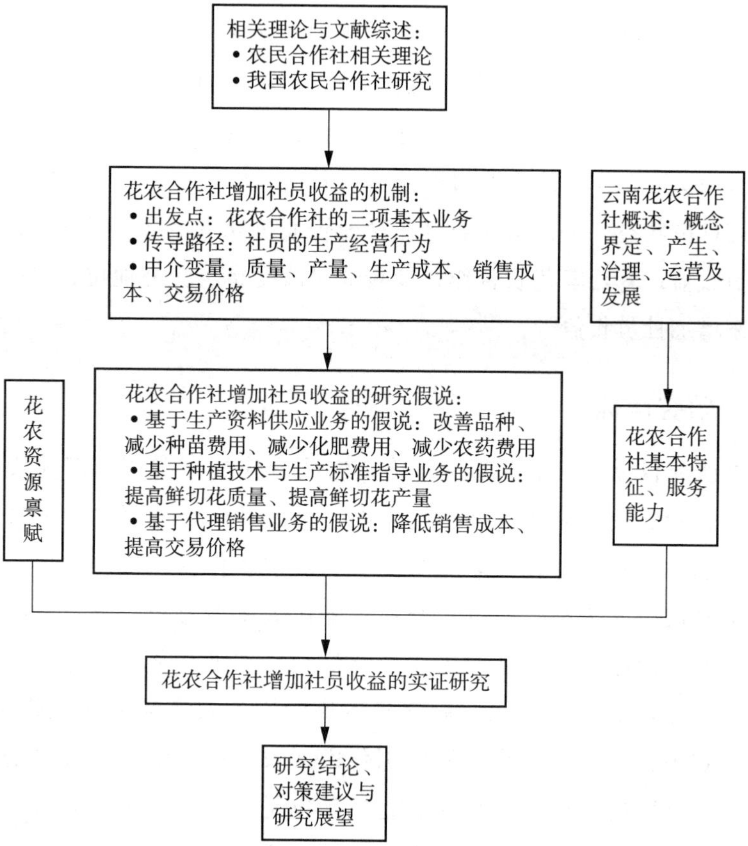

图 1.3.1 技术路线

1.3.2 内容安排

本书内容安排如下：

第 1 章，绪论。在介绍研究背景与研究意义的基础上，提出研究问题，明确研究目标，进而制定整个研究的技术路线，然后介绍本书的内容安排，确定使用的研究方法，最后阐述研究特色。

第 2 章，相关理论与文献综述。本书借鉴的理论主要是农民合作社理论，从新古典经济学、产业组织理论、交易成本理论和委托代理理论四个方面进行梳理。文献综述部分对我国农民合作社相关研究进行了整理和评述。

第3章，云南花农合作社概述。先对花农合作社的概念进行了界定，然后介绍了云南花农合作社的产生、治理、运营及发展。

第4章，花农合作社增加社员收益的机制。首先，对花农收益进行了概念界定，给出花农收益计量公式；其次，根据中介变量概念与选择标准，将质量、产量、生产成本、销售成本和交易价格五个变量作为增收机制的中介变量；再次，构建花农合作社增加社员收益机制，描述花农合作社增加社员收益的实现过程，并且给出增收机制的基本要素；最后，提出花农合作社增加社员收益的研究假说体系。

第5章，云南花农合作社增加社员收益的实证研究。首先，介绍本书的样本数据收集，并对样本数据进行统计性描述；其次，对云南花农合作社增加社员收益的八个研究假说进行检验；再次，实证研究中介变量对花农收益的影响；最后，实证研究合作社基本特征及服务对社员收益的影响。

第6章，研究结论、对策建议与研究展望。首先，总结研究结论；其次，从生产资料供应业务、种植技术与生产标准指导业务、代理销售业务和基本业务扩展四个方面，提出云南花农合作社增加社员收益的建议；最后，对未来研究进行展望。

1.4 研究方法与研究特色

1.4.1 研究方法

为实现研究目标，回答研究问题，本书采用理论分析与实证研究相结合的方法，并运用 Excel 工具与 EViews 计量经济学软件。在理论分析中，主要利用理论推导与微观经济学的边际分析方法。在信息收集过程中，主要运用文献阅读和实地调研的方法。在实证数据的收集过程中，主要使用结构式问卷调查法和面对面访谈法。本书在理论借鉴的基础上，以定性分析为基础，以定量分析为支撑；注重采用科学的统计方法收集和分析调查数据；为了揭示社员收益增加的路径及效果，设立了社员组与非社员组，进行比较分析。具体方法如下：

1.4.1.1 问卷调查法

本书中社员与非社员的样本数据是通过问卷调查法收集的。由于云南花农合作社蓬勃发展并具有一定影响力的地区比较集中，主要为晋宁县与通海县，本书选择问卷调查的地区为晋宁县和通海县。调查对象为种植鲜切花月季的花农。本书将这些花农分为依托合作社进行销售的社员和以家庭为单位自行销售的非社员两类。在实地调查中，在两个县分别选择 3 个镇，覆盖该县种植鲜切花乡镇的 50%以上；在每个镇分别选择 3 个村，覆盖该镇种植鲜切花行政村的 30%以上；在每个村分别选择 30 户花农，覆盖该村种植月季花农的 20%以上。

1.4.1.2 比较分析方法

本书运用同类比较分析方法进行分析。同类比较研究是指对事物之间的差异性及同一性进行研究。同类比较分析方法是指对两种或两种以上同类事物进行对比分析，从而辨识其异同点。本书中的比较分析方法主要用于社员与非社员在品种、种植面积、种植技术与生产标准、生产成本、销售成本和交易价格等方面的分析。

1.4.1.3 统计方法

统计方法是指通过样本数据的特征估计和推断总体特征的方法。本书采用的统计方法主要为方差分析（Analysis of Variance，ANOVA）法。方差分析法用于比较多个样本的均值是否相等，可有效控制第一类错误。方差分析法由英国统计学家 R. A. Fisher 提出，以 F 命名其统计量，又称 F 检验。其目的是推断两组或多组资料的总体均值是否相同，检验两个或多个样本均值的差异是否具有统计学意义。

1.4.1.4 计量经济模型分析法

本书主要采用计量经济模型中的线性回归模型、双对数回归模型和 Ordered Logistic 模型，应用了目前经济研究中广泛使用的计量经济学软件 EViews 6.0 版本。线性回归模型采用的参数估计法是普通最小二乘法（OLS）。与线性回归模型不同，双对数线性回归模型的斜率系数，度量了 Y 对 X 的弹性，即 X 变动引起 Y 变动的百分比。所谓“排序”，是指各选项有一定的顺序或级别。当因变量取值为有序离散型变量时，需要建立排序选择模型（Ordered Choice Model）。

1.4.2 研究特色

1.4.2.1 选题范围

萨皮罗学派强调，农民合作社应该按照农产品种类来组织，而且农民合作社在不同地区的发展存在巨大差异。因此，在农民合作社的研究中，需要考虑农产品种类和地区特征。本书对云南地区、农产品种类为鲜切花的农民合作社进行研究。

1.4.2.2 研究视角

大多数农民合作社对社员收益影响的研究只关注社员收益与非社员收益之间的差异，忽略了农民合作社差异对社员收益影响的差异。本书以合作社基本特征（合作社规模、成立年限、商标知名度）和合作社服务评价为解释变量，实证研究合作社对社员收益的影响，揭示合作社增加社员收益效果存在差异的内在原因，扩展了农民合作社对社员收益影响的研究变量。

1.4.2.3 研究思路

现有研究大多从社员收益的某个中介变量或某项生产经营行为来分析合作社对社员收益的影响，很少有学者从合作社整个业务范围的角度进行分析，难以系统描述花农合作社增加社员收益的过程。本书将合作社的整个业务范围作为研究视角，同时将鲜切花收益的决定变量（产量、质量、生产成本、销售成本和交易价格）作为中介变量，引入花农合作社增加社员收益机制，提出社员收益增加的路径，使花农合作社增加社员收益机制在系统性、全面性和路径观测性上得到提升。

第2章 相关理论与文献综述

2.1 农民合作社相关理论

农民合作社理论起源于欧洲的空想社会主义学派、基督教社会主义学派、国家社会主义学派与合作共和国学派。随着农民合作社实践的发展，经济学的农民合作社理论在20世纪起步，从起源的理想主义转向实用主义，并且不断发展，从宏观方法转向微观方法，融入了产业组织理论、新制度经济学与交易费用理论等新的经济学理论。

2.1.1 新古典经济学下的合作社理论

2.1.1.1 新古典经济学的基本思想

新古典经济学是建立在“边际效用论”和“均衡价格论”基础上的经济理论，它在继承古典经济学经济自由主义的同时，以边际效用价值论代替了古典经济学的劳动价值论，以需求为核心的分析代替了古典经济学以供给为核心的分析。新古典经济学形成之后，代替古典经济学成为当时经济理论的主流。新古典经济学派主要包括奥地利学派、洛桑学派和剑桥学派，认为边际效用递减规律是理解经济现象的根本基础，利用这一规律可以解释买主面对一批不同价格的产品时所采取的购买行为、市场参与者对价格的反应、各种资源在不同用途之间的最佳配置等经济问题。

2.1.1.2 新古典经济学下的合作社研究

新古典经济学的均衡分析与边际分析是这些研究的主要研究方法，即在既定假设前提下，研究农民合作社的价格和产出决策对农业产业的竞争均衡造成的影响，研究结论是农民通过农民合作社可以实现纵向协调，带来生产成本的节约和规模经济效益。农民之间的纵向协调产生收益的原因是农民合作社有利于农民实现规模生产、获得技术、增加融资、降低风险和提高质量。

1）进化学派

20世纪20年代，一批从事合作社理论研究的美国学者认为，合作社是资本主义内部的一种进化形式，更加关注合作社的经济目标。为了与当代西方合作社运动中强调社会目标的“社员主义学派”区别，他们被称为“进化学派”。

（1）竞争尺度学派

诺斯（Nours）是竞争尺度学派的代表人，因而竞争尺度学派也称“诺斯学派”。该学派提出，农民通过合作社进入市场，不但改善了其在市场中的地位，而且使市场竞争更加激烈——迫使其他竞争企业不得不提高效率，从而使整个社会的效率得到提高。这就是农民合作社理论中重要的市场竞争标尺（Competitive yardstick）效应。诺斯学派反对对农产品市场的垄断，主张按区域来组建农民合作社：合作社应该建立在民主的基础上，社员享有决策权；合作社应作为资本主义制度的有机组成部分发挥竞争标尺作用，提高整个经济制度的效率；合作社应该在农产品、农用物资和服务市场上控制一定的份额；合作社应该维持同其他企业的竞争状态，发挥摆轮和尺度的作用，为克服资本主义制度的一些固有弊端做出贡献；政府对农民合作社的支持不应只限于提供法律保护。

（2）萨皮罗学派

美国的萨皮罗（Sapiro）学派和诺斯学派是20世纪早期合作社理论的代表。第一次世界大战以后，美国农业发生经济危机，农场主和农场主合作社产品严重滞销。为了解决农业危机，萨皮罗提出，农场主合作社应成为合法的单一产品的垄断组织，均衡有序地销售产品，以便发挥调节作用。这一思想的基本内容包括：第一，由于销售一种或几种农产品比较容易获得成功，农民合作社应该按照农产品种类来组织销售，而不是按地域关系来组织销售；第二，由于生产某种农产品的专业农户的利益往往一致，农民合作社的组织成员应该只限于农场主；第三，强调民主管理、遵循罗虚戴尔原则，坚持在一人一票的基础上选举董事会成员；第四，与合作社签署长期、带有强制性合同的入社成员应该达到相当的比例（长期合同有助于完善销售体系，较多的签约人数可以保证合法垄断）；第五，让专家从事经营管理活动，即让农场主集中精力从事生产活动，把经营与销售等活动交给专家负责；第六，高度集中的管理机构，即农场主直接成为全国性和区域性农民合作经济组织的成员。

（3）埃米里扬诺夫学派

埃米里扬诺夫学派强调合作社是一种市场现象，是独立的经济主体之间的不完全联合，是一体化与分化、独立与合并的中介。埃米里扬诺夫提出，合作社是一种纵向一体化形式，本身不是独立的盈利单位，而是成员经济单位的集合。埃米里扬诺夫把合作社看作农场的延伸——是独立的农场主的不完全联合。他把研究重点放在社员与合作社之间的关系上，提出合作社是以成员为委托人的代理机构，是独立的农场主为了从纵向协调中获益而采取的一种联合行动；社员作为委托人，通过有效的成员控制行使合作社决策和支配职能。他否认合作社具有企业性质。菲利普斯根据埃米里扬诺夫的研究建立了一个垂直一体化的农民合作社产出和价格决策模型，从社员利益最大化的假设出发，推导出基于社员利益最大化的合作社目标函数的最大值，提出社员的边际成本与合作社的边际成本之和等于合作社的边际收益方式，可以实现每个社员的利润最大化，即社员对合作社的贡献、在合作社中的投票支配权和合作社返还收益都与惠顾比例一致，这就是菲利普斯的比例原则学说。

2）“独立企业”理论

安克（Enke）在研究消费合作社时，提出农民合作社就是企业的观点。他认为，农民合作社只要实现生产者剩余和消费者剩余最大化，社员的福利就能最大化，农民合作社的决策主要由经理人员主导的“高级协调者”来完成。汉姆伯格（Helmberger）和胡斯（Hoos）运用企业理论，建立了一个农民合作社模型。在这个模型中，农民合作社按惠顾量或惠顾额向成员返还收入，使其单位产品价格或平均价格最大化。通过短期与长期决策分析，汉姆伯格-胡斯模型揭示了农民合作社的运行机制——通过限制合作社成员数量来增强现有成员的潜在激励，即通过吸收新成员来扩大业务将会减少已有成员的收入。这一分析结果表明，在合作社管理中，成员控制存在利益矛盾。

2.1.2 产业组织理论下的合作社理论

2.1.2.1 产业组织理论的基本思想

产业组织理论主要研究不完全竞争条件下的企业行为和市场构造，是微观经济学的一个重要分支。产业组织理论由美国经济学家梅森和乔·贝恩创立，其理论渊源可以追溯到马歇尔的经济理论。该理论的目标是：在保护市场机制竞争活力的同时，充分利用规模经济。产业组织理论认为，垄断是一定市场结构中各种市场行为产生的一种市场效果。每个企业都追求规模经济，而产业的市场规模不是无限的。有限的市场规模和企业追求规模经济所产生的市场行为都会使市场结构趋向垄断。垄断会破坏价格在合理分配资源方面所起的作用，阻碍资源随供求关系移动，引起资源分配的无效率。为了获得理想的市场效果，国家需要制定产业组织政策干预产业的市场结构和市场行为，通过降低卖者的集中度、打破进入壁垒、弱化产品差别化趋势、控制市场结构和通过反托拉斯法控制市场行为等，维护合理和适度的竞争秩序。

1）产业组织理论体系

产业组织理论体系由市场结构、市场行为和市场绩效三部分构成。市场结构是指构成市场的卖者（企业）之间、买者之间、卖者和买者之间的因素及其特征，其主要决定因素包括集中度、产品的差别化、市场进入退出壁垒、市场需求的增长率、市场需求的价格弹性、短期的固定费用与可变费用的比例等。市场行为是指企业为获得更大的利润和更高的市场占有率而在市场上采取的战略性经营行为，主要包括价格行为、非价格行为和组织调整行为。企业的市场行为受制于市场结构，同时又反作用于市场结构，并直接影响市场绩效。市场绩效是指在一定的市场结构下，通过一定的市场行为，使某一产业在价格、产量、费用、利润、产品的质量和技术进步等方面达到的现实状态。市场结构、市场行为和市场绩效三者之间存在着相互作用、相互影响的双向因果关系。一方面，从短期看，市场结构决定市场行为，市场行为决定市场绩效；另一方面，从长期看，市场绩效对市场行为、市场行为对市场结构也有一定的反作用。大多数研究者认为，市场结构对市场行为、市场行为对市场绩效的影响是主要的，而市场绩效对市场行为、市场行为对市场结构的影响是相对次要的。“市场结构—市场行为—市场绩效”构成了产业组织理论的基本分析框架和分析范围。

2）市场势力理论

市场势力是指卖方或买方不适当地影响商品价格的能力。市场势力是市场失灵的一个原因。市场势力的表现形式主要有行业垄断、自然垄断、垄断竞争、价格-生产联盟等。市场势力有两种表现形式：卖方垄断力和买方垄断力。生产者对产品价格的影响力是卖方垄断力，消费者对产品价格的影响力是买方垄断力。在现实世界中，每个生产者和消费者实际上都具有一定的市场势力。影响企业市场势力的因素主要有以下六个：第一，强进入壁垒。当市场内部的企业已经获得经济利益时，外部企业进入该市场就存在很大的障碍，这就是“强进入壁垒”，它阻碍了新商品或替代商品的进入，从而保证了市场内部企业的利润。第二，规模经济壁垒。在生产周期中，如果随着产量的增加企业的长期平均成本呈下降趋势，就会产生很强的规模经济壁垒。新企业必须以较大的规模进入这种类型的市场，才能和目前已经在市场中的企业的成本水平保持一致，在这种情况下，规模经济就产生了进入壁垒。第三，政府设置的壁垒。发放特许权和经营执照是政府干预产生垄断企业的重要方法。第四，生产要素壁垒。市场势力的一个重要影响因素，是对生产该商品的生产要素供应的控制。随着工业经济时代向知识经济时代转变，对人才、智力、信息等无形生产要素供应的控制将越来越成为企业拥有无限市场势力的进入壁垒。第五，商品品牌效应。在长期的经营中，企业会建立起消费者对其产品的忠诚感，这种忠诚感就是商品品牌效应，它会使消费者对其他企业的同类商品自然而然地产生抵触或排斥情绪，从而形成进入壁垒。第六，竞争规则壁垒。市场经济是规则经济，竞争总是要在一定的规则下进行，这些规则是人们在相互联系的过程中所共同遵守的准则。

2.1.2.2 产业组织理论下的合作社研究

1）农民合作社对市场绩效的影响

汉姆伯格研究了不同市场结构下农民合作社的存在对市场绩效的影响。他认为，如果一个农业原材料完全竞争的产业将产品卖给加工产业，加工产业没有进入障碍，那么农民合作社的存在只会导致市场短期偏离完全竞争的均衡，长期则不会；如果市场上只存在一个加工商，并且市场不可进入，与纯粹的买方垄断市场相比，农民合作社的存在会使市场偏离完全竞争的均衡的程度更低。但是，采取封闭的社员资格的农民合作社将导致市场的无效率。萨克斯顿（Sexton）基于新古典理论构建了一个描述农业销售领域空间竞争的模型。该模型分析了投资者所有企业（IOFs）和农民合作社加工商在商品采购买方寡头垄断且具有空间性的市场环境下所达到的价格-产出均衡，说明农民合作社具有促进竞争的标尺效应，并且提出在买方寡头垄断市场条件下，农民合作社发挥标尺效应的条件——实行社员资格开放。这类农民合作社可以消除追求利润最大化企业的垄断行为，并且其合并不会显著减少市场竞争，实行封闭的社员资格制度的农民合作社则不会产生这些效果。

2）农民合作社的定价问题

Helmberger 和 Hoos 关于定价决策的研究指出，农民合作社的平均定价是最佳的，但是 Staatz 和 Sexton 基于合作博弈理论对合作社的产品和服务定价决策进行研究后指出，在社员异质性条件下，成本交易原则会对每个社员都实行均等的价格和成本，从而引起农民合作社的不稳定。在数量较多的农民和数量较少的农民之间，或者离合作社工厂较远与较近的农民之间，或者不同的商品之间存在的交叉补贴，很可能导致优秀的社员脱离农民合作社。例如，在平均定价的情况下，较多的惠顾者与较少的惠顾者得到的价格一样，不考虑他们给农民合作社带来的成本差异，那么他们就有动机离开而去组建新的农民合作社。为了避免这种情况发生，保持合作社的稳定，应对社员实行差别化定价。

3）农民合作社的规模问题

新古典经济学主要分析在何种条件下农民合作社会偏离有效资源分配方案，未能清晰地解释社员外部机遇的可能性，而且大多数研究假定合作社的社员是同质的。Karantinis 和 Zago 构建了一个博弈模型，以研究内生性社员制度和异质性对社员和农民合作社行为的影响，推导出了在双头买方垄断市场下农民加入农民合作社的条件和农民合作社最优的社员规模，并研究了社员异质性对最优社员规模的影响。Karantinis 和 Zago 的模型解释了农民选择农民合作社而非 IOFs 的条件，并推导出在开放或封闭的社员资格条件下合作社最优的社员规模。他们认为，合作社应该提供各种激励来吸引高效率的农民，否则仅吸收低效率的农民只会使合作社走向衰亡。

2.1.3　交易成本理论下的合作社理论

2.1.3.1　交易成本理论的基本思想

交易成本（Transaction Costs）是现代产权经济学的核心范畴与基础。产权经济学从产权制度或规则的角度研究资源配置的效率。科斯在尝试解释企业为什么存在时，发现了交易成本。他认为，通过建立一种无限期的、半永久性的层级关系，或者说通过将资源结合起来形成像企业那样的组织，可以降低在市场中转包某些投入的成本。一种具有持久性的组织关系，如一个雇员与企业的关系，对企业来说，能节省每天去市场上招聘雇员的成本；对雇员来说，能降低每天去市场应聘的成本和失业风险成本。这种“持久性的组织关系”就是制度，既包括契约，也包括政策等。依靠体制组织、契约、政策等，能降低交易成本。交易成本理论的基本思路是：围绕降低交易费用这一中心，把交易作为分析单位，区分不同交易的特征，然后分析什么样的交易应该用什么样的体制组织来协调。

1）交易成本的内涵

交易成本泛指所有为促成交易发生而形成的成本，不同的交易涉及不同种类的交易成本，因而很难进行明确的界定与列举。科斯认为，交易成本是获得准确市场信息所需要的费用，以及谈判和经常性契约的费用。Williamson（1985）将交易成本划分为事前的交易成本和事后的交易成本两大类，认为事前的交易成本包括签约、谈判、保障契约等方面的成本，事后的交易成本包括适应性成本、讨价还价的成本、建构及营运的成本和约束成本。Dahlman（1979）对交易活动的内容进行类别化处理，认为交易成本就是指“当交易行为发生时，产生的信息搜寻、条件谈判与交易实施等各项成本”。他也将交易成本划分为事前的交易成本和事后的交易成本两大类，认为事前的交易成本包括搜寻信息的成本、协商与决策的成本和契约成本，事后的交易成本包括监督成本、执行成本和转换成本。

2）交易成本产生的原因

交易成本的产生缘于人性因素与交易环境因素相互影响所产生的市场失灵现象导致的交易困难（Williamson，1975）。Williamson提出六个交易成本产生的原因：第一，有限理性，指参与交易的人因为身心、智能、情绪等限制，在追求效益极大化的过程中所产生的限制约束。第二，投机主义，指参与交易的双方为寻求自我利益而采取的欺诈手法。投机不仅会增加交易双方的不信任，而且会导致监督成本的增加和经济效率的降低。第三，交易的不确定性和复杂性。由于环境因素可能发生不可预期的变化，交易双方均将未来的不确定性和复杂性纳入契约，会增加不少制定契约的议价成本，并使交易困难程度上升。第四，少数交易的存在。某些交易由于具有专属性或异质性，信息与资源无法流通，交易对象较少，会出现市场被少数人把持的现象，导致运作失灵。第五，信息不对称。因为环境的不确定性和自利行为产生的机会主义，交易双方往往握有不同的信息，使得市场的先占者因拥有较多的有利信息而获益，并形成少数交易。第六，交易气氛，指交易双方若互不信任，无法形成令人满意的交易关系，从而会使交易过程过于重视形式，增加不必要的困难和成本。

3）交易成本的影响因素

交易成本源于交易的三项特征。这三项特征就是交易成本的影响因素（Williamson，1985）。第一，交易商品或资产的特殊性。交易所投资的资产本身不具有市场流通性，或者契约一旦终止，投资于资产上的成本就难以收回或转换用途。第二，交易的不确定性。交易过程中各种风险的发生概率不同，人类无法预测未来要面对的情况，加上交易过程中买卖双方常发生交易信息不对称的情况，因此交易双方通过契约来保障自身利益。交易不确定性的增加伴随着监督成本、议价成本的提升，从而会使交易总成本增加。第三，交易的频率。交易的频率越高，管理成本与议价成本越高。交易频率的升高会使企业将相关经济活动内部化，以降低企业的交易成本。

2.1.3.2 交易成本理论下的合作社研究

Levay（1983）和Staatz（1984）运用交易费用理论分析农民合作社组建的主要动因，认为只有降低交易费用，农民合作社才会出现。Hendrikse和Veerman（2001）以营销合作社为例，从交易费用的视角进行分析，认为只有当农产品加工阶段的资产专用性程度比农业生产阶段的资产专用性程度低时，农民合作社才是有效率的经济组织。Caves（1986）认为，农业投资的资产专用性较高，农业生产活动对季节、气候和专业化生产的依赖性较强，当机会主义行为存在且交易双方力量不均衡时，交易成本会比较高，在这些领域农民合作社出现的概率相对较高。Sexton和Iskow（1993）认为，农民合作社相对于单个农户，不仅具有规模经济和更强的市场开拓能力，而且可以降低交易频率和交易风险，加上惠顾返还机制，能确保农民获得稳定的收益。Shaffer（1987）和Fulton（1995）认为，面对农业生产中不断变化的天气、市场价格和无法控制的交易条件等不确定因素，农民合作社能比较有效地协调基本经济活动。此外，农民还受到地理条件的限制，在购买生产资料和销售农产品两个市场上都面临垄断风险，农民合作社可以在降低这些风险方面发挥重要作用。

2.1.4 委托代理理论下的合作社理论

2.1.4.1 委托代理理论的基本思想

委托代理理论是制度经济学契约理论的主要内容之一，主要研究委托代理关系。授权者就是委托人，被授权者就是代理人。委托代理理论建立在非对称信息博弈论的基础上。非对称信息是指某些参与人拥有但另一些参与人不拥有的信息。信息的非对称性可从以下两个角度进行划分：非对称发生的时间与非对称信息的内容。从非对称发生的时间看，非对称可能发生在当事人签约之前，也可能发生在当事人签约之后，分别称为事前非对称和事后非对称。研究事前非对称的模型称为“逆向选择模型”，研究事后非对称的模型称为“道德风险模型”。从非对称信息的内容看，引起信息非对称的可能是某些参与人的行为，研究此类问题的模型称为“隐藏行为模型”；某些参与人隐藏的知识也可能成为非对称信息，研究此类问题的模型称为“隐藏知识模型”。

1）委托代理理论的主要观点

委托代理理论认为，委托代理关系是随着生产力大发展和规模化大生产的出现而产生的。其原因一方面是生产力发展使得分工进一步细化，权利所有者由于知识、能力和精力等方面的限制不能行使其所有的权利了；另一方面是专业化分工产生了一大批拥有专业知识的代理人，他们有精力、有能力代理行使被委托的权利。在委托代理关系中，委托人与代理人的效用函数不一样，委托人追求的是自己的财富更大，而代理人追求的是自己的收入、消费和闲暇时间最大化，这必然导致两者的利益冲突。在没有有效制度安排的情况下，代理人的行为很可能最终损害委托人的利益。

2）与合作社相关的委托代理模型

（1）委托人道德风险模型

在委托代理模型中，讨论较多的是代理人的道德风险问题。实际上，委托人也存在道德风险。在许多委托代理关系中，有关代理人业绩的信息是非对称的，其度量存在很大的主观随意性。代理人可能无法观测到委托人所能观测到的东西。在这种情况下，就存在委托人的道德风险问题：根据合同，当观测到的产出较高时，委托人应该支付给代理人较高的报酬，但委托人可以谎称产出不高，从而逃避责任，把本应支付给代理人的收入据为己有。如果代理人预计委托人要耍赖，就不会有积极性去努力工作。问题的解决与锦标制度有关。马尔科森（Malcomson，1984）的模型证明：类似于锦标制度的激励合同是解决委托人道德风险的一个有效办法。如果一个企业雇用多个工人，合同规定一定的工人将被支付较高的工资，那么委托人就必须对给定比例的工人支付较高的工资，他完全有积极性将较高的工资支付给努力的工人，因为这样可以在不增加成本的情况下激励工人努力工作。

（2）关于监督问题的模型

存在委托代理关系就无法避免监督问题。事实上，在存在非对称信息的情况下，委托人对代理人信息的了解程度可以由委托人自己选择。信息的获取是有成本的，因而委托人面临着选择最优监督力度的问题。古典经济学家认为，工资取决于工人的边际生产率。但发展经济学家发现，在发展中国家，二者的关系似乎正相反：边际生产率取决于工资，而且在发达国家，这种现象也存在。索罗（Solow，1979）、夏皮罗和斯蒂格里茨（Shapiro and Stiglitz，1984）将较高的工资解释为企业为防止工人偷懒而采取的激励方法。当企业不能完全监督工人的行为时，工资就会成为工人因偷懒被发现而被解雇的机会成本。工资越高，机会成本越大。因此，较高的工资有利于降低工人偷懒的倾向性。在激励工资模型下讨论监督力度问题可以发现，代理人的边际生产率越高，监督带来的边际收益越高，委托人监督的积极性也越高；代理人努力的边际成本越高，任何给定激励下的努力供给越低，且给定代理人行为的观测信息的方差下最优的激励也越低，监督的边际收益也越低，委托人监督的积极性自然也越低。此外，监督越困难，监督的边际成本越高，委托人监督的积极性越低。

（3）最优委托权的安排问题

在标准的委托代理模型中，委托人、代理人都是给定的。但张维迎（1994，1995）提出了委托代理关系中更为基本的问题：在一个特定组织中，谁应该是委托人，谁应该是代理人，即委托权应该如何在不同成员之间进行分配。张维迎指出，最优委托权安排的决定因素是：企业成员在生产中的相对重要性和在监督上的相对有效性。如果经营者监督生产者比生产者监督经营者更容易，那么将委托权分配给经营者是最优的。这一模型对古典资本主义企业及合伙制企业的委托权安排都作出了合理的解释。

2.1.4.2 委托代理理论下的合作社研究

1）农民合作社的制度缺陷、制度创新和治理

（1）农民合作社的制度缺陷

Cook 认为，合作社是一个财产权定义模糊的用户与投资者的集合，它导致农民合作社存在五大问题，即搭便车问题、视野问题、投资组合问题、控制问题和影响成本问题。Borgen 将合作社的问题归纳为两类：一类是与投资相

关的激励问题，包括公共产权问题（搭便车问题）、视野问题和投资组合问题；另一类是与决策相关的激励问题，包括控制问题、跟从问题和影响成本问题。

Cook（1995）应用产权理论对农民合作社的产权进行了分析，认为农民合作社在发展过程中存在社员问题的主要原因是：在绝大部分传统农民合作社中，所有权本质上不能带来收益，社员只有在惠顾合作社时才能获得收益，农民合作社产权不能确保当前社员完全承担他们行为的成本或得到他们创造的完全收益，这在社员资格开放的农民合作社尤为明显；农民合作社缺乏剩余索取权的转让、流动和增值机制，社员不能根据自己的风险偏好调整自己的农民合作社资产组合。

（2）农民合作社的制度创新

学术界在揭示合作社制度缺陷的基础上，探讨了合作社的制度创新。针对由于产权模糊产生的合作社五大问题，一些学者提出了补救措施，如：以一种封闭的社员资格政策加上销售协议来解决搭便车问题；通过建立合作社股份的二级市场，允许通过合作社股份转让来提高社员的投资激励和改善资产组合（Harris，et al.，1996）；改善合作社的产权安排（Fulton，1995）。Chaddad 和 Cook（2002）认为，随着发达国家的农业产业化，农民合作社组织也在不断创新。他们从产权和不完全契约角度出发，分析了两类非传统的合作社：第一类农民合作社的产权被限制于惠顾成员，包括比例投资合作社、成员投资合作社和新一代合作社；第二类农民合作社的产权是开放性的，农民合作社能够从非成员那里获得风险投资，包括寻求资金企业的合作社和投资分享合作社两种。前者，投资者获得独立于农民合作社的合法企业的产权，而这个企业部分或整体归农民合作社所有；后者，投资分享合作社的产权归两类成员所有，即传统的惠顾者成员和纯投资者成员。

2）农民合作社的治理

随着规模的不断扩大，农民合作社的治理结构由社员民主控制转向专家管理控制，出现了“委托—代理”问题。Staatz 认为，在治理结构方面，农民合作社的股权不易流动，使合作社面临更多的融资困难，这会显著影响合作社理事会的决策和经理扮演的角色。Hendrikse 和 Veerman（2001）运用不完全契约理论分析了农民合作社在什么样的治理结构下能达到投资利润最大化的问题，研究了在生产者拥有的农业营销合作社中出现的生产者治理结构的新形式、新的资本形成方案和新的选择性激励制度等问题。Eilers 和 Hanf（1999）运用委托代理理论提出了农民合作社最优契约设计的问题和在农业营销合作社中谁是委托者、谁是代理人的问题。他们认为，委托代理理论为研究合作社的激励问题提供了一个有效的工具。该理论推导出了下列问题的解决方案：经理人可以作为委托人或者代理人向农民提供契约；农民也可以作为委托人或者代理人向合作社提供契约。Hendrikse 和 Bijman（2002）运用不完全产权的契约理论研究农民合作社的所有权结构对投资的影响，探求在何种市场和激励条件下，生产者可以通过投资下游产业带来更多收益。

2.2 我国农民合作社研究

2.2.1 我国农民合作社的重要功能

2.2.1.1 解决我国小农户与大市场的衔接问题

我国农业生产的小规模特性和农户的相对弱势，决定了小农户在市场中的所得很难与其付出相匹配。农民合作社通过将小农户组织起来，统一采购生产资料和销售农产品，在一定程度上缩小了小农户和其他市场主体之间的差距，建立了与其他市场相应的“抗衡势力”。农民合作社作为一种农民自发组织和管理的组织形式，在帮助农户进入市场并形成与其他市场主体抗衡力量的过程中扮演了重要角色（黄祖辉，2000）。徐旭初、吴彬（2018）探讨了小农户与现代农业发展有机衔接的衡量标准，强调合作社在小农户与现代农业发展有机衔接过程中具有重要作用，是一种非常适用且合意的关键衔接载体。

2.2.1.2 提升社员经济绩效

目前我国农民作为弱势群体，急需农民合作社这样的组织来保障他们的利益。农民组织化程度较低，在农业生产资料的购买、农产品的销售以及市场信息的获取等方面都处于弱势地位，缺乏话语权。农民专业合作经济组织能够打破城乡分割、行业分割的格局，保护农民的合法权益，提高农民在市场上的谈判地位，使农民的利益免遭损害。农民合作社的议价权和自生能力是影响其经济绩效的两个关键因素，分别对应外部市场结构和内部制度安排。钟瑞添、肖富群（2011）基于广西贵港市 469 个农户的问卷调查数据，以同一地区未参与专业合作经营的农户为参照，研究专业合作经营能否促进农民增收，结果发现，参与专业合作经营的农户的经济收入明显高于未参与专业合作经营的农户。王图展（2016）基于全国 381 家生产类农民合作社的大样本调查数据进行研究后发现：在农产品供求关系、内外部规模和产业链环节的市场结构方面有议价权优势的合作社，增进成员经济绩效的概率更高。

2.2.1.3 帮助社员追求外部利润

从农户利益来看，农民合作社出现的内在动因是追求在分散经营情况下难以获得的外部利润，这些利润主要来自市场交易费用的降低、规模经济和减少或避免各种农业经营风险。农户和合作社之间的联系在于农业生产的激励问题和市场交易的规模经济，农户通过加入合作社能够在保留家庭生产的基础上获得加工或销售上的规模经济效应。农民相互合作的动力来源于对潜在利润的追求，潜在利润能否实现受社员异质性和外部环境的双重影响。社员异质性降低是合作社实现“弱者的联合”的内部条件，市场环境、政策环境、财政资源分配机制等外部环境的优化是获得潜在利润的外部条件。只有内外部条件同时具备，合作社才能实现“弱者的联合”（崔宝玉、王纯慧，2017）。

2.2.1.4 降低社员交易成本

农民合作社是由农户集体所有，以社员利益最大化为目标的组织，可以降低由于信息不对称或资产专用性带来的交易成本。因此，农民合作社降低交易成本的主要方法是将外部交易内部化，降低由信息不完全、不对称或资产专用性带来的交易成本。在市场价格波动较大的产业中，投资者所有企业（Investors Ownership Firm，IOF）与农户签订的合同很有限，农户难以得到企业的合同，即使得到，合同的履约率也不高（郭红东，2005）。农户与企业的交易存在各种不确定性和信息不对称带来的交易成本，而农民合作社是将这种交易成本内部化的有效手段。由于信息的不完全、不对称性会产生专用资产的交易费用，农民合作社比投资者所有企业更有利于节约成本（林坚、马彦丽，2006）。合作社基于资源禀赋差异选择“社企联合”“社村联合”“社社联合”等不同模式，通过提高规模经济效益、降低经营风险、实现外部性内在化获取制度收益，通过降低交易频率、资产专用性、交易不确定性降低交易成本（罗千峰、罗增海，2022）。

2.2.2 我国农民合作社对农产品市场的影响

2.2.2.1 市场竞争标尺效应

梁巧（2010）构建了在三种不同市场结构下小农户选择交易组织形式的

博弈模型，即IOF垄断市场、IOF合作社混合市场和纯合作社市场，求解博弈的均衡战略。研究结果表明：在不存在合作社的市场中，小农户只能被动地接受IOF制定的价格，获得非常微薄的效益。农民合作社的出现，使小农户的地位得以改善。农民合作社通过将农户组织起来，获得了相应的价格谈判权和制定权，对小农户在市场中弱势地位的改善发挥了“市场竞争标尺”效应。此外，合作社的出现打破了IOF垄断市场的局面，使IOF不得不通过缩小利润空间并将部分收益让利给小农户来留住或吸引他们，从而使农产品收购价格提高，小农户获得更多的价值链份额。

2.2.2.2 应对市场失灵

从市场参与角度来看，农民合作社可以更好地应对农产品市场失灵。市场失灵的原因是多方面的，其中一个很重要的原因是农业生产的小规模与加工、营销的大规模的不对称。张立华（2010）认为，通过发展农民合作社，可以把分散经营的农民组织起来，提高农民进入市场的组织化程度，按统一标准进行生产，对外按统一价格、品牌销售，形成完整的现代农业产业链条，提高市场竞争能力和议价能力，对抑制农产品价格的非理性波动及稳定农产品价格有积极的促进作用。黄胜忠（2009）指出，农民合作社之所以能在市场竞争中生存和发展，最主要的原因是它能够调整市场战略和组织结构，以适应内外部环境的变化。相当一部分农民合作社从一开始就要求社员掌握统一的生产技术和质量标准、向市场提供品牌化的产品、根据市场需求灵活地确定向市场投放产品的数量、积极发展农产品加工、参与供应链等，这些经营行为都是有助于实现“市场导向性”的经营战略，能帮助企业更好地应对市场失灵。

2.2.2.3 抵御市场风险

农民因为生存环境和自身能力不足等，抵御自然风险、市场风险和社会风险的能力较弱。农民合作社是农民尤其是贫困农民参与市场经济活动、抵御市场风险、实现反脆弱性发展的重要载体（向德平、刘风，2017）。在现实中，小农户出于风险规避与技术扩散的考虑，有加入合作组织的需求，但其在资源禀赋的约束下难以自发地内生出农民合作社，大农或农村精英才是农民合作社生成的逻辑起点，是农民合作社生成的关键（罗明忠、陈江华，2016）。

2.2.2.4 保障农产品质量

农民合作社通过提高农户组织化程度，逐渐成为保障农产品质量安全的有效载体。我国农民合作社能够促进农产品质量可追溯体系的普及，推广农产品标准认证，并且有利于维护农产品与超市的对接。郭锦墉、肖剑（2022）基于189家农民合作社的调查资料，实证分析了合作社内部治理结构与合作社农产品质量可追溯参与行为的关系，结果表明：在内部治理结构上，合作社成员规模与可追溯参与行为呈倒“U”形关系。张永强、王珧等（2018）通过分析农民合作社中的“双重”委托代理关系，对黑龙江省仁发农机专业合作社进行了个案研究，从生产和流通两个维度探讨农民合作社保障农产品质量安全的作用机理。研究结果表明：一方面，农民合作社可以通过良种采购、合理施肥、机械采收等措施，在生产环节保障农产品质量安全；另一方面，农民合作社也能通过订单化生产销售、农产品初加工等方式在流通环节保障农产品质量安全。

2.2.3 我国农民合作社对社员收益的影响

2.2.3.1 合作社规模对社员收益的影响

合作社规模与绩效之间的关系对促进合作社绩效提升具有重要意义。不少研究肯定了合作社规模对增加社员收益的正向影响。梁巧、白荣荣（2021）利用2014—2018年近似全量农民合作社数据，刻画了我国合作社的规模分布与演化，并采用动态面板数据模型研究合作社规模对绩效的影响，研究发现：合作社规模对其盈余总额有显著的正向影响，对人均盈余总额的影响则呈现明显的倒“U”形，合作社的最优农民社员规模（15人）相对较小；分地区的异质性检验结果表明，东部地区合作社的最优农民社员规模（25人）显著大于中西部地区（13人）。

2.2.3.2 合作社纵向协作程度对社员收益的影响

农民合作社的纵向协作程度通过合作社总收益和合作社利益分配两种机制影响合作社社员收益。一般来说，合作社纵向协作程度越高，合作社总收益越高。钟真、张琛等（2017）研究发现：奶农合作社的纵向协作程度与社员收益之间并不存在单一的线性关系，而是呈现出纵向协作程度为半紧密型的合作社与紧密型合作社社员的收益大体相近，且均高于松散型合作社社员收益的特征；纵向协作程度能够影响合作社利益分配机制的公平性，二者呈倒“U”形曲线关系；合理协调异质性成员的权利，是形成合作社与社员“利益共享、风险共担”双赢局面的关键。

2.2.3.3 合作社入社门槛对社员收益的影响

在合作社成员异质性普遍存在的情况下，充分设置入社门槛对维护社员权益和促进社员普遍增收具有重要的现实意义。基于社员要素设置入社门槛，有助于合作社优化盈余分配方式、提高社会化服务能力；基于种植规模设置入社门槛，有助于合作社提高社会化服务能力；基于交易规模设置入社门槛，有助于合作社实现销售规模化。钟真、黄斌（2018）在“要素禀赋—入社门槛—社员增收”的分析框架下，以三家农民合作社为研究对象，对合作社门槛设置与其社员收益的关系进行案例分析，研究结果显示：合作社通过设置入社门槛，能够高效聚集土地、劳动力、资金等要素禀赋，促进禀赋价值提升，最终对社员增收产生积极影响。

2.2.3.4 合作社盈余分配方式对社员收益的影响

我国农民合作社内部出现了与法律规定、传统原则不一致的盈余分配方式——偏离惠顾返还模式，该模式成为普遍现象。构建合理、公平、高效的盈余分配机制，对促进合作社的健康持续发展具有重要意义。蔡荣（2011）研究了合作社内部交易合约安排对社员成本与收益的影响，实证结果显示：在其他条件不变的情况下，合作社内部交易合约安排可以使农户的交易成本降低约 48 元/亩①，纯收益增加约 321 元/亩。交易成本降低的原因主要是合作社分担了农资采购环节和产品销售环节的部分信息费、运输费和时间成本，纯收益增加的原因主要是合作社集体采购的农业生产资料价格相对较低。王真（2016）分析了合作社治理机制对社员增收效果的影响。研究结果表明：封闭式的社员制度对社员增收具有较大的正效应；如果理事长是第一大股东，则社员的增收幅度会更大；缺乏明确的盈余分配方式、按股分红比例过高都不利于社员增收；社员出资比例越高、参加社员大会的次数越多、通过合作社获得的收入对家庭收入越重要，合作社对其增收效果的影响往往越大；示范社比非示范社、商人领办型合作社比其他类型合作社对社员的增收效果显著。张国鹏、王玉斌（2018）对合作社与社员间“市场价格+附加价格”机制的形成原理进行了研究，指出“市场价格+附加价格”不仅可以达成一种纳

---

① 1 亩≈666.67 平方米。

什均衡，而且是在满足一定条件情况下的帕累托改进。

2.2.3.5 合作社治理对社员收益的影响

黄凤、杨丹（2014）基于中国 15 个省市 78 家农民合作社的微观调查数据，实证分析了农民合作社内部治理对其农业横向服务能力和农业纵向服务能力的影响。结果表明：股权结构集中度对两者均有负向影响，理事长的受教育程度对横向服务能力有显著正向影响，股权激励对两者均有较显著的影响，内部监督对农民合作社纵向服务能力有显著正向影响，普通农民在理事会中比重过高、理事会成员出资比例过高等会降低农民合作社的横向服务能力。陆倩、孙剑等（2016）通过对农民合作社产权治理现状、典型案例进行实地调研，划分了合作社产权治理类型，并对不同类型合作社对社员利益的带动效果进行了比较。结果表明：目前农民合作社的所有权、决策权与剩余利润索取权相对较为集中，使用权差异不明显；合作社的产权治理理论上可分为八种不同类型，其中四种类型在现实中普遍存在且具有代表性，其促进社员收益的能力由强到弱依次为：产权民主型、决策权集中型、大户（资本）奉献型和产权集中型。

2.2.4 我国农民合作社对社员生产经营的影响

2.2.4.1 合作社对社员生产经营绩效的影响

社员收入是社员生产经营绩效的主要表现，不少研究肯定了农民合作社能够显著促进社员收入增长。颜华、王思禹（2021）基于对黑龙江省 36 家合作社中 630 位社员的走访调研进行分析，指出农民合作社三产融合，能够带动农民增收，参与三产融合的合作社的社员年收入比未参与三产融合的合作社的社员年收入高 2622~3161 元。刘杰、李聪等（2021）基于 2020 年 6—9 月对全国典型地区农民合作社及其社员和非社员的集中调查数据，采用倾向得分匹配法（PSM）评估社员身份对农户增收和减贫效应的影响。结果表明：社员身份对农户增收水平效应和垂直效应均有显著增进作用。刘浩、刘宇荧等（2021）构建了农民合作社标准化生产服务采纳行为影响农户收入的分析框架，并基于四川省 18 个区县 507 位成员农户的调查数据进行了分析。结果表明：与非采纳农户相比，采纳了农民合作社标准化生产服务的农户农业收入显著提高；农民合作社销售服务在其中起到了部分中介作用。

2.2.4.2 合作社对绿色生产行为意愿的影响

不少研究肯定了农民合作社能够显著增强社员进行绿色生产的意愿。罗磊、唐露菲等（2021）基于四川省538份社员的微观调查数据，探讨农民专业合作社培训教育对社员绿色生产意愿的影响。结果表明：合作社增加培训次数，可显著提升社员绿色生产意愿；合作社培训能够显著提高社员的绿色生产认知，从而提升其绿色生产意愿；无论是年轻社员还是年长社员，合作社培训对其绿色生产意愿均有显著正向影响。石芮岭、彭译霆（2021）基于四川省837份柑橘种植农户的调研问卷数据，分析合作社提供的绿色生产资料供给服务、绿色农产品销售服务、绿色防控技术培训服务对农户减量使用化肥的影响。结果表明：合作社提供的三类绿色服务均能够显著促进农户减量使用化肥。

2.2.4.3 合作社对社员生产规模的影响

不少研究肯定了农民合作社在保障和扩大社员生产规模方面的作用。周振、张琛等（2019）基于河南省荥阳市新田地农民合作社的实践，从合作社组织结构和制度设计的角度，解释了该合作社何以在当前“地价上升、粮价低迷”时期仍能保持经营规模不缩减、经营绩效不下滑，指出合作社可以通过对农业社会化服务的统一组织管理，收获规模收益，并在统一服务的框架内设计出数个“分”的机制，降低规模化经营成本。

第3章 云南花农合作社概述

3.1 花农合作社的概念界定

3.1.1 农民合作社的概念

3.1.1.1 国际合作社联盟的定义

国际合作社联盟（ICA）对合作社的权威定义为：合作社是人们自愿联合、通过共同所有和民主管理的企业来满足经济、社会和文化需求的一种自治组织。在ICA的定义中，合作社有以下五个特征：第一，自愿入社和社员资格开放性。农户自愿加入合作社，合作社对所有能利用其服务和愿意承担社员义务的人开放，农户有自由退出的权利。第二，社员民主管理。合作社是由社员管理的民主组织，合作社的相关制定和日常决策由社员共同参与决定，合作社的管理机构由社员共同选举产生。第三，盈余分配。合作社盈余中的一部分公积金是不可分配的，用来确保合作社的存在和正常运行，可分配部分按照社员与合作社的交易额或交易量进行分红，或投入经社员代表大会同意的其他项目。第四，自主经营。合作社是由社员控制的自主经营的自治组织。合作社与其他组织间的协议，必须建立在维护合作社自主经营的基础上。第五，社区意识。合作社在满足社员需求的同时，要积极推动所在社区的发展，参与社区的环境保护、基础设施建设及提供社会公共品的服务等。

3.1.1.2 我国对农民合作社的定义

《中华人民共和国农民专业合作社法》（2017年12月27日修订，简称

《农民专业合作社法》）将农民合作社定义为："在农村家庭承包经营基础上，农产品的生产经营者或者农业生产经营服务的提供者、利用者，自愿联合、民主管理的互助性经济组织。"农民专业合作社以其成员为主要服务对象，提供农业生产资料的购买、使用，农产品的生产、销售、加工、运输、贮藏及其他相关服务，以及与农业生产经营有关的技术、信息、设施建设运营等服务。农民合作社具有以下特征：第一，主要由享有农村土地承包经营权的农民组成，区别于传统的农村集体经济组织，是在农村家庭承包经营基础上农民自发组织起来的新型合作社。农户加入农民合作社不改变家庭承包经营，在遵守合作社章程的前提下，仍然具有生产经营自主权。第二，农民合作社围绕同类农产品的生产或者同类农业生产经营服务而组织，实现成员共同的经济目的。第三，遵循国际上通行的合作社原则，是通过共同所有和民主管理来满足共同的经济和社员需求的自治组织。

国外研究认为，农民合作社是一种兼有企业和共同体双重属性的社会经济组织。在我国的研究中，与农民合作社相关的概念很多，如"农业专业合作社""农民合作经济组织""农民合作组织"。这些组织产生的目的主要是解决市场经济条件下农户在农业生产经营中的农产品销售、农业生产资料购买、市场信息传递、技术指导与资金融通等实际问题。根据《农民专业合作社法》，判断一个组织是否属于农民合作社，关键在于该组织是否遵循农民合作社原则。农民合作社应当遵循以下原则：第一，成员以农民为主体；第二，以服务成员为宗旨，谋求全体成员的共同利益；第三，入社自愿、退社自由；第四，成员地位平等，实行民主管理；第五，盈余主要按照成员与农民合作社的交易量（额）比例返还。

3.1.1.3　农民合作社的类型

按照成立方式对农民合作社进行分类，最常见也是最常用的，主要有以下四种类型：

第一，农民自发型。这类农民合作社是指由农业生产中的种植大户或种植能手自发建立的"合作社+农户"形式的合作社。其特点是，农户利用各自的土地种植同一种农产品，主要以劳动力、土地、资金等入股，其净收益除去必要的公益金和日常管理费用之后按股份分红。这类农民合作社体现了"民建、民管、民受益"的原则，是今后合作社的主要发展方向。但是，目前这种合作社还不成熟，大多是季节性的、松散的合作模式。

第二，政府部门领办型。这类农民合作社是指由当地政府部门发起建立的“部门+合作社+农户”形式的农民合作社。其特点是，政府相关部门领导兼任理事长，有关部门参加，合作社挂靠行政部门，利用部门人才、场地、技术、设备优势和管理经验，以及专业大户的销售网点优势来发展。

第三，专业市场领办型。这类农民合作社是以专业市场为依托建立的“专业市场+合作社+农户”形式的农民合作社。专业市场是指以在长期生产过程中形成的产品集散地为基础建立起来的专门销售某种农产品的大型批发市场。这类合作社的优点是减少了农产品销售的中间环节，农产品销售更加有序、有效。

第四，龙头企业领办型。这类农民合作社是由当地的龙头企业牵头建立的“企业+合作社+农户”形式的合作社。其特点是，以合作社为桥梁，充分利用龙头企业的优势，使其承担起连接农户、基地与市场的多种服务功能，结成联系产供销的生产加工经营体系。这类合作社的优势在于，可以使农户享受到一部分农产品深加工的附加值，更好地获取市场供求信息，进而作出科学的生产经营决策。其劣势在于，农户依然处于合同契约关系的弱势地位，当发生自然灾害或市场出现大幅度波动时，农户是风险与损失的承担者。

3.1.2 云南鲜切花产业概况

鲜切花产业作为一种高效的农业产业，在农业及农村经济中占据重要地位。自20世纪90年代初进行鲜切花生产经营至今，云南鲜切花产业发展迅猛。据云南省农业农村厅2021年的统计，云南鲜切花产销量连续28年保持全国第一。“云花”已成为国内知名品牌，在国际花卉产业中有了一定的声誉，在国际花卉产业中的比重不断增加，并出现了丽都、海宇园艺、杨月季等一批具有一定国际知名度的花卉企业。云南拥有全国最大的鲜切花交易市场——斗南花卉交易市场。云南省农业农村厅2021年的统计数据显示，全国70%的鲜切花来自云南。2021年，云南省鲜切花种植面积达到32.6万亩，较2020年增长12.1%，鲜切花产量158.3亿枝，同比增长8.6%。云南的鲜切花优势品类主要为玫瑰、康乃馨、百合、洋桔梗、非洲菊、菊花等。

3.1.2.1 云南发展鲜切花产业的优势

云南发展鲜切花产业有以下四方面优势：

第一，气候资源优势。云南省地域辽阔，跨热带、亚热带、温带等多个气候带，加上地形、海拔、降水、光照等的不同和变化，形成了多种生态类型和气候类型，具有可周年生产花卉的优势，同时在品种结构和上市时间方面调剂的余地很大。云南大部分地区气候温和，冬无严寒、夏无酷暑，日照充足，雨量充沛，无大的灾害性极端气候，以昆明为中心的滇中地区更是四季如春，十分有利于鲜切花周年种植和均衡生产，是我国少有的鲜切花生产的适宜区域，世界上主要的鲜切花品类在这里都能实现规模化生产。

第二，人力资源优势。鲜切花是鲜活农产品，鲜切花产业是劳动密集型产业。云南省劳动力成本相对较低，加上地方鲜切花产区种植花卉历史悠久，积累了丰富的种花经验，在鲜切花产业竞争中具有相对的成本优势。进入21世纪以后，发达国家不断向发展中国家转移花卉产业，这也为云南花卉的产业化发展提供了条件。

第三，区位优势。云南沟通着两大洋（太平洋、印度洋）和三大市场（中国、东南亚、南亚市场），具有悠久的口岸历史和独特的区位优势，形成了陆、水、空全方位开放的口岸网络。随着东盟自由贸易区的建立，云南省成为中国与东南亚各国进行经贸交往的重要前沿。云南与缅甸、老挝、泰国、越南接壤或临近，有发展外向型经济的良好地理条件。40余条国内外航线的开通，为鲜切花产业发展提供了良好的运输条件。云南省的鲜切花出口到日本、韩国、中东、东南亚和中国香港、中国台湾等国家或地区，出品量逐年增加。云南的区位优势为“云花”的出口提供了多条通道。

第四，生产聚集优势。由于地理和区位特点，云南省已初步形成以昆明为主的滇中温带鲜切花生产区。目前，鲜切花重点布局在昆明市的呈贡县、官渡区、嵩明县、安宁市，玉溪市的红塔区、通海县、江川县，以及曲靖市、楚雄州和红河州等靠近昆明、交通便利、生产基础较好的县（市、区）。在品种布局上，云南形成了以温带切花为主体、多品种共同发展的格局，区域和产品布局日趋合理。

3.1.2.2 云南鲜切花产业发展的不足

云南鲜切花产业发展的不足体现在以下四个方面：

第一，品种单一、落后，科技含量低。世界花卉消费市场的总体趋势是消费由传统花卉日渐转向新优花卉。我国花卉产业起步较晚，育种能力不强，导致新优品种严重匮乏。我国花卉出口的类别主要有鲜切花、盆栽植物、观赏苗木及干花等。原产于我国的花卉种子，大多属于低端产品，科技含量较低，品种落后，无法占领国外高端产品市场。以出口日本为例，我国康乃馨的出口量在日本康乃馨市场排在第二位，但价格却一直徘徊在哥伦比亚产品的1/3上下，主要原因就是品种落后。云南花卉资源十分丰富，但花卉资源的可持续开发利用没有得到足够的重视。目前，大规模商品化种植的花卉品种相当一部分依靠进口。由于外商对知识产权的保护和国际市场的控制，其他国家不愿把优质品种输入专利品种很难得到保护的云南，以确保其技术优势，这是制约云南省花卉产业发展的主要因素。

第二，产业化水平较低。从产业化程度上看，云南花卉企业呈现“多、散、小、差”的特点，从事花卉生产的企业数量多、规模小，花农种植分散，管理粗放，规模化、专业化、组织化程度较低。云南花卉产业的产品品牌培育不足，知名度较低，缺乏在国际市场上的竞争力。云南花卉企业缺乏现代管理理念，从众心理比较普遍，生产靠摸索，管理靠感觉，赚钱靠运气。花卉产业，特别是鲜切花产业社会化服务水平和组织化程度均较低。花农从生产资料的采购到产品销售都靠自己来完成，交易成本高，交易效益低，交易创新困难。

第三，鲜切花保鲜技术跟不上。发达国家的鲜切花产业可以做到边采收边消毒，然后将采收的鲜切花运到采后中心处理，保鲜时间长。目前，云南省大部分鲜切花企业无法做到田间边采收边消毒，大多只进行初级处理，未形成标准化、现代化、全程化、产业化的采后处理运作模式，大大降低了鲜切花的保鲜度、瓶插时间、正品率及品质，也影响了出口花卉的国际竞争力。

第四，鲜切花物流系统运行不佳。一是机场不能为鲜切花物流的运作提供顺畅的平台。例如：机场不能提供冷藏环境，并且因为要等待装机，鲜切花往往只能在露天的地方，而且一批鲜切花一般需要三次开箱及再包装，这会对鲜切花的品质造成严重影响。二是冷链运作极不完善。目前，大多数物流企业还不能提供冷链物流来满足鲜切花运输的需要，从而使鲜切花的运输往往是在常温状态下进行的。三是包装和物流环节不够流畅。物流不流畅常常使鲜切花必须在断根的情况下度过两夜，重新插水、重新包装会加剧对鲜切花的损害。此外，运输基础设施不完善，甚至会出现鲜切花与其他鲜活易腐物品共同放置的情况，使鲜切花在运输中损毁严重。四是各流程空间位置分散，缺乏统一协调。由于办理交易、熏蒸、检验检疫、报关的各部门分散于昆明市区及县区的各个地点，且各部门办事效率存在差异，使得鲜切花在路上耽误时间过长，如果遇到堵车甚至误机等情况，将会造成巨大损失。五是鲜切花物流系统缺乏整体性的流程优化。目前云南鲜切花物流系统的运输流程都是从生产地到斗南花卉交易市场，交易之后再运往机场，而出口花卉还要通过检验检疫部门和海关部门。总体来说，中间的环节较多，时间也较长，而且各环节之间存在非连续性。

3.1.2.3 云南鲜切花产业发展的路径

云南鲜切花产业发展有以下六条路径：

第一，优化鲜切花品种，扩大产业链。现代鲜切花产业早已突破了传统种植业的范畴，辐射到育种、农药、肥料、基础设施、设备、物流等相关行业，从小农生产方式发展为今天的环环相扣、多方协同的现代产业价值链体系。因此，应培育鲜切花消费市场，引导消费，创新消费场景，帮助和鼓励企业细分市场、延伸市场，运用产业链成果，提供多级产品。

第二，加强区域农民合作社和行业协会建设。在云南省花卉产业办公室的统一协调下，建立州、市级花卉产业联合会，通过联合会对鲜切花生产、经营和流通服务进行指导和管理，弱化行政干预，加强服务。以农民合作社为桥梁积极推动鲜切花生产的规模化、集约化、专业化，引导花农走联合协作的道路，形成一批代表花农利益的合作经济组织及专业协作组织，为花农的生产和销售服务，使花农从既是生产者又是销售者的困境中解脱出来，全心全意地投入鲜切花生产。同时，通过农民合作社降低花农销售鲜切花的成本，切实提高花农收益。

第三，加强市场开发建设力度。积极参与周边国家特别是一些花卉出口国家集中市场的交易，借助东盟自由贸易区双边和多边贸易协定的实施，推动“云花”产品向周边国家出口。根据地缘市场的优势，重点从东南亚国家、日本、韩国，以及中国的台湾和香港等市场入手，巩固和加强对这些国家和地区的市场渗透，通过这些市场的影响力不断扩大对欧美国家的出口。同时，组建针对国际贸易壁垒和保护主义的法律诉讼团队，注重保护自主知识产权，维护云南鲜切花企业的合法权益。

第四，加大资金扶持力度。一是切实用好用活省级财政专项资金和花卉发展基金，重点用于扩大优质鲜切花规模、地方特色花卉发展和解决制约产业加快发展的优良品种研发、物流条件改善、国际市场开拓等方面，并根据今后财力增长情况逐步增加对花卉产业的投入。二是拓宽融资渠道。通过各种方式推动银行与企业的有效合作，把扶持鲜切花产业发展作为信贷投放的重点之一，创新金融服务，简化贷款手续，扩大信贷规模，加大对鲜切花龙头企业、农民合作社及相关中小企业的信贷支持力度。三是加速培育适应市场经济体制的区域性地方融资环境，为鲜切花产业的发展创造便利、稳定的融资条件。

第五，建立和完善花卉外运绿色通道。通过物流配套服务系统，充分发挥航空、铁路、公路运输的作用，引入竞争机制，降低运输成本，提高运输效率；协调海关为花卉外运和出口提供高效便捷的服务，简化通关手续，降低通关费用；协调检验检疫部门做好大宗出口鲜切花的预检和预处理，缩短检验时间，降低检验收费标准，建立畅通、便捷、高效、费用低廉的花卉外运绿色通道。

第六，积极开展人才培育工程。根据鲜切花产业发展的要求，重点培养和引进高层经营管理人才、国际市场专业营销人才、科技开发人才、应用技术推广人才和信息服务专业人才。建立云南鲜切花产业人才信息档案库，收录国内外、省内外鲜切花产业相关人才信息，为鲜切花产业发展提供服务。

3.1.3 农民合作社对云南鲜切花产业发展的作用

高速发展的云南鲜切花产业存在生产规模小、物流成本高、销售渠道不畅等诸多问题。农民合作社对解决这些问题、提高花农的组织化程度、保护花农的切身利益、推动社会主义新农村建设具有重要作用。

3.1.3.1 农民合作社可以实现分散小生产与统一大市场的对接

云南鲜切花产业虽然有英茂花卉、明珠花卉、杨月菊园艺等一批实力较强的大型生产企业，但是分散的花农生产的产品仍在全省花卉总产量中占有很大比重。鲜切花作为鲜活观赏商品，与粮食、蔬菜等必需农产品相比，有着更大的生产和流通风险。在变幻莫测的市场经济条件下，分散的农户很难掌握准确的信息，在商品生产和交易中常处于弱势地位。农民合作社是在农村家庭承包经营基础上，同类农产品的生产经营者或者同类农业生产经营服务的提供者、利用者，自愿联合、民主管理的互助性经济组织。花农合作社是分散的花卉小生产者为了维护和改善各自的生产、生活条件，在自愿平等互利的基础上组织起来的，是弱势花农的组织。比如：2004 年 7 月，通海县十街村花农在自愿互利的基础上，按一人一票的原则组成了玫瑰专业合作社。合作社解决了“公司+农户”模式下花农与公司难以有效对接的矛盾，通过服务互助、风险共担、利益共享，把一家一户分散的花农组织起来，形成规模化经营，实现了花农利益的最大化。

3.1.3.2 农民合作社可以提高组织化程度，降低物流成本

大多数花农对收获后的鲜切花不进行分级、加工、包装等产后处理，以200支或300支为一捆打包后，用拖拉机、小马车、摩托车、自行车送到市场，既保证不了产品的质量，又容易在运输中压坏产品。由于没有专业的冷藏车辆，鲜切花产品在运输中损失较大。花农合作社可以提供包装和物流服务，帮助花农统一分级、加工、包装后，再运到拍卖市场，这样不仅大大减少了损耗，而且提高了鲜切花的品质。十街玫瑰专业合作社按照昆明花拍中心的质量要求，规范种植技术，已开办培训班12次，培训社员400人次，组织社员到外地参观学习2次（100余人），并且制定了包花人员及质检的暂定管理条例，对社员交付的玫瑰进行统一分级、加工、包装及冷藏，提高了鲜切花产品质量。十街玫瑰专业合作社在通海县财政的支持下，购买了价值6万元的玫瑰专业运输车，把100多户社员的玫瑰集中加工后，运到昆明花拍中心，以“联庆”商标统一销售，获得了令人满意的经济效益。

3.1.3.3 农民合作社统一采购生产资料，降低生产成本

花农合作社通过组织化获得采购量的优势，把分散购买力集中成统一的购买力，增强了市场交涉力，以较低的价格购入种苗、化肥、农药等生产资料。通海县十街玫瑰专业合作社成立1年来，批量采购优质化肥10余吨、棚膜10余吨，购买农药花费15万余元，购买镀锌水槽花费10万余元，购买压膜条花费4万余元，均以较低的价格卖给社员，既方便了社员购买生产资料，又为社员节省了开支。该合作社还统一育苗、供苗，与从种苗公司购苗相比，社员的种苗费用可以降低20%左右。

3.1.3.4 农民合作社有助于抵御鲜切花价格风险

商品的供给量和需求量决定了市场价格。鲜切花作为非生活必需品，其需求与各国的文化传统有着密切的联系。例如，中国花卉市场在春节、元旦、圣诞节、母亲节、情人节等节日之前，需求量很大，特别是情人节，这一天玫瑰单价可达十几元1枝。日本花卉市场在春分、母亲节、玉兰盆节、秋分、圣诞节、元旦等节日之前需求量增大。分散的花农小生产，由于对各国各地的文化传统缺乏了解，在品种选择、生产布局上有着很大的盲目性，常常形成供给潮与需求高峰期的错位。由于鲜切花消费的特殊性，其价格在需求高

峰、一般、停滞等不同时期，价格相差 7~8 倍。花农合作社可以通过种植指导与建议，提高社员适应市场的能力，降低其生产的盲目性，使其在生产的时间上和品种选择上作出更佳的决策。

3.1.4 云南花农合作社的概念及组织模式

3.1.4.1 花农合作社的概念

本书中的花农合作社属于农民合作社范畴，遵循的原则与农民合作社一致。农民合作社是我国农民在农村土地家庭承包经营基础上自主创办的农业生产经营组织，是伴随农业产业化经营逐步发展起来的市场主体，是我国农业生产经营体制中的重大制度创新。根据农民合作社的概念，本书将花农合作社定义为：花农合作社是在农村家庭承包经营基础上，花农自愿联合、民主管理的互助性经济组织，在鲜切花生产与经营过程中提供单项或多项服务，以满足社员共同需要。随着鲜切花产业的发展，云南花农合作社已经增加到 100 多个，成为云南鲜切花产业发展的重要力量。大多数云南花农合作社属于专业市场领办型，依托的专业市场为昆明花拍中心和昆明斗南花卉交易市场。

3.1.4.2 云南鲜切花农民专业合作组织的模式

云南省的鲜切花专业合作组织主要分布在鲜切花主产区昆明和玉溪两市，其中不少是由呈贡斗南经验丰富的花农生产大户牵头组建的。他们在发展中不断探索与龙头企业或其他专业合作组织的合作形式，形成了“公司+合作组织”“农户+农户”“合作组织+合作组织”等运作灵活、形式多样的发展模式，有效地深化了花农与市场之间的联系。各类生机勃勃的农民专业合作组织，有效地提升了农民的组织化程度和产业化水平，推动了农村经济社会发展和社会主义新农村建设，为推动云南鲜切花产业发展起到了积极而重要的作用。

1）“公司+合作组织”模式

“公司+合作组织”模式是指合作社对产品进行统一采收后交由花卉公司或者经纪人销售，即合作社依托有实力、品牌知名度高、信誉好的花卉企业进行运作。花农与合作社不断吸纳花卉企业的先进生产和管理经验，提高自身实力，从而在市场竞争中占据有利位置。

2）“农户+农户”模式

“农户+农户”模式是同地域或种植同品种的花农自发组织成立起来参与市场竞争的合作形式。这一模式有着独立和灵活的管理、生产和销售体系，大多由具有一定生产技术水平的农村大户发起组成，可以最大限度地发挥农民的自主作用，提高市场竞争力。

3）“合作组织+合作组织”模式

“合作组织+合作组织”模式通常是为适应更大的市场和更强烈的竞争，由具有一定规模的合作组织通过兼并、整合其他合作组织，形成产、供、销一体的“大合作社”，统一生产管理、统一品牌、统一物资供应、统一运输销售。“大合作社”把花农的生产变得集约化、专业化、市场化和企业化，大大增强了抗击市场冲击的能力。

3.2 云南花农合作社的产生

3.2.1 云南花农合作社产生的背景

云南花农主要由菜农转变而来，这些菜农往往同时种植鲜切花和蔬菜。这种种植方式不仅是为了适应鲜切花对土质的要求与施肥特性，也是为了通过鲜切花和蔬菜两种市场需求相对独立的农作物来降低市场风险。菜农转变为花农的原因主要有四个：第一，受到种植鲜切花高收益的吸引。种植鲜切花的每亩收益显著高于蔬菜和水稻。第二，市场风险降低。虽然昆明市呈贡区与玉溪市通海县都拥有销售蔬菜的专业批发市场，但是全国及国际蔬菜市场的竞争非常激烈，蔬菜在上市季节常常出现市场价格远低于生产成本的现象，从而使菜农遭受严重的损失。与国内其他地区相比，云南具有种植鲜切花得天独厚的自然条件，使得云南花农具有天生的生产条件优势。因此，临近鲜切花批发市场的云南农户种植鲜切花的竞争要小于种植蔬菜的竞争，面临的市场风险也小于种植蔬菜。第三，种植鲜切花的良好市场环境。云南省拥有全国最大的花卉批发市场（昆明斗南花卉交易市场），以及全国最大的花卉拍卖中心（昆明花拍中心）。同时，云南省鲜切花近年来在国内外的信誉越来越好，知名度越来越大，在国内外的市场份额不断增大。第四，种植鲜切花的良好氛围。在云南鲜切花产业的发展中，一大批种植能手涌现出来，从带领亲朋好友到带领整个村种植鲜切花。整个村乃至几个村种植鲜切花，为鲜切花种植技术与经验的传播与交流创建了良好而广阔的平台。为了解决鲜切花销售问题，一大批花卉公司与花农合作社孕育而生，拓宽了花农的销售渠道，提高了鲜切花的交易效率。

3.2.2 云南花农合作社的地理位置分布

云南的第一家花农合作社于2004年初在云南斗南县成立，此后花农合作社如雨后春笋成立起来。由于云南大多数花农合作社的成立方式为专业市场领办型，其地理位置分布具有明显的区域特征。花农合作社最早出现在斗南的主要原因是斗南拥有我国自发形成的第一大鲜切花批发市场，良好的市场条件与便利的交通位置为花农合作社的成立提供了不可或缺的外部条件。云南花农合作社的分布按照所在地与昆明花拍中心和斗南花卉交易市场的距离呈现出一定的规律，可以归纳为以下三点：第一，昆明花拍中心和斗南花卉交易市场附近的花农合作社，以昆明市呈贡区的斗南为代表，其特点为数量较少，合作社类型基本为综合型，实施“五个统一”（统一种苗、统一技术、统一包装、统一品牌和统一销售），管理规范、规模较大，是云南花农合作社中的先锋与佼佼者。第二，离昆明花拍中心和斗南花卉交易市场较近的花农合作社，以晋宁区和嵩明县为代表，其特点为具有一定的数量，合作社类型既有综合型又有销售型，大多数合作社在规模和经济实力上与前者存在一定差距。第三，离昆明花拍中心和斗南花卉交易市场较远的花农合作社，以通海县和江川县为代表，其特点为数量较多，合作社类型以销售型为主，规模小，契约关系松散且持续时间较短，管理缺乏规范，但是这些地区的花农合作社充满活力，是云南花农合作社的主力军。它们面临的竞争较大，既有来自花卉公司的竞争，又有来自花农合作社的竞争，在市场竞争中，这些花农合作社有的被淘汰，有的竞争力不断提高。

3.2.3 云南花农合作社的异化现象

3.2.3.1 农民合作社异化的由来

随着我国农村经济体制改革的不断深化，国内越来越多的学者认识到农民合作社不仅符合世界上大多数国家农业发展的历史规律，而且是中国加快推进农业产业化和现代化的现实选择。虽然我国农民合作社的数量已经不少，但是它们主要依托政府、民间组织以及其他力量形成，完全由农民自己组建的非常少。根据罗虚代尔原则，农民合作社应该至少具有以下四个特征：第一，自愿集股筹资，只分少量股息而不分红利；第二，社员平等，民主管理，不问股金多寡，一人一票选举；第三，以市场平价进行现金交易，保证准斤足尺；第四，按购货金额比例分享利润。从20世纪70年代开始，由于受到内外部环境的影响，西方发达国家农民合作社的发展也呈现出重要变化，主要在三个方面偏离了罗虚代尔原则：一是“一人一票”制向承认差别制发展；二是公共积累的不可分割性向产权明晰化方向发展；三是资本报酬率严格限制向外来资本实行按股分红方向发展。西方国家合作社制度的变革并没有使农民合作社演变为普通企业，它们至少在四个方面与普通企业有着明显的区别：第一，合作社的顾客往往也是它的所有者，而普通企业的顾客与所有者常常是分离的；第二，合作社的目标是使其既是所有者也是顾客的社员受益，而普通企业的目标只是使其所有者受益；第三，“一人一票”制仍然是合作社的重要原则，一人多票有严格的上限限制；第四，按照社员的惠顾额分配利润仍然是合作社的主要分配形式，按股分红受限。考察中国现有的农民合作组织后可以发现，农民合作社大多不具有合作社的上述特征。本书课题组在对广东省58家农民专业合作组织进行调研后发现，只有少数几家（8家）按照惠顾额返还利润，绝大多数合作社没有做到这一点。因此，中国的农民合作社不仅偏离了罗虚代尔原则，而且与西方农民合作社的新特点不相符，是异化了的农民合作组织。

3.2.3.2 云南花农合作社异化的概况

高雅、吴晨（2014）基于广东省、安徽省68县（区）的调查研究表明，农民合作社的综合异化度为52.49%，异化现象十分普遍。他们把农民合作社的异化归纳为三类，即事前异化、事中异化和事后异化。事前异化主要包括按市价收购、入股筹资、重视社员培训和盈余返还。事中异化是指“一人一票”制度。事后异化是指入社自愿原则。我们在访谈和调查中发现，云南花农合作社普遍存在一定的异化，其中事中异化发生的比重最高。一些鲜切花种植规模较小的社员由于生产经营精力不足、经验缺乏或兼业等原因，对合作社的管理和议事不够关注，也不关注社员的投票权和议事权，主要关注合作社的各项服务是否能够降低成本、提高产量和质量、获得更高的交易价格等直接关乎收益的因素。云南大多数花农合作社的社员有核心社员和普通社员之分，核心社员能够在更大程度上影响合作社的管理和发展，从而使合作社不同程度地存在异化现象。

3.2.3.3 云南花农合作社异化的主要原因

1）成立路径选择上的非小农自发组织性

从理论上讲，为了缓解花农分散小生产与大市场之间日益加深的矛盾，维护自身利益，在市场上处于弱势地位且境况相似的花农存在合作的需求。但是，由于“高合作成本”和“低合作收益”以及普遍存在的“搭便车”问题，规模较小的农户难以内生出合作组织，造成了农民“不善合作”而又“需要合作”的普遍事实。在这种情况下，非民主导的外生型合作组织便成为最佳替代。在实践中，由农户牵头创建的农民合作社非常少见，牵头创办农民合作社的农民大多数是那些具有一定生产规模的市场化、商品化程度较高的生产大户和长期从事农产品销售的运销大户。为了推动产业发展，一些政府涉农部门和涉农企业也成为农民合作社的牵头者。因此，花农合作社的形成过程具有参与主体的“多样性”、成长路径的“外生性”、政府引导等特征，造成了花农合作社在成立路径选择上为非小农自发组织的现象，即虽然农民合作社是农民自助、互助的组织，能够帮助农民维护自身利益，但在实践中农民合作社的形成和发展又不得不依赖处于强势地位的非小农主体。

2）成员间的异质性

成员间的同质性有利于统一行动，也有利于提高农民对合作社的忠诚度和信任度。然而目前绝大多数云南花农合作社的成员异质性非常突出，主要表现在以下两个方面：第一，社员在年龄、受教育程度以及资源禀赋等诸多方面均存在差异。第二，由于生产成本和技术水平的差异，社员的生产策略更加多元化。

在社员异质性的前提下，花农合作社在诸多方面表现出难以合理处置。第一，合作社的控制权难以合理分配。根据国外合作社的一般原则，合作社的实际控制权应该由合作社的所有成员共同掌握，即应该实行“一人一票”制。但是，随着合作社对资金需求和其他要素需求的不断增加，合作社也会为其他非合作社社员提供服务，造成了花农合作社并不是单一由普通惠顾者构成，而是由生产者社员、经营者社员、股东社员和使用者社员等不同类型的成员构成，从而使合作社的控制权难以合理分配。第二，公共积累的处置。合作社的公共积累是合作社在惠顾者分配之后的一种剩余，是合作社未来发展的基金。然而在合作社成员异质性的前提下，对公共积累不管采取哪种处置方式，都难以同时使各类社员满意。第三，经营决策权和实际控制权方面。由成员异质性导致的经营决策权和实际控制权的不均衡，直接导致了剩余未分配控制权分布的不平衡，这就可能导致相对富裕的社员利用相对控制权进行内部寻租活动，如压低收购价格、提高出售价格、转移未分配储备金或留存收益等。因此，成员异质性导致合作社存在多种分配基础，必将深刻影响合作社的制度安排和组织行为，并最终导致农民在合作社中的地位得不到应有的保障。

3）入社投入要素的相对价格差异

我国农民合作社在发展中遇到的困难之一是资金实力不足，云南花农合作社也是。由于缺少资金，合作社在信息资源、市场拓展能力方面都存在不足。有限的资金还制约了花农合作社对鲜切花进行加工、包装和运输的能力。长期以来，农民合作社的还贷能力一直受到银行的质疑，再加上获得这种资金的价格超出了农民合作社的承受能力，致使农民合作社只能靠自身的积累。形势逼迫农民合作社改变生产要素聚集方式，这就必然会使农民合作社以承诺牺牲一部分分配权和控制权为代价吸引社会上生产要素雄厚和信息资源丰富者加入，他们所提供的生产要素比普通合作社成员要多，自然会成为农民合作社的核心成员。在对其所投入的重要生产要素产权残缺的条件下，由于对这些生产要素资源的贡献难以直接量化，核心成员必然倾向于股份化的产权结构。通过占有合作社相对多数股份，核心成员可以获得合作社的实际控制权，进而通过有利的剩余分配方式实现对投入合作社的稀缺生产要素的控制权和收益权，而这必然导致农民合作社的“一人一票”制难以执行。

3.2.3.4 云南花农合作社异化的趋势

结合云南花农合作社异化的原因和现实情况，可以估计未来相当长一段时期内，云南花农合作社异化的趋势将会通过以下三种合作形式表现出来。

1）由专业大户主导的合作社

由专业大户主导的花农合作社，主要是指由从事专业生产的农民，在技术服务生产、加工、储运、销售等环节联合起来建立的社团性合作经济组织。花农以社员的身份加入合作社。专业大户往往是农村的能人（精英），他们在生产、加工、储运、销售等方面拥有较丰富的社会资源。花农加入合作社后，可以依托这些能人的社会资源更有效地获得重要生产要素，使鲜切花能较快较顺利地销售出去。在专业大户主导的合作社中，农民的会员身份得到了明确的规定。作为合作社成员的农民，其会员身份不再外挂于组织之外，而是内化于组织体内，成为组织有机的组成部分。理论上，会员有参与合作社治理的权利。在专业大户主导的合作社中，能人会员与普通会员在内部事务决策方面的权能，将会由于决策效率和管理的问题而有差异。虽然这种合作社采取理事长负责、会员共同参与的管理模式，但理事长一职往往由专业大户担任，“一人一票”制较难贯彻。

2）由政府职能部门引导的合作社

中国涉农产业一直以来处于弱势地位，尤其是在广大中西部地区及其他落后地区，涉农产业利润不高，致使大量社会资本以及其他一些重要生产要素无意投入农民合作社，而落后地区的农村由于各种重要生产要素极其缺乏，自身无力组建能够有效运行的农民合作社。因此，由政府出面、农民积极参与而组建的农民合作社必然成为落后地区最主要的合作形式。具体来说，政府职能部门引导的合作社就是积极引导农业、畜牧科技等职能部门，利用人才、技术等优势，与农民联合成立合作社，主动为合作社提供技术服务、资金支持，在开拓市场、增加效益等方面发挥积极的推动作用。理论上，这种合作社的成员同样是合作社的使用者成员，合作社的收益在提取公积金、公益金后应该向成员分红。

3）由外部力量主导的股份合作制合作社

由外部力量主导的股份合作制合作社是指由社会资源丰富的外部力量主导，采取资本和劳动的联合方式，实行按股分红和按劳分配相结合的农民合作社。这种合作社充分发挥龙头企业产地市场、购销公司的产销优势，牵头创办农民合作组织，帮助其组织货源、降低生产成本，形成“龙头企业+农合组织+农户”的产业化、股份合作制经营模式；同时，建立有效的利益联结机制，使农民合作组织成为联系企业与农户的桥梁和纽带。在运作流程上，龙头企业向农民合作社提供良种、技术及其他重要生产要素，再由合作社以较低的价格出让给社员，或者根据社员在合作社的股权分配出去。社员的生产所得也主要由龙头企业通过合作社统一收购，然后直接由龙头企业统一出售。在出资结构上，龙头企业由于资金雄厚，出资额比例往往较高，而社员则以出售鲜切花或提供其他形式的资本参与合作社，并获得与之相应的股权。根据我国《公司法》的规定，龙头企业所拥有的股权大于农户。因此，合作社剩余收益的索取和公共积累的分配更加有利于龙头企业。尽管这种合作社模式不利于农民，也与合作社的基本原则相去甚远，但是在大多数农民资金缺乏、社会资源不丰富、重要生产要素难以获取的情况下，依托龙头企业等外部力量组建的股份制合作社仍然是合作社组建的重要形式。

3.2.4 云南花农合作社异化的应对措施

3.2.4.1 营造有利于提高农民主体地位的制度环境

在异化的农民合作社中，农民的主体地位被弱化，作为合作社最主要原则的“一人一票”制和惠顾额无法正常执行。造成这种结果的原因是多方面的，但是针对农民合作社的立法不到位是重要原因之一，营造有利于增强农民主体地位的制度环境已经迫在眉睫。首先，应该通过立法把“一人多票”制局限于一些不会影响农民主体地位的领域，而在合作社剩余收益的索取、公共积累及其他可能影响农民收益的分配上则要执行严格的上限规定。同时，要通过立法强制要求各类异化的农民合作社按照一定的比例执行惠顾额，对于的确需要按股分红的方式来激励各利益主体的，也要规定其分红的来源，以保障农民的利益不受太大的损失。

3.2.4.2 坚持民办原则，合理规定政府的权限

农民合作社是农民群众的组织，政府和相关部门应坚持“引导不领导，扶持不干预”的基本原则。政府有关职能部门要减少对农民合作社的行政干预，逐步把经营权和决策权归还给农民。政府需在政策上、资金上合理扶持，技术上全力支持，并且改变过去的指挥式管理方式，坚持以引导为主。为了让农民合作社真正以农民为主，政府有关部门的官员不应在农民合作社中担任重要职位，其职位可考虑以技术顾问或副职的形式为主，并且政府官员不能享有合作社的利益分配。对于那些完全依靠政府职能部门行政推动的农民合作社，如果不符合农民的需要，应予撤销。对于那些农民群众确实需要但行政色彩浓厚的农民合作社，政府要把经营权、决策权和管理权完全交还给农民，只保留一定的监督权和必要的引导权。

3.2.5 云南花农合作社发展面临的困境

2004年初，云南第一家花农合作社在斗南诞生，集生产与销售于一体，实行统一建棚、统一品种、统一技术、统一品牌、统一销售的“五统一”，改变了过去花农以个体形式进入鲜切花市场的局面。虽然云南花农合作社的发展取得了喜人的成绩，但是云南花农合作社的发展也面临着不少困难，可以概括为融资困难、保证社员忠诚度难、技术推广难、规模与效率的困境四个问题。

3.2.5.1 融资困难

不少云南花农合作社在成立之初，只有一块场地、一个商标和几个工人。随着花农合作社不断发展壮大，已有的生产设施渐渐无法满足生产销售需要。但是，扩建和购置设施需要一大笔资金。花农合作社只是生产合作组织，不具有向银行贷款的资格。花农合作社扩大规模需要的资金数目很大，仅靠理事长与核心成员无法筹集足够资金。不少花农合作社的理事长表示，没有银行或金融机构的贷款，仅靠花农自身的融资能力，花农合作社很难发展。虽然云南省花卉产业联合会和地方政府对花农合作社有一定的资金支持，但是支持力度还不够，相对于花农合作社扩大规模实际需要的资金来说，这只是很小的一部分。同时，由于一些政策法规的限制，云南花农合作社还不能和公司享有同等的法律地位，政府的优惠政策和资金扶持绝大部分是针对公司的，如贴息贷款、出口补贴等，花农合作社的融资问题难以解决。

3.2.5.2 保证社员忠诚度难

由于没有生产企业严格的生产管理制度，花农合作社与社员之间的约束主要是互相信任，社员的忠诚度是考验花农合作社管理的一把标尺。每个花农合作社都有一部分团结紧密的核心成员，保证了花农合作社的正常运行，大约占20%；还有一部分是长期正常供货的社员，大约占50%；剩下30%左右的社员则常常不能保证供货量。虽然不少花农合作社尝试过与社员签订供货合同，给社员提供保护价，但是合同的约束力较差。不少社员在旺季价高时说没有花，用各种理由推脱而不履行合同，而在淡季价格低于保护价时则源源不断地把花送到合作社，使花农合作社的业务无法正常开展。但是，由于花农合作社本身的规模和能力有限，在旺季缺花时也需要这些社员提供货源，故很难对这些社员进行惩罚。昆明花拍中心技术总监张力（2008）认为，花农合作社难以保证社员忠诚度的主要原因是合作社的管理制度，绝大部分花农合作社只有一些简单的管理制度，但实际上，花农合作社需要一套公开透明的社员利益分配保障机制，同时花农合作社只有不断发展壮大，社员才能更加忠诚。

3.2.5.3 技术推广难

花农合作社普遍存在社员种植水平较低的问题。虽然除了花农之间的交流外，云南鲜切花各个主产区也经常举办种植能手讲课、技术培训以及专家授课等活动，但是社员的种植水平仍然提高较慢。花农合作社对社员种植技术提高肯定是有帮助的，但也有局限性。社员接触的圈子太小，受教育程度较低，接受技术的能力较差，而且普遍存在高水平种植者留一手的问题。云南花卉产业联合会昆明斗南分会技术主管李光祥已经做了8年的技术服务，他认为，要提高花农的种植水平，就要改变花农的技术意识，大部分花农的思想比较守旧，不敢尝试新栽培方式与新品种。云南省农业科学院园艺作物研究所所长熊丽基于技术授课与指导经验指出，花农只关心如何解决实际生产中遇到的问题，对种植理论不感兴趣也难以接受，但是鲜切花生产的复杂性及系列化技术的掌握和应用，往往受天气、土壤、作物生长时期等综合因素的影响，必须以理论为基础具体情况具体分析。熊丽认为，花农合作社应该专门生产一到两个大品种鲜切花，邀请相关种花能手或专家定期结合实际进行现场指导；同时提出，花农合作社可以和一些龙头企业合作，在其指导下进行生产，虽然前期花农合作社获利不高，但可缩短掌握市场和先进技术的时间，花农承担的风险相对也会降低。

3.2.5.4 规模与效率的困境

斗南翠华花卉生产合作社负责人鲁荣华采用不扩大花农合作社规模来保证合作社收益与效率的经营策略。斗南翠华花卉生产合作社的7户社员彼此是非常信任的亲戚和朋友，采用的是紧密型合作。由于深厚的信任基础与较小的社员异质性，管理成本比普通合作社小得多。翠华花卉生产合作社的种植面积不大，而且土地集中，产品的一致性很高，在鲜切花月季市场得到认可，品牌价值也在不断提升。翠华花卉生产合作社的经营策略揭示了云南花农合作社普遍存在的一个问题，即规模与效率难以兼得。很多花农合作社由于规模扩大，生产服务设施与管理跟不上，服务质量大幅度下降，最终只能关闭或解散。此外，花农合作社对负责人依赖性太强，也在一定程度上影响了合作社的规模扩大。目前，云南花农合作社的负责人几乎要负责财务、技术、生产、运输和销售每一个环节的管理，负责人的责任非常大，而合作社对负责人的激励与监管又存在不足。

3.3 云南花农合作社的治理

3.3.1 云南花农合作社治理的概念与原因

3.3.1.1 花农合作社治理的概念

本书中的治理是经济学范畴的治理，是指“通过某些行为方式的组合，自觉地协调或科层制地控制，相互依存的经济行为人的自身行为及相互行为”（Schneiberg and Hollingsworth，1990）。治理的方式不仅包括迫使人们服从的正式制度和规则，而且包括人们广泛认同的各种非正式的制度安排。治理的目标是相互依存的经济行为人的联合行动（合作行为）可以持续。治理包括治理结构和治理机制。治理结构与治理机制共同作用，决定了组织治理的效率。

根据治理的概念，本书认为花农合作社的治理是指为了实现合作社各经济主体利益的制度安排，用来处理与协调若干合作社经济主体的重大利益关系，包括投资者、经营者、惠顾者之间的关系。花农合作社治理的实质是一种责权的分配和制衡。花农合作社治理的基本问题包括合作社内部的组织机构、合作社组织机构权利与义务的分配，以及组织机构的监督与激励。

3.3.1.2 云南花农合作社治理的原因

云南花农合作社社员存在资源禀赋及参与目的等方面的差别，不可能全体参与合作社所有的经营管理与决策。因此，合作社会选出部分有管理能力的社员成立理事会，对合作社进行管理。也就是说，合作社的全体社员必须委托其中的某些社员来代为管理，理事会是代理人，全体社员是委托人，类似于股份公司的股东和管理者之间的关系，即合作社的决策管理与剩余风险承担是分离的，出现了委托代理问题。委托代理问题是花农合作社治理产生的根源。

1）“道德风险”问题

合作社治理中所出现的道德风险，主要是指经过社员推选出来的合作社经营者（代理人）可能并不能总是代表他们的利益诉求，当社员和经营者的追求不一致时，掌握优势信息的代理人就可能优先考虑自己的利益，从而出现道德风险问题，而作为委托人的社员并不是总能观察到代理人的这种行为。当经营者的既得利益与所承担风险不一致时，他便会有偷懒或者为自己谋求更多收益的行为。因此，尽管合作社经营者也是合作社的投资人，但是他们还是有发生道德风险的动机。

2）“搭便车”问题

奥尔森（1995）的研究表明，在组织内部，收益是公益性的，每一位社员拥有平等的权利来分享收益，不论其是否为此付出过成本。合作经济组织收益的这一特点使得组织社员都希望免费搭车，由别人承担全部成本，而自己则坐享收益。合作社是社员为了实现自身利益最大化而建立的行动集团，它通过实现集体利益的最大化来实现每个社员利益的最大化，集体利益对社员来说具有公共产品的意义，因而合作社要通过激励机制来减少机会主义行为和“搭便车”现象。即使在组织社员同意分担实现组织目标所需成本的情况下，如果不对他们实行不同于共同利益的单独激励，则追求个人利益最大化的社员不会采取行动去实现共同的组织目标。

3.3.2 云南花农合作社的治理机制

治理不仅需要一套完备有效的静态结构，更需要一系列超越结构的动态机制。治理机制是指组织内部各机构运行及相互作用的内在工作方式，以及影响组织治理结构因素的作用方式。它是在治理结构框架下，保证组织内部各经济主体获取相应利益和完成组织目标的一系列制度设计。

3.3.2.1 决策机制

决策机制是决策权在组织内部各利益相关者之间的分配格局，它表明什么样的决策由谁做出，通常由决策权力机构及其对应的决策权力内容组成。组织的决策机制包括决策权的配置、决策内容和决策程序等。

1）社员大会的召开

《农民专业合作社法》第三十一条规定：农民专业合作社成员大会每年至少召开一次，会议的召集由章程规定。有下列情形之一的，应当在二十日内召开临时成员大会：百分之三十以上的成员提议；执行监事或者监事会提议；章程规定的其他情形。

2）社员大会的职权

关于社员（代表）大会的职权，《农民专业合作社法》第二十九条规定，农民专业合作社成员大会由全体成员组成，是本社的权力机构，行使下列职权：第一，修改章程；第二，选举和罢免理事长、理事、执行监事或者监事会成员；第三，决定重大财产处置、对外投资、对外担保和生产经营活动中的其他重大事项；第四，批准年度业务报告、盈余分配方案、亏损处理方案；第五，对合并、分立、解散、清算，以及设立、加入联合社等作出决议；第六，决定聘用经营管理人员和专业技术人员的数量、资格和任期；第七，听取理事长或者理事会关于成员变动情况的报告，对成员的入社、除名等作出决议；第八，公积金的提取及使用；第九，章程规定的其他职权。

3）社员大会的决议

关于社员（代表）大会的决议，《农民专业合作社法》第三十条规定：

农民专业合作社召开成员大会，出席人数应当达到成员总数三分之二以上。成员大会选举或者作出决议，应当由本社成员表决权总数过半数通过；作出修改章程或者合并、分立、解散，以及设立、加入联合社的决议应当由本社成员表决权总数的三分之二以上通过。章程对表决权数有较高规定的，从其规定。

3.3.2.2 财务管理

花农合作社的财务管理和会计核算能够反映合作社生产经营活动中的资金流动与运营情况，关系到社员的根本权益，是合作社治理的重要内容。

1）会计核算制度

《农民专业合作社法》第三十九条规定：农民专业合作社应当按照国务院财政部门制定的财务会计制度进行财务管理和会计核算。

2）财务报表的编制与提供

《农民专业合作社法》第四十条规定：农民专业合作社的理事长或者理事会应当按照章程规定，组织编制年度业务报告、盈余分配方案、亏损处理方案以及财务会计报告，于成员大会召开的十五日前，置备于办公地点，供成员查阅。

3）会计核算的要求

《农民专业合作社法》第四十一条规定：农民专业合作社与其成员的交易、与利用其提供的服务的非成员的交易，应当分别核算。

4）公积金的管理

《农民专业合作社法》第四十二条规定：农民专业合作社可以按照章程规定或者成员大会决议从当年盈余中提取公积金。公积金用于弥补亏损、扩大生产经营或者转为成员出资。每年提取的公积金按照章程规定量化为每个成员的份额。

5）成员账户的设立

《农民专业合作社法》第四十三条规定，农民专业合作社应当为每个成员设立成员账户，主要记载下列内容：第一，该成员的出资额；第二，量化为该成员的公积金份额；第三，该成员与本社的交易量（额）。

6）可分配盈余的管理

《农民专业合作社法》第四十四条规定：在弥补亏损、提取公积金后的当年盈余，为农民专业合作社的可分配盈余。可分配盈余主要按照成员与本社的交易量（额）比例返还。可分配盈余按成员与本社的交易量（额）比例返还的返还总额不得低于可分配盈余的百分之六十；返还后的剩余部分，以成员账户中记载的出资额和公积金份额，以及本社接受国家财政直接补助和他人捐赠形成的财产平均量化到成员的份额，按比例分配给本社成员。经成员大会或者成员代表大会表决同意，可以将全部或者部分可分配盈余转为对农民专业合作社的出资，并记载在成员账户中。具体分配办法按照章程规定或者经成员大会决议确定。

7）财务监督

《农民专业合作社法》第四十五条规定：设立执行监事或者监事会的农民专业合作社，由执行监事或者监事会负责对本社的财务进行内部审计，审计结果应当向成员大会报告。成员大会也可以委托社会中介机构对本社的财务进行审计。

3.3.2.3　监督机制

合作社内部监督机制来自合作社内部权力机构，就是广大社员直接或是通过建立监督机构对合作社经营管理者的经营结果、行为或决策所进行的一系列审核、监察与督导行为。随着合作社的发展，普通社员逐渐远离合作社的日常运营管理，社员作为所有者并不能时时了解合作社的运营信息，也无法判断经营者是否按照自己的利益要求来经营合作社，所以在与经营管理层相平行或更高的一个层级建立监事机构，并形成有效的监督机制来监督经营者的行为，显得很有必要。合作社对经营者的监督主要有以下四种形式：

1）社员的监督

社员对合作社运营管理的监督主要通过社员大会或社员代表大会来实现。当社员认为合作社的经营方向、经营决策没有很好地体现合作社的服务宗旨，合作社的运营管理者没有按照社员的利益诉求来行使职权时，他们可以在社员大会上发表异议，否决议案；或者集中意见，提议召开社员大会来替换不称职的合作社经营者。《农民专业合作社法》规定，当有30%以上的社员提议时，就应该召开社员大会。当社员发现合作社不能给他带来利益，而他又不能改变现状时，就有可能退社。社员的大量退社意味着对合作社的不满，因此社员的退社也是一种监督方式。

2）社员大会的监督

社员大会作为合作社的权力机构，通过职权的行使来发挥其监督职能。《农民专业合作社法》规定，专业合作社社员大会可通过以下职权来对合作社的经营管理人员或其他代理人进行监督：一是选举和罢免理事长、理事、执行监事或者监事会社员的权力；二是决定重大财产处置、对外投资、对外担保和生产经营活动中的其他重大事项；三是决定聘用经营管理人员和专业技术人员的数量、资格和任期的权力。此外，社员大会对合作社内部经营管理人员和重大经营活动的监督还包括知情权和监察权。社员大会的监督是合作社最高权力机构的监督，具有最高的权威性和最大的约束性。但社员大会不是常设机构，其监督权的行使往往交给专职监督机构监事会或理事会，社员大会只保留对结果的审查和决定权力。

3）理事会的监督

理事会是合作社的执行机构。理事会对经理人员的监督表现在履行其职责，聘用和解雇经理人员，或通过制定重大和长期战略来监督经理的行为。理事会负责监督其决策是否被贯彻执行，以及经理人员能否胜任。按照有关规定，理事长或理事会可以按照社员大会的决定聘任合作社经理和其他人员，理事长或理事可以兼任经理。在我国，理事兼任经理的情况较为普遍，理事会的监督效率比较低，理事之间合谋的现象时有发生，容易出现“内部人控制”问题，导致监督效力比较低。

4）监事会的监督

监事会作为合作社内部的专职监督机构，是社员行使监督权的主体，代表全体社员监督和检查专业合作社的工作，对社员大会负责。监事会的监督具有以下四个特征：第一，监事会具有完全独立性，不受其他机构干预；第二，监事个人行使监督职权具有平等性，实行一人一票的原则；第三，监事会的基本职能是监督合作社的一切经营活动，以理事会和经理为监督对象；第四，在监督过程中，可随时要求理事会和经理人员纠正违反合作社章程的越权行为。监事会成员必须列席理事会会议，以便了解情况，同时对业务活动进行全面监督。

3.4 云南花农合作社的运营

3.4.1 云南花农合作社的协议与业务

3.4.1.1 云南花农合作社的入社门槛

入社门槛是指花农合作社对申请加入合作社的花农提出的条件和一般要

求，即花农合作社与花农签订协议的前提条件，主要包括两个方面：种植规模和信誉度。入社门槛的作用主要是提高社员质量、增强社员的同质性，为花农合作社的正常运行与发展打下良好的基础。

入社门槛制定的依据主要是花农合作社的发展水平，必须通过社员大会讨论。发展水平越高的花农合作社，入社门槛越高。具有一定规模与发展水平的花农合作社，一般会对申请者的种植面积及土地位置提出要求，主要是为了提高规模效益、降低管理成本。种植面积的要求具有很强的地域差异，如：晋宁区的农户种植面积较大，一般要求 7 亩以上；通海县的农户种植面积较小，一般要求 2 亩以上。不少花农合作社由一部分熟识的亲戚朋友成立，考核信誉的主要标准为社员对申请者的信任。距离专业批发市场较远的鲜切花新兴产区是花农合作社成立数量最多、最具活力的地区。一些刚刚起步的花农合作社非常需要花农的支持，而且面临其他花农合作社与花卉公司的竞争，因此一般没有明确的入社门槛，只要花农愿意将花委托其销售，就会因为接受其销售鲜切花的服务而成为其社员。

3.4.1.2　云南花农合作社入社协议

1）入社协议的基本模板

×××专业合作社

社员加入合作社协议书

甲方：×××专业合作社

乙方：(社员姓名)

为规范本社经营活动，保护合作社成员合法权益，增加社员收入，促进本社健康发展，甲、乙双方经协商达成如下协议：

一、乙方自签订合同之日起，成为×××专业合作社的社员，享受合作社社员的一切优惠待遇，履行一切社员应尽的义务。

二、×××专业合作社以本社社员为主要服务对象，组织成员种植××品种鲜切花，开展种植技术培训与咨询服务，回收销售成员生产的鲜切花。合作社负责提供种苗、化肥、农药、农膜、技术以及销售服务，基本实现产、供、销一条龙服务；社员可以以现金入股或者以出售产品及购买生产资料的差价和二次分红作为股份。

主要业务及服务内容如下：

1. 统一提供优质种苗，社员购买种苗按社员价格供给，非社员按市场价格供给。合作社所供种苗七天之内出现质量问题可调换，并且按照种苗的发芽率（95%）多配一部分种苗。如果本社成员对购买种苗事宜有异议，经协商也可自行购买，仍可享受社员优惠待遇。

2. 统一采购各阶段所需要的化肥、农药与农膜。社员购买按照成本价供给，非社员购买按市场价格供给。

3. 统一回收社员的鲜切花产品，承诺价格不低于市场收购价。如果本社成员对价格有异议，经协商也可自行销售（向合作社销售产品的可以享受加工销售增值提取的二次分红，不向合作社销售产品、购买生产资料的不能享受二次分红）。

4. 统一制定并组织社员实施生产质量标准，组织开展社员生产经营中的技术指导、咨询、培训和交流等活动，向社员提供种植技术和经营信息等资料。

5. 合作社定期举办免费的技术培训，请专家为花农答疑解难，同时安排专人为社员提供跟踪服务。

6. 统一包装产品，统一品牌销售，提升品种结构和品牌价值。

7. 本合作社本着入社自愿、退社自由的经营原则经营。

三、本社社员须履行下列义务：

遵守本社各项规章制度，积极参加本社各项业务活动，接受本社提供的技术指导；按照本社规定的质量标准和生产技术规程从事鲜切花种植，履行本协议；发扬互助协作精神，谋求共同发展。

四、本协议未尽事宜，甲、乙双方协商处理。

五、本协议一式两份，甲、乙双方各执一份，签字生效，望共同遵守。

甲方：×××专业合作社

乙方：

电话：

年　　月　　日

2）入社协议的约束力

（1）强制性分析

从花农合作社入社协议模板中可以看出，入社协议基本没有强制性的条款。花农合作社的所有业务，从购买种苗到销售鲜切花，社员都可以通过与花农合作社协商来实现自行交易，充分体现了社员接受服务的自愿性。入社协议的强制性很弱，协议的履行主要依靠社员的自愿与自觉。但是，由于花农合作社的业务正是社员在种植过程中所需要的各项服务，只要业务质量有保证，社员是会积极接受的。因此，社员是否履行协议关键不在于条约是否具有强制性，而在于花农合作社提供服务的质量。

（2）排他性分析

从花农合作社入社协议模板中可以看出，入社协议未提出排他性条款，即未规定加入本合作社不得加入其他合作社或合作组织。由于入社协议中没有排他性条款，花农合作社不仅面临花卉公司与鲜切花经济人的竞争，而且面临花农合作社之间的竞争。社员退社自由，一旦花农合作社的业务质量低于其他合作社或服务主体，花农合作社将会不断失去社员，甚至无法经营下去。

（3）违约惩罚分析

从花农合作社入社协议模板中可以看出，社员没有履行条约的主要惩罚就是不能享受合作社的二次分红。由于花农合作社在运作初期二次分红十分有限，当花农成为两家合作社的社员时，起步早且规模大的合作社的违约惩罚明显大于起步晚且规模小的合作社。因此，花农合作社对社员约束力的大小主要取决于花农合作社的业务质量，花农合作社的业务质量越高，社员对其依赖性越大，即社员对花农合作社的忠诚度越高。

3.4.1.3　云南花农合作社的社员约束

1）云南花农合作社的契约关系

云南花农合作社契约关系的前提是社员个人财产与合作社的产权关系明确，坚持以家庭经营为基础，社员的土地经营权不变，社员是独立的经济主体。花农合作社尊重和保护社员的自营经济，这与人民公社时期合作社强制将社员土地等绝大部分生产资料划入集体、完全统一生产经营、使农户失去家庭自营的独立性是完全不同的。这里的契约关系，是指花农合作社与社员之间的契约关系，这种契约关系规定了花农合作社与成员的权利与义务，可以概括为：花农承担花农合作社的成本分摊；花农合作社为社员提供相应的服务。

由于花农合作社的发展水平不同，云南各花农合作社与成员的契约关系也存在较大差异。发展水平较高的云南花农合作社，特别是采用了“五个统一”生产规定的花农合作社，与社员的契约关系一般较紧密，通常签订正式的合同，而且这种契约关系较稳定，即使合同有效期为一年，通常在下一年也要续期，继续保持契约关系。这种合同不仅会约束社员的品种选择、种苗购买、生产技术与标准使用，而且会约束社员对鲜切花的销售方式。但是，云南大多数花农合作社与社员的契约关系较为松散。这种契约关系与前者不同，也不同于“公司+合作社+农户”的订单式契约，这种契约关系是当花农委托花农合作社销售鲜切花时才正式开始的，而且在实际运行中，两者之间很少签订正式的委托代理合同，花农自觉按照花农合作社的运行制度来获得自己需要的服务。虽然这些花农合作社销售种苗、化肥与农药，但是在松散的契约关系下，社员的品种选择和购买农资的权利并没有得到约束。这种松散的契约关系在时间上具有很大的灵活性，当社员认为花农合作社的服务不适合自己时，有权选择其他方式来销售鲜切花。

虽然云南花农合作社中有与成员签订正式合同、具有紧密契约关系的，但是大多数云南花农合作社与成员的契约关系是松散的，不签订正式合同。这种契约关系的稳定性较差，有时甚至是临时的，随着委托鲜切花销售开始，又随着双方货款与费用的结算而结束。在这种契约关系下，花农合作社无法直接约束社员的品种选择，种苗、化肥与农药购买，技术与生产标准；同时，社员也无法参与花农合作社的决策。

2）云南花农合作社的社员约束范围与途径

花农合作社对社员的约束与其业务息息相关。综合型花农合作社对社员的约束范围较大，涉及产前、产中和产后三个阶段，包括品种、种苗、生产设施、技术、生产标准、包装和销售各个方面。销售型花农合作社对社员的约束范围相对较小，主要为种苗、技术、生产标准、包装和销售。两种类型花农合作社对社员约束的力度也存在差异。综合型花农合作社通常拥有自己的品牌，具有一定的市场知名度，生产设施、技术与销售网络都较为成熟，距离专业批发市场较近，通常有一定的入社门槛，有一定资源的花农才能够加入。当社员加入时，一般会与花农合作社签订正式合同。正式合同会对社员的权利与义务作出规定。综合型花农合作社一般具有较强的经营实力，当社员违约时，花农合作社可能对其实施惩罚，甚至取消其社员资格。销售型花农合作社数量较多，一般位于距离鲜切花专业批发市场较远的主产区，发展速度较快。但是，销售型花农合作社的生产设施较差，常常仅有几亩地与一间加工室，运输工具也十分有限，一般没有自己的冷库。销售型花农合作社一般没有入社门槛，只要愿意委托其销售鲜切花，就可以加入，有些销售型花农合作社要求购买其种苗才能加入。虽然社员与销售型花农合作社也签订契约，但是这种契约关系主要是用来规范和保证鲜切花销售的，在社员对花农合作社的权利与义务方面很难实现约束。由于销售型花农合作社大多处于起步阶段，规模与经营实力有限，面临的竞争比较激烈，很难对社员的违约行为进行惩罚与约束。

3.4.1.4 云南花农合作社的业务范围与流程

1）云南花农合作社的业务范围

（1）提供种苗

种苗是鲜切花生产的基础，不仅影响鲜切花产量，而且影响鲜切花质量。种苗购买是一项重要的生产决策，种苗购买费用在花农日常生产投资中的比重较大，一般为60%~75%，大大超过了化肥、农药的购买费用。花农合作社向花农提供种苗，可以帮助花农降低生产成本与风险；同时，花农合作社在向花农提供种苗时，可以通过建议与交流的方式，影响花农对鲜切花品种的选择，进而影响鲜切花产量。

（2）提供化肥、农药

化肥、农药是鲜切花生产的保证，是鲜切花产量与质量的重要影响因素。化肥、农药费用是花农日常生产投资的第二大支出，比重通常为15%~20%。花农合作社向花农提供化肥、农药，可以帮助花农降低生产成本与风险。

（3）提供种植技术与生产质量标准

花农合作社可以在向花农提供种苗与化肥、农药时，结合花农的种植品种、土地状况和鲜切花生产周期等实际情况，更好地指导和引导花农的施肥与使用农药行为，提高花农的种植技术水平。

云南鲜切花是按鲜切花质量级别来定价的。云南省质量监督局2003年发布了《鲜切花质量等级》，2008年发布了《鲜切花流通技术规范》与《出口花卉技术指南》。云南鲜切花的生产质量标准已初步建立，并且在不断完善。花农如果不了解生产质量标准，其鲜切花的质量级别就可能较低，甚至进入不了专业批发市场，很难销售出去。因此，生产质量标准的推广不仅影响着花农的种植技术水平，而且关系到农户能否进入市场。

（4）提供销售服务

花农合作社向花农提供鲜切花编号、分级、包装，将鲜切花运输至批发市场，以花农合作社的商标与名誉寻找买主、讨价还价并进行货款结算的服务。交易完成后，花农合作社按照鲜切花编号与花农结算货款。花农合作社的销售方式与花卉公司类似，但是参加花农合作社的社员可以享受二次分红，而委托花卉公司售花则不能享受分红。从理论上讲，花农合作社不向非社员提供鲜切花销售服务。但是，不少规模小或刚刚起步的合作社由于缺少货源，也会向非社员提供鲜切花销售服务。市场影响力越大、管理越规范、经济实力越强、规模越大的花农合作社，对社员的约束与控制越强，封闭性也越强。

2）云南花农合作社的业务流程

云南花农合作社的业务存在较大差异。综合型花农合作社的业务范围涉及产前、产中与产后，即采取“五个统一”经营模式。销售型合作社主要提供销售服务。

（1）综合型花农合作社的业务流程

综合型花农合作社一般管理较规范，服务设施与能力较好，品牌的市场影响力也较大。但是，综合型花农合作社的入社门槛较高，对社员的种植面积及所在位置都有一定的要求，对社员生产经营的约束也较严，要求社员一定要与花农合作社统一品种，向花农合作社购买种苗，对施肥、喷洒农药、剪枝等日常田间管理也有一定规定。有的花农合作社甚至根据市场行情，对社员的采花时间和数量提出一定要求。一些综合型花农合作社不允许社员向其他组织提供鲜切花，也不向非社员提供服务，封闭性很强。综合型花农合作社的业务流程见图 3.4.1。

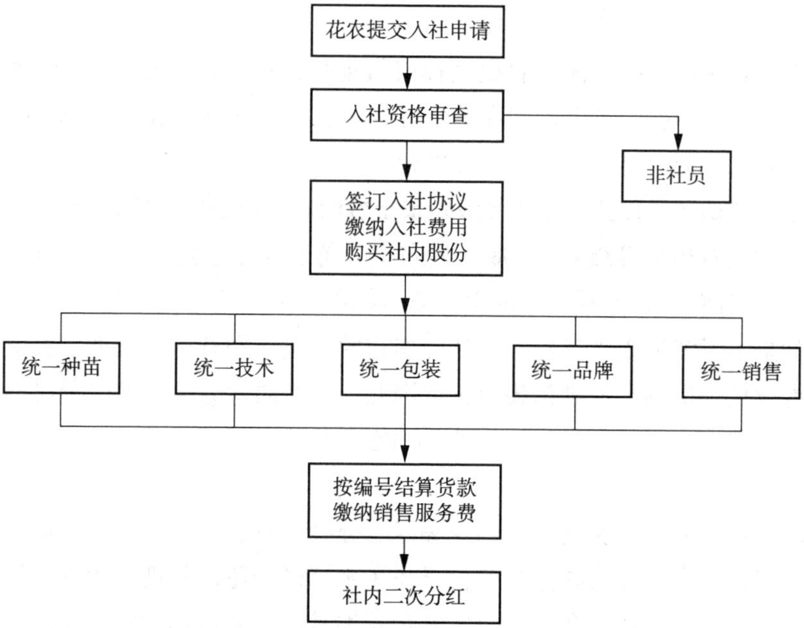

图 3.4.1　综合型花农合作社的业务流程

（2）销售型花农合作社的业务流程

销售型花农合作社一般管理较松散，服务设施与能力有限，品牌的市场影响力也较小。销售型花农合作社大多没有入社门槛，只要花农愿意提供货源，委托其销售，就可以成为其社员。销售型花农合作社很难对花农的生产行为进行约束，对于是否购买种苗、化肥和农药，花农具有完全的决策权。销售型花农合作社的业务流程见图 3. 4. 2。

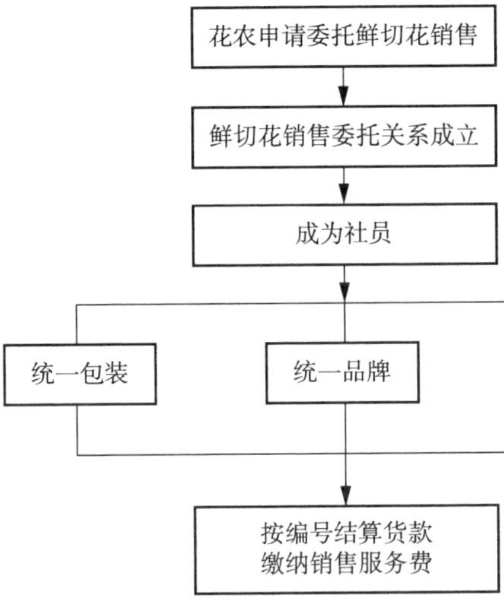

图 3. 4. 2　销售型花农合作社的业务流程

3）云南花农合作社的业务概况

云南花农的鲜切花商品率接近 100%，分散的花农逐渐发现靠自己难以应对千变万化的市场需求，体会到分散的经营方式难以适应鲜切花大市场，从而产生了成立花农合作社的需求。虽然云南花农合作社取得了令人瞩目的成绩，但是各花农合作社发展水平存在较大差异。发展水平较高的花农合作社的业务贯穿了鲜切花生产经营产前、产中与产后三个阶段，具有明显的综合型农民合作社特征。刚刚起步的花农合作社通常以鲜切花销售为业务突破点，换句话说，任何一个云南花农合作社都有鲜切花代理销售业务。种苗是鲜切花生产的重要生产资料，是鲜切花产量与质量的基础。因此，绝大多数云南花农合作社都销售种苗，但是不同花农合作社对社员购买种苗的约束与规定不同。虽然化肥与农药是鲜切花生产中必不可少的生产资料，但是有的花农合作社销售化肥和农药，有的花农合作社则没有销售。

云南各个花农合作社发展水平不同，业务范围也不完全相同，但是它们在鲜切花代理销售与种苗销售这两个业务上保持了高度的一致。因此，云南花农合作社的业务特点可以归纳为：以鲜切花代理销售与种苗销售为基本业务，其中鲜切花代理销售业务是主体和核心。

3.4.2 云南花农合作社的融资

3.4.2.1 融资的概念

广义的融资是指资金的筹集和使用过程；而狭义的融资则是指资金融入，即资金的筹集过程。融资活动基于筹资主体的发展需要或经营战略调整，企业会根据自身经营状况和资金使用情况，选择适当的途径或方式向持有资金的投资者、债权人甚至企业内部积累筹资。

从宏观经济层面看，融资是资金不断优化配置的过程。资金总是向收益率较高、成长性较好的企业或行业流动，进而实现其竞争优势的扩大化和资金价值的最大化。资金优化配置的主要目标是资金的利润最大化，所以融资过程实质上是一种以资金供求形式展现的资源优化配置过程。从微观经济层面看，融资是微观经济主体产生与发展的基础。任何一个企业或经济组织的建立都需要一定的资金与资源，需要通过融资来实现。企业或经济组织要发展，就要扩大规模或提高生产经营水平，而这需要更多的资金，而且要通过融资来完成。

3.4.2.2 农民合作社融资的特殊性

农民合作社是一种特殊的企业法人。农民合作社融资不仅具有企业融资的一般性，由于其产权结构的特殊性，还具有不同于企业的融资特殊性。

1）行业特殊性

农民合作社与一般农业投资者所有企业一样，在融资时，受到行业特殊性的影响。行业特殊性主要体现在以下四个方面：

第一，更高的风险。大部分合作社需要面对自然灾害等意外风险，表现出经营风险高的特征，比其他行业更难吸引投资。

第二，获取资金的时效性要求很高。由于农业生产的周期性和季节性特点，合作社对资金需求表现出很强的时效性。

第三，农业的弱质性。农业为弱质产业，单纯依靠市场调节来配置资金，难以满足合作社的资金需求，需要政府和社会的扶持。

第四，市场风险。合作社具有双重目标，从对外实现利润最大化这个角度来看，它与一般企业一样，融资具有营利性。在激烈的市场竞争中，合作社同样面临不可避免的市场风险。

2）合作社特殊性

合作社特殊性主要体现在以下三个方面：

第一，资本来源不同。在权益融资方面，股份公司融资的大部分可以由外部资本投资者以所有者身份入股。但是，合作社一般通过老社员增加股金投入、吸纳新社员入社或按留存的公共积累转股等方式获得股金，很少吸收专门的资本投资者。在负债融资方面，我国农民合作社一般不能通过发行债券实现融资，但股份公司可以。

第二，资本稳定性不同。由于成员可以自由加入或退出，合作社股本金经常处于流动状态，股权结构不稳定。股份公司的股本金不经常变动，股权结构相对稳定。我国农民合作社一般采用传统的成员开放原则；而股份公司一般不允许退股，股票可以自由转让，这就保证了资本的稳定性。

第三，股票内含权利不同。两者虽然都可以通过发行股票方式筹集资金，但股票的发行条件以及股票持有者所享受的权益大不相同。股份公司普通股可采用不限定发行范围的公开发行方式，在证券市场进行公开交易，具有变现性、增值性及流通性等优点。合作社虽然也可以采用发行股票方式筹集资金，但由于缺乏公开交易市场，只允许成员购买，还经常有最高数量限制，一般不能实现增值，缺乏吸引力。

3.4.2.3　花农合作社的融资渠道

1）内部融资渠道

（1）股金投入

《农民专业合作社法》并未规定社员一定要出资，因而相当一部分合作社有出资成员和非出资成员之分。缴纳股金是花农合作社成员投资合作社的主要方式。云南花农合作社成立的资金主要来自出资成员缴纳的股金。但是，此类资金的数量不大，有时甚至很难维持合作社运行，更别提满足合作社扩大规模的需要了。这部分资金是大部分合作社的主要资金来源。

（2）盈余资金投入

盈余资金就是合作社内部公共积累的那部分资金。目前，大部分花农合作社规模小，实力弱，可支配的公共积累资金不多。花农合作社根据成员大会给出的提取公积金比例提取公积金，但是该比例每年都会变化，各个花农合作社之间也存在很大差异。提取公积金比例最少的时候为零，即合作社不提取公积金，全部合作社盈余直接分配给社员；提取公积金比例多的时候为1，即全部盈余资金均作为公积金存留。但是，提取公积金比例大多集中在10%~30%。

2）外部融资渠道

（1）政府财政

目前，我国政府对农民合作社的财政投入资金一般以专项资金的形式投放，具体可以分为四个层面：一是中央设立专项基金；二是省（市、自治区）设立财政专项资金；三是中央、省财政专项资金带动各县、市、区设立地方财政专项资金；四是财政专项扶持资金带动其他专项资金支持农民合作社。孟秋菊、徐晓宗（2019）指出，目前农民合作社已在农业结构优化、农业节本增效、农产品安全保障、农产品品质提升、农产品流通服务改善等方面发挥有效作用，但还面临着发展不规范、带动力不强、人才缺乏、资金短缺、质量管理方式落后等困境，突破困境需要政府和农民合作社两方面共同努力，具体对策为：加强农民合作社的自我规范；强化农民合作社自身的利益联结机制和抱团发展及特色发展；强化农民合作社的自我学习提升；加强政府的政策扶持，提高农民合作社的服务能力；加强政府的监管和补贴，强化农民合作社的技术基础和监督保障。

（2）金融机构

虽然金融机构是花农合作社外部资金的重要投入主体，但是其支持力度与范围十分有限。农村信用合作社是为农民合作社提供金融支持的主要机构，但对农民合作社的贷款很有限。从绝对数量上看，农村信用合作社借贷农民合作经济组织的总额有所增加，但明显增加不多。从相对数量来看，在农村信用合作社总贷款中，农民合作经济组织所占比重很低，甚至有下降的倾向。因此，花农合作社很难获得农村信用合作社的贷款，获得其他商业银行的贷款更是难上加难。目前，云南花农合作社的贷款满足率极低。根据调查情况，云南花农合作社获得的金融支持大多为间接性的，并不是金融机构直接对合作社放贷，而是金融机构对合作社符合条件的成员或与合作社合作的实力较强的公司放贷。这种情况反映出花农合作社的组织身份弱化了其获得金融机构贷款的能力，也反映出不少花农合作社本身经济基础与实力较弱，难以达到金融机构的贷款条件。

3.4.2.4　花农合作社的融资模式

1）农民合作社融资模式的类型

关于农民合作社的融资模式，角度不同，分类也不同。廖运凤（2004）从国内外合作社发展的实践以及合作社治理结构角度出发，把农民合作社融资划分为高度合作化和低度商业化相结合的模式、高度市场化和低度合作化相结合的模式以及高度合作化与高度商业化相结合的模式三种。余丽燕（2011）把合作社融资模式划分为以下三种：第一，偏重合作融资模式。该模式下的合作社成员同质性较高，而且多为生产者成员，资本主要来源于内部成员，并且强调尽量平等持股，实现原则偏向传统合作社原则。第二，偏重资本融资模式。采用该融资模式的合作社更注重资本的权利，其资金来源可以是纯粹的出资者而不是合作社生产者，而且这类合作社占有一定比例。采用这种融资模式的合作社更像“股份企业”。第三，合作资本并重融资模式。该模式是前两种模式的综合，表现为股份合作社组织类型。合作社所采用的原则偏向比例原则，但也不忽视传统原则。

2）云南花农合作社融资现状

目前，云南花农合作社的融资模式主要为合作资本并重融资模式。大多数云南花农合作社的发起人是种植大户，这些种植大户不仅具有一定的种植规模与技术，而且具有一定的销售网络，同时有一定的资金实力。在建立合作社入股时，作为发起人的种植大户投入的资金比其他成员多，所占股份也多。但是，种植大户的资金毕竟有限，合作社的启动还需要其他成员的出资。大多数云南花农合作社的场地是租用村里的公共用地，或由合作社的核心社员提供。提供加工场地也是社员入股的方式之一。云南花农合作社的股份一般按以下比例分配：发起人与核心成员的股份较多，经常超过50%；普通成员的股份较少，一般为30%左右。一部分花农合作社有花卉公司或龙头企业入股的现象，即非成员入股，这部分股份属于外来资金。非成员入股是解决花农合作社资金短缺、规模难以扩大等问题的有效途径。非成员入股，即采用外来资金入股方式。非成员的股份比重一般较大，甚至超过50%。

3.4.3　云南花农合作社的盈余分配

3.4.3.1　花农合作社盈余的概念

花农合作社盈余是指花农合作社在一年内生产经营和提供劳务服务所取

得的净收入，即总收入与总支出的差额。花农合作社盈余能够反映合作社一定期间的财务成果，不仅是考核花农合作社生产经营和提供劳务服务活动质量的一项综合性财务指标，而且是公积金提取与成员分红的来源。

3.4.3.2 花农合作社的收入与支出

1）花农合作社的收入

（1）花农合作社收入的概念

农民合作社的收入是指农民合作社在销售商品、提供劳务、让渡资产使用权以及为成员代购代销、向成员提供技术及信息服务等活动中形成的经济利益总流入，包括销售产品物资收入、劳务收入、租金收入、代购代销收入、服务收入、利息收入等。

根据农民合作社收入的概念，本书将花农合作社收入定义为：花农合作社在销售商品、提供劳务、让渡资产使用权以及为成员代购代销、向成员提供技术及信息服务等活动中形成的经济利益总流入。

（2）花农合作社收入的来源

花农合作社的收入主要来源于三个方面：第一，为成员提供鲜切花生产资料购买，鲜切花的销售、包装、运输、贮藏，提供生产经营技术与信息服务取得的收入；第二，销售花农合作社自己生产的产品（如种苗）的收入；第三，为非成员提供劳务服务取得的收入。

（3）花农合作社收入的分类

花农合作社的收入可以分为经营收入和其他收入。经营收入是指花农合作社销售产品、提供服务，以及为成员代购代销、向成员提供技术及信息服务等取得的收入，包括农产品销售收入、物资销售收入、租赁收入、服务收入、劳务收入等。其他收入是指花农合作社除经营收入以外的收入，如罚款收入、违约金收入、存款利息收入等。

2）花农合作社的支出

在云南花农合作社的会计核算中，计量合作社支出的形式有两种，即成本和费用，两者都计量了合作社经济利益的流出。其中，成本是从对象或事件角度计量经济利益的流出，费用则是从会计期间角度计量经济利益的流出。

（1）花农合作社的成本

• 花农合作社成本的概念

根据农民合作社成本的概念，本书将花农合作社的成本定义为：花农合作社为生产产品或提供劳务服务而发生的各种消耗，主要包括材料、燃料、动力、人工、折旧等各项耗费。

• 花农合作社成本的构成

云南花农合作社的成本主要由农产品成本、加工品成本和劳务服务费用构成。

农产品成本一般包括：①直接材料，是指生产中耗用的自产或外购的种子、种苗、化肥、地膜、农药等；②直接人工，是指直接从事培育种苗生产人员的工资、工资性津贴、奖金、福利费；③其他直接费用，是指除直接材料、直接人工以外的其他直接支出，包括机械作业费、技术服务费、灌溉费、田间运输费等；④间接费用，是指应摊销、分配计入各产品的间接生产费用，包括为组织和管理生产所发生的管理人员工资、折旧费、修理费、水电费、办公费等。

加工品成本一般包括：①外购材料，是指花农合作社为加工与包装鲜切花而耗用的一切从外单位购进的原料及主要材料、半成品、包装物、低值易耗品等；②外购燃料，是指花农合作社为加工鲜切花（如提炼玫瑰精油）而耗用的一切从外单位购进的各种固体、液体和气体燃料；③外购动力，是指花农合作社为加工与运输鲜切花而耗用的一切从外单位购进的各种动力；④工资，是指花农合作社应计入加工鲜切花成本的职工工资；⑤折旧费，是指花农合作社按照规定应计入加工鲜切花成本的固定资产折旧费；⑥包装物，是指花农合作社外购和自制的应计入加工鲜切花成本的包装物；⑦其他支出，是指不属于以上各类但应计入加工鲜切花成本的支出。

劳务服务费用是指花农合作社提供劳务服务而发生的各项费用，包括培训费、工资福利、差旅费、保险费等。

• 花农合作社的成本分摊

农民合作社成本分摊的基本思想是：成本由全体成员共同分摊。花农合作社是农民合作社，属于农民合作性生产组织，不同于投资所有者公司，其成本由全体成员分摊。在花农合作社运行中，成本对应的支出是由合作社资金支付的，合作社资金的补给是由合作社收入实现的。合作社资金支出与补给的过程，实现了合作社的成本分摊。花农合作社的成本按照成员获得的服务量来分摊。

（2）花农合作社的费用

• 花农合作社费用的概念

农民合作社费用是指合作社为组织生产经营活动和管理活动所发生的各

种耗费的总和，主要包括经营支出、管理费用、其他支出等。

根据农民合作社费用的概念，本书将花农合作社费用定义为：花农合作社为组织生产经营活动和管理活动所发生的各种耗费的总和。

- 花农合作社费用的构成

花农合作社的费用主要由经营性支出、管理费用和其他支出构成。

第一，经营性支出。花农合作社经营性支出是指合作社因销售产品、提供劳务，以及为成员代购代销，向成员提供技术、信息服务等发生的支出，包括销售产品的成本、对外提供劳务服务的成本、生产经营用固定资产的维修费与保险费、生产种苗费用及其成本摊销、采购化肥农药费用及其成本摊销等。

第二，管理费用。花农合作社管理费用是指合作社管理活动发生的各项支出，包括合作社管理人员的工资、办公费、差旅费、管理使用的固定资产折旧费和维修费等。

第三，其他支出。花农合作社其他支出是指合作社与生产经营服务活动无直接关系的其他支出，包括公益性固定资产折旧费用、利息支出、农业资产的死亡损毁支出、固定资产及产品物资的盘亏、防汛抢险支出、无法收回的应收款项损失、罚款支出等。

3.4.3.3 花农合作社盈余分配的要求

花农合作社的盈余分配，是指把当年已经确定的盈余总额连同以前年度的未分配盈余按照一定的标准进行合理分配。盈余分配是合作社财务管理和会计核算的重要环节，关系到合作社及其成员的切身利益。《农民专业合作社法》和《农民专业合作社财务会计制度》规定，编制当年的盈余分配方案，经农民合作社成员大会批准后，方可执行。花农合作社在进行年终盈余分配之前，要准确地核算全年的收入和支出，清理财产和债权、债务，搞好代购代销和劳务服务合同的结算兑现，结清有关账目，真实完整地登记成员个人账户，确保盈余分配及时兑现，保障盈余分配工作的顺利进行。按照《农民专业合作社法》和《农民专业合作社财务会计制度》的规定，花农合作社盈余分配的顺序为：

第一，弥补亏损。合作社用本年度的盈余直接弥补以前年度的亏损。

第二，提取盈余公积金。合作社的盈余公积金主要用于弥补亏损、扩大再生产或者转为成员出资。

第三，盈余返还。合作社弥补亏损和提取公积金后的可分配盈余，按成员与本社交易量（额）比例返还，返还总额不得低于可分配盈余的60%。

第四，剩余盈余分配。合作社按前项规定返还后的剩余部分，以成员账户中记载的出资额和公积金份额，以及本社接受国家财政直接补助和他人捐赠形成的财产平均量化到成员的份额，按比例分配给本社成员。

3.4.3.4　云南花农合作社盈余分配的方式

云南花农合作社成员常常把合作社盈余分配称为分红或二次返利。

云南花农合作社盈余分配主要采用以下两种方式：第一种，实物分配。当每股分配到的盈余很少时，花农合作社常常采用实物形式分配，即用分配的盈余总金额购买生产资料（化肥或农药），以福利的形式派发给大家。此时分配只遵循入股多、分配到的物品多的基本原则，但是无法计量每股对应的物品，社员分配到盈余的差异也没有严格对应其入股数。第二种，现金分配。当盈余分配总金额达到一定程度时，花农合作社会采用现金形式分配，此时严格按照入股的数量进行分配。合作社理事会在成员大会上讨论分红对应时间段的财务状况与每股分到的红利，并且进行公示。此时，严格执行按股分配原则，准确计量每股对应的红利，社员分配到的盈余的差异严格对应其入股数。

3.5　云南花农合作社的发展

3.5.1　云南花农合作社发展的市场环境

3.5.1.1　云南鲜切花市场的交易方式

我们将鲜切花从生产者转移到消费者的过程称为鲜切花市场流通，包括流通渠道和流通环节。前者是指鲜切花从生产者转移到消费者的整个流通过程所经历的路线、通道或组织形式；后者则是指鲜切花从生产领域转移到消费领域所经过的买卖环节。鲜切花市场通过销售活动将生产和消费联系起来，并决定着鲜切花产业是否能够健康发展。只有培育一个完善的鲜切花交易市场体系，才能促进鲜切花产业的发展。

1）对手交易方式

云南花卉流通体系的核心主导权在斗南花卉交易市场身上，它承担着集合鲜切花和配送的任务。当地的零散生产者和大型生产者都将自己的花卉产品汇集到斗南花卉交易市场，经过市场的分类整合，这些花卉再被送到不同的消费地。斗南花卉交易市场在前期采用的是以商流和物流结合为主的流通方式，这是一种即时现货的销售方式和传统的流通方式。对手交易是指买卖双方通过面对面的议价进行交易，是一种传统的“集贸式交易”，其特点是无须对产品质量进行统一的要求，交易方式灵活，但具有交易成本高、效率低下、耗费时间长等缺点。

市场中的花卉生产者多为当地的花农。大量花农和部分花卉生产基地与市场存在50公里以上的运距。市场中的参与者大多为花卉批发商、代理商和普通消费者。部分花卉产品由当地花农自行运输至市场，因其能力有限，送到批发市场的很多是未经过加工和处理的初级产品。还有部分花卉产品经当地花卉贸易公司统一集货，进行分级、包装和保鲜，与分散花农的处理方式相比，更有利于保障花卉产品的品质。对手交易后，当地的物流企业会根据批发商的要求对鲜切花进行二级分级、包装等处理，再选择最为经济的运输方式为客户发送鲜切花。

2）拍卖交易方式

2015年12月24日，昆明花拍中心投入试运营，花卉交易从单一的对手交易发展成对手及拍卖双市场的交易综合体，这也是目前世界五大花市中唯一同时运营具有相当规模交易的对手市场和拍卖市场。昆明花拍中心的鲜切花拍卖采用“降价式拍卖”，由专业拍卖师确定一个高于正常交易价的起拍价，拍卖开始后，随着交易大钟逆时针转动，价格逐渐下降，第一个按下购买键的买家，即可以光标停止时显示的价格成交。这种鲜切花拍卖方式的效率非常高，平均4~5秒就能完成一次交易。拍卖现场只是拍卖交易的一个业务环节，物流环节是实现拍卖交易的关键。每天清晨，昆明花拍中心的冷藏车会开到各鲜切花产区，收取花农们采摘的鲜切花并及时运到斗南花卉交易市场；之后，质检人员会对花朵进行严格的评级，并分类放置到待拍区；拍卖结束后，工作人员又会第一时间将鲜切花放置到对应的货位上，方便买家及时提货并送往机场空运。

3）拍卖交易方式的优点

交易方式标志着一个产业的发展水平。鲜切花交易一直以面对面的议价交易为主（对手交易）。传统的对手交易方式不仅规模小、效率低，而且生产者和经营者都难以掌握市场形势。对手交易中频繁的交易次数、复杂的交易关系会形成高额的交易成本。为了克服对手交易方式的缺点，鲜切花拍卖交易方式出现。鲜切花拍卖交易方式与对手交易方式相比有许多优点。

第一，拍卖交易方式可以提高交易的效率。当每次交易费用一定时，交易费用总额取决于交易次数。交易关系越复杂，交易次数越多，交易成本越高。假设在市场上有 m 个供货人（F）和 n 个承销人（T），实行对手交易时，m 个供货人携带花卉产品找到 n 个承销人逐一寻价后再决定理想的价格，理论上总的交易次数是 $k(m, n)=m\times n$ 次。采取拍卖交易方式时，一般情况下，供货人参与交易的次数仅为 $k(m, n)=m+n$ 次。当 m，$n>2$ 时，$f(m, n)=m\times n/m+n>1$，说明拍卖交易可以减少交易次数，提高物流速度。

第二，拍卖交易可以降低交易费用。在对手交易情况下，供货人需投入大量的时间、劳力和资金去了解行情、寻找交易伙伴，从而增加了销售成本；而在拍卖市场中，由于有拍卖市场作为中介机构，组织拍卖销售会员的花卉产品，减少了中间流通环节，进而降低了生产者的交易费用。

第三，拍卖交易有利于发现合理价格，保护花农和消费者利益。鲜切花拍卖市场由众多承销商和供货商组成，具有公平、公正、公开的市场竞争环境。目前，世界上一般采用荷兰拍卖中的首价形式拍卖，价格由高往低公开进行。鲜切花价格取决于当时鲜切花的供求关系和质量，由市场形成，具有公开透明性。

第四，拍卖交易可以带来更快的结算速度。拍卖市场的电子结算系统可以保证花农和花卉生产企业及时得到货款。鲜切花拍卖制度对鲜切花的采收、分级、包装、运输等各个环节加以规范，不仅增加了生产企业的产品附加值，而且给企业带来了潜在的长远利益。

3.5.1.2　昆明花拍中心

1）昆明花拍中心简介

昆明花拍中心位于昆明市呈贡区斗南社区，于 2002 年 12 月 20 日正式运营，拥有 6 万平方米的交易场馆、两个拍卖交易大厅、9 口交易大钟、900 个交易席位，每天可完成 800 万～1000 万枝花卉交易，是亚洲鲜切花交易量最大的产地型花卉拍卖市场。目前，昆明花拍中心有供货商会员 25000 多户、来自全国各地的购买商 3100 多户，交易的鲜切花不仅进入了全国各大、中、小城市，还出口到泰国、日本、俄罗斯、澳大利亚等 40 多个国家和地区，涵盖玫瑰、非洲菊、满天星、康乃馨、洋桔梗、绣球等 40 多个品类 500 多个品种。

2）昆明花拍中心的重要地位

昆明花拍中心是国家发展改革委、云南省政府批准设立的花卉拍卖交易中心，是一个以花卉拍卖为主，集花卉标准制定、新品种研发推广、市场信息服务、技术服务、金融服务、物流服务于一体的综合性产业服务平台。昆明花拍中心承担着推动“云花”产业链的创新升级，实现花卉交易国际化、标准化、信息化和数字化的重任，是第七批农业产业化国家重点龙头企业。昆明花拍中心的注册商标被认定为云南省著名商标，“花卉拍卖服务”被认定为云南省名牌产品。2013 年 12 月，昆明花拍中心主持起草的《鲜切花拍卖产品质量等级通用要求》被列为商务部流通行业标准，这是云南省首个国家级花卉行业标准。

3）昆明花拍中心的拍卖方式

昆明花拍中心采用荷兰的降价式拍卖方式，拍卖中心大厅墙上挂有电子显示的交易大钟。交易大钟上会显示各种花卉产品的信息代码，并在中央设置时钟。显示价格的光标会从高到低逆时针转动，价格则从高到低显示，购货商中有人第一个按下竞价按钮，系统将使光标停止，该竞拍者即竞拍成功。单笔交易只需要 4～5 秒，效率极高。花卉产品拍卖流程为供货—质检—装车—组列—复检—拍卖—分货—结算—提货发运。

4）昆明花拍中心对花农合作社的影响

昆明花拍中心的设立为鲜切花产业的发展提供了良好的市场条件，标志着云南鲜切花拍卖市场的成熟。2002 年 12 月以来，随着昆明花拍中心的发展和完善，鲜切花的交易成本不断下降，交易效率不断提高，吸引了不少农户加入鲜切花种植队伍，同时促进了花农种植规模的扩大。花农是花农合作社成立的基础，云南鲜切花拍卖市场的成熟为花农合作社的发展创造了条件。

3.5.1.3　昆明花拍中心鲜切花价格指数

1）昆明花拍中心鲜切花价格指数的概念

全国首个花卉交易指数——昆明花拍中心鲜切花价格指数由昆明市发改委牵头编制。“昆明花拍中心鲜切花价格指数”可以代表云南省鲜切花价格走势，让每一天的昆明鲜切花价格走势一目了然。昆明花拍中心的拍卖情况，是第二天全国乃至亚洲花卉市场价格的晴雨表。

2）昆明花拍中心鲜切花价格指数的功能

鲜切花价格指数不仅可以衡量鲜切花价格水平，而且为维护行业市场稳定、花卉相关企业经营决策、短期预测鲜切花价格等提供重要支持。彭世广（2018）以昆明花拍中心 2015 年 12 月—2016 年 12 月的数据为基础，分析鲜切花价格的波动特征、日历效应及短期动态预测。研究结果表明：第一，一年中春末至秋初指数水平总体较低，波动平缓，而从秋末到来年的春初，指数水平总体偏高，波动剧烈；第二，指数波动主要受自身过去波动影响，具有波动聚集的特点，外部冲击和前期波动对后期指数波动的影响短暂；第三，在交易市场上，当期供货量与流拍率对价格指数有负向影响，供货量在滞后 1 期、滞后 4 期是指数的格兰杰原因，流拍率在滞后 1 期、滞后 8 期是指数的格兰杰原因；第四，花卉拍卖市场上确实存在着周日历效应——正“周二效应”、负“周五效应”，节气效应——正“立夏效应”、负“立秋效应”，月份效应——负“四月效应”；第五，指数组合预测模型静态预测效果良好。

3）昆明花拍中心鲜切花价格指数的波动

由昆明花拍中心鲜切花价格指数可知，鲜切花拍卖价格的波动很频繁，波动范围也很大，价格在一个月里涨幅程度可以达到 3 倍以上。

以 2022 年 3 月、4 月为例，鲜切花价格指数不仅波动频繁、波动幅度大，而且对节庆日特别敏感。在“三八”国际妇女节到来之际，交易市场的鲜切花价格持续上涨，包括玫瑰、康乃馨在内的鲜切花价格呈现出普涨的局面，其中康乃馨价格涨幅较为明显，以往每枝康乃馨的价格为 0.8~1 元，最高涨至每枝 3.9 元。昆明花拍中心和斗南花卉交易市场提供的鲜切花拍卖数据显示，两个中心在 3 月 2 日的鲜切花拍卖总量达到了 382 万枝，数量为近期新高。昆明花拍中心的鲜切花价格指数显示，在 3 月 4 日，鲜切花价格指数达到了 795.58。但是，2020 年 4 月受新冠疫情影响，全国多地生鲜快递包裹停运，导致云南鲜切花大量滞销。2020 年 3 月 1 日至 17 日，鲜切花销量下滑 70%，价格从月初高位暴跌 40%。

3.5.1.4　云南鲜切花市场分析

1）云南鲜切花市场交易的主体

云南鲜切花市场交易的主体就是交易的双方，包括交易中的合作经济组织、集货商、贩运商等中介组织。

（1）花农

花农是鲜切花市场最大的交易主体。单个花农没有能力直接到大型批发市场销售自己的产品，只能在产地市场与大型生产企业或集货商进行交易。

（2）花卉生产企业

花卉生产企业以生产为主，生产的专业化、现代化程度较高，一般与销地批发市场直接联系，产品质量较高。

（3）农民合作社

农民合作社作为市场体系的中介组织，在市场与农户之间架起了桥梁。农户之间或农户与龙头企业之间开展多种类型的产销合作，按市场需求有计划地安排产品的品种和数量，可以基本上做到以销定产、包产包销，从而避免生产经营的盲目性，较好地实现小生产与大市场的有效衔接，提高农民进入市场的组织化程度。

（4）产地集货商和花卉贩运商

产地集货商是指固定在某一产地市场专门从农户处收购鲜切花产品，经重新包装后发往销售地的批发商。花卉贩运商专门从事鲜切花贩运工作，是联系产地与销地的纽带。批发商和贩运商是鲜切花流通的媒介和中介组织，是鲜切花流通中必不可少的环节。

2）云南鲜切花拍卖市场的价格

“交易量大、价格波动大”是鲜切花节日交易的长期规律。处于信息劣势的花农若不能掌握鲜切花的交易规律，则会丧失高收益的交易时机。程士国、陈伟等（2019）通过分析节日前后昆明花拍中心交易量最大的玫瑰、满天星、非洲菊三种鲜切花收益率的波动情况，发现鲜切花拍卖价格的节日交易规律：节前收益率呈先升后降的倒“U”形变化，节前4~5天是高收益期，节前1~2天是低收益期；节日前后效应截然相反，节前效应为正，节后效应为负；节日之间效应差异较大，七夕节对玫瑰和满天星的价格拉动作用显著大于2·14和5·20，国庆节对非洲菊的价格拉动作用显著大于重阳节和清明节。

3）云南鲜切花消费市场的特点

云南鲜切花消费市场具有以下四个特点：

第一，消费地域性明显。由于城市工商业发达、居民收入水平高于农村，城市居民对生活质量的追求普遍高于农村，对鲜切花的需求也较大。云南鲜切花消费主要集中于大中型城市。随着我国居民消费能力的上升，不少中小型城市的鲜切花需求也在增加。

第二，消费季节性明显。鲜切花消费主要集中在节假日，比如春节、元旦、“五一”等重大节日。近年来，情人节、教师节、母亲节等也成为鲜切花消费火爆的节日。

第三，消费的集团性。鲜切花的集团消费主要是大宾馆、大饭店、大型国际会议、开业庆典等团体消费。在过去的十多年，集团消费一直占有重要位置。

第四，消费的礼品性。“买花的人不看花，看花的人不买花”是对我国花卉消费礼品性的形象描述。目前依然有相当数量的消费者认为鲜切花不是生活必需品，而是奢侈品，鲜切花消费也呈现出礼品性这个特点。

4）云南鲜切花消费市场的影响因素

云南鲜切花消费市场主要受到以下四方面因素的影响：

第一，消费者的收入水平。消费者的收入水平是影响其鲜切花需求的首要因素。在鲜切花价格不变的情况下，收入越高的群体对鲜切花的需求越大。随着人们收入水平的提高、住房面积的改善以及对居室优美环境的要求等，鲜切花作为一种商品，需求量也在不断增加。

第二，鲜切花的价格。鲜切花的价格也是影响花卉消费的一个重要因素。在其他条件不变的情况下，价格越高，需求量越少；价格越低，需求量越大。据测算：当价格下降幅度为 10%时，大多数消费者并不能显著增加购花数量及次数；而当价格下降幅度达到 20%时，能较明显地促使个人鲜切花消费量增加。随着鲜切花行业的发展，种植技术的提高，生产成本如果能得到有效控制，鲜切花产品的价格会下降，鲜切花消费也会逐步增加。

第三，消费者的偏好。在收入水平允许的情况下，消费者总是会去选择自己偏好的商品。鲜切花受到消费者个人偏好的影响比较明显，有人喜欢月季、有人喜欢百合，有人喜欢黄色、有人喜欢红色。鲜切花的多样化可以更好地满足消费者的需求。

第四，人口结构。城市人口的收入相对较高，对鲜切花的需求量明显高于农村消费者。随着城市化进程的加快，城市人口不断增加，在一定程度上促进了鲜切花消费总量的提高。

5）云南鲜切花供给的影响因素

云南鲜切花供给主要受到以下三方面因素的影响：

第一，市场需求。鲜切花产品具有观赏价值。一个地区的经济发展水平越高，对鲜切花产品的需求量越大，鲜切花的生产量也越大；反之，则生产量减少。随着生活水平的提高，人们对鲜切花的需求量将不断增大。市场需求直接影响着鲜切花的供给，也决定着鲜切花产业的发展。

第二，自然条件。根据自然条件的差异，在不同的地区选择适宜的鲜切花种类，能有效降低生产成本，提高鲜切花质量。云南省自然资源丰富，气候条件优越，素有“植物王国”的美称，为鲜切花产业发展提供了良好的自然条件。

第三，劳动力资源。鲜切花产业属于劳动密集型产业，需要较为充足的劳动力。云南省是农业大省，农村劳动力丰富，十分适宜发展鲜切花产业。

3.5.2 云南花农合作社发展的产业环境

花卉产业作为云南全力打造世界一流“绿色食品牌”的8个重点产业之一，取得了令人瞩目的成绩。云南花卉产业在产业规模、市场供给、品种及市场覆盖方面均居全国首位。近年来，花卉消费升级促进了鲜切花消费家庭化、日常化，中国花卉消费市场巨大的消费潜力将继续推动云南花卉产业的快速发展。

3.5.2.1 云南花卉产业概况

1）云南花卉产业的产值

2021年，云南省花卉尽管深受疫情和极端天气等的影响，但通过广大花企和花农的不懈努力，全省花卉产业稳字当头、稳中有进，全省花卉产业综合产值高达1034.27亿元，同比增长24.60%。

云南是我国生产鲜切花最多的省份，生产面积、产量、交易量均位居全国第一。2021年，云南鲜切花产值为140.40亿元，同比增长20.10%。

2）云南鲜切花产量的增长

云南已发展成为全国鲜切花养殖生产领域的领头羊。2021年，云南鲜切花产量为158.33亿枝，较2020年增长8%。

3）云南鲜切花的出口量

云南花卉在保持健康稳步发展的同时，出口也欣欣向荣。云南省鲜切花出口到40余个国家和地区，部分花卉新品种在欧盟注册、推广。2020年，云南省鲜切花出口额为5亿元；2021年，云南省鲜切花出口额为5.2亿元，居全国第一。

3.5.2.2 云南花卉产业的主要发展政策

2009—2020年，云南省各级政府出台了多项支持花卉产业发展的政策。

《云南省花卉产业发展条例》自2009年9月1日起施行，其中多次提到，云南花卉产业发展要积极扶持和引导专业合作组织，比如，第四章第十八条规定：省、有关州市县人民政府应当利用农业产业化资金、科技发展资金、农业综合开发资金及项目贷款贴息资金等，对花卉企业、专业合作组织和农民在基础设施建设、科研、生产、运输、销售等方面予以扶持。

2017年9月，云南省人民政府办公厅发布《云南省高原特色现代农业产业发展规划（2016—2020年）》，提出生猪、牛羊、蔬菜、中药材、茶叶、花卉、核桃、水果、咖啡、食用菌等10大重点产业。以县域为单元、基地为依托，以龙头企业、农民专业合作组织、家庭农场和新型职业农民为主体，统一规划、重点扶持、连片发展、整体推进，加快建设一批特色优势明显、主导产业规模效益好、产品市场竞争力强的现代种植业、现代养殖业、现代林业重点县。

2020年3月11日，农业农村部、财政部联合下发《关于开展优势特色产业集群建设的通知》，首批支持建设50个产业集群项目发展，云南承担了蔬菜和花卉两个产业集群的建设。2020—2021年，云南花卉产业集群建设共实施22个项目，集群县区涉及6个，即昆明市晋宁区和呈贡区、玉溪市红塔区、红河州开远市、楚雄彝族自治州禄丰市、曲靖市马龙区。2021年，花卉产业集群县区种植面积达24.8万亩，鲜切花产量85.6亿枝，占全省鲜切花总产量的52.8%。

2018年以来，云南省先后出台了《关于创建“一县一业”示范县加快打造世界一流“绿色食品牌”的指导意见》等20余项政策措施，重点培育创建了20个“一县一业”示范县，每个示范县每年给予3000万元的财政扶持。红河州开远市、玉溪市红塔区、昆明市呈贡区进入“一县一业”示范创建县名单，受到省委、省政府表彰奖励。与此同时，各州市及其县市区均出台了相应的政策措施，为花卉产业提质增效和高质量发展创造了良好的政策条件。

3.5.2.3　云南花卉产业的物流体系

云南花卉产业已经全面进入质量型，花卉生产也从原来的粗放型逐步转为“企业集团化”“花农大联合”经营模式，其产品的流通半径迅速扩大，花卉在从田间到市场的流动过程中，也形成了较完善的运输服务体系。

1）云南花卉产业的物流划分

按照到达目标市场的过程来划分，云南花卉产业物流可分为供应物流

（包括花卉采摘后的包装、贮藏、预处理等）和销售物流。供应物流是指把花卉产品从产区送到产地批发市场或拍卖市场的过程。销售物流是指花卉产品从产地批发市场或拍卖市场进入目标市场的过程，还包括通过异地集散中心城市扩散到更远端城市的过程。

2）云南花卉产业的供应物流

（1）云南花卉产业供应物流的方式

在供应物流中，产品从各产地集中到批发市场和拍卖市场。云南花卉产地分布较广，产品的流通半径及所耗时间不同，运输工具多样，因此物流成本不一。目前完成供应物流的方式有以下三种：

第一，生产者自营物流。采用这种方式有两种情况：一是具备一定生产规模的企业（或基地）有专用的运输车辆，自己负责运输，距离的远近不受影响，几乎每天往返一趟。二是部分基地和大量花农没有专用的运输车辆，采用几家几户合租一辆货车统一把货品运到市场的方式。采用这种方式的多半是产地和市场有 50 公里以上运距半径的花农。

第二，委托物流企业或拍卖市场代理供应物流。鲜切花从田间采摘到交由昆明花拍中心、云南云花运销股份有限公司等企业的物流服务部门，完成从基地到批发市场或拍卖市场的短途运输，每扎花提取一定的运输费用。种植者不需亲自到市场，所有后续工作由专业运输公司和昆明花拍中心完成，可以有效解决花农运输工具短缺、人力不足和销售渠道不畅通等问题。

第三，少量购买商直接到产地进行收购后运到目标市场，不经过批发市场或拍卖市场的中间环节。

（2）云南花卉产业供应物流面临的问题

花卉是一种特殊的鲜活农产品，具有价值易逝、产品价值随时间递减、质量可得、产品脆弱等特点。云南花卉产业供应物流面临以下四个问题：第一，花卉产地过于分散，物流成本高；第二，物流集散区域不集中，缺乏专业公司提供短途物流服务；第三，缺乏冷链运输，产品质量难以保证，专业化程度低，产品在短途运输过程中，无论是在品质方面还是在数量方面，损耗都较大；第四，广大花农和小公司现代物流意识薄弱，没有认识到可以通过物流环节提高花卉的质量、减少损耗和增加花卉的附加值。

3）云南花卉产业的销售物流

在斗南花卉交易市场进行对手交易后，当地的物流企业会根据批发商的要求对花卉产品进行二级分级、包装等处理，再选择最经济的运输方式为客户发送鲜切花。花卉批发的外包装均为普通纸箱包装，花卉包装数量由花卉品质决定，有时也会根据客户对包装方式的特殊要求而定。花卉的运输方式主要有航空运输、公路运输和铁路运输。距昆明较远、可以直达的城市或地区一般选择空运方式。转运商在到货后会统一到机场提货，再转运至客户手中，然后与转运商结算转运费。物流公司将多个客户的花卉集中下单、装机再发货，可以避免单个客户货量较小的麻烦，以此保证发货的稳定性，双方都可以从中受益。客户选择铁路运输时会考虑鲜切花最长的运输时间，因其价格便宜且稳定，虽然到货时间相对较慢，但云南周边省市的客户会首选铁路运输。云南省内及少量省外客户有时也会选择公路运输方式。公路运输会将花卉产品送到客户所在地的客运站。当日的发货量和客运汽车到达时间决定着此种运输方式的到货时间。

4）云南花卉产业物流体系发展的“瓶颈”

云南在花卉物流体系建设、物流服务、物流运输成本等方面取得了可喜成绩，但从整体上看，其物流体系还处于专业化程度较低、缺乏整体协作以及资源分配不合理的初级阶段，依旧存在国际运输价格高、运输时间长、特殊时段运力不足、鲜切花运输包装落后等诸多“瓶颈”。

第一，鲜切花缺乏全程冷链运输。所谓鲜切花冷链物流，是指使鲜活、易腐的鲜切花在收购、保鲜、储藏、运输、销售的各个物流环节都处于低温环境之中，以减少鲜切花在物流过程中的变质和污染损耗，保障其质量。鲜切花品质50%取决于种植，50%取决于采后处理和运输过程中的冷藏保鲜。无论是对手交易，还是拍卖交易，都缺乏全程冷链运输，包括产地的采后冷藏、短途低温保温、长途可调冷藏运输、抵达市场后的短途保温运输以及终端消费地批发市场的冷藏。在这两种交易方式下，花卉供应物流应采取合理的方法和设施来确保鲜切花产品的品质。

云南鲜切花80%以上由花农生产，产地采后处理（分级、整理、冷藏、保鲜）水平参差不齐，而到了运输环节，往往又存在设备投入不够、多个部门运输协调能力差等问题，未实现全程冷链运输，只有个别企业的个别时段和运程上，进行冷藏运输或低温保温运输，而有的企业也仅是采取包装箱里填充冰袋的办法进行短期低温保温。此外，有的企业在上海等地建设冷库，以便鲜切花运输到中转站或目标市场后继续冷藏，以待使用轮船等运输工具分运至目标市场，但是在报关、报检及在机场待运的四五个小时中，却未进行冷藏和保温。

第二，运输成本在总成本中的比重高。在云南花卉产业刚起步的年代，鲜切花售价高的主要原因是航空运输成本高。鲜切花运输成本在总成本中所占比重一直不低。随着全国花卉种植面积迅猛扩大，激烈的市场竞争导致鲜切花售价迅速下降，鲜切花利润降至最低，而运输成本在总成本中的比重不断增大，生产者和经营商的经营负担也随之不断增大。

第三，"挤压式"的鲜切花包装。虽然"挤压式"的鲜切花包装方式节省了一些物流成本，但是却付出了更大的代价。包装是商品物流中最关键的环节，但是很多发货商为了降低运输成本，往往采取"挤压式"的手段。1个纸箱当2个纸箱使用，加上运输过程中的多点往返和多次搬运装卸，往往会导致产品质量下降。这样一来，每件货虽省去了几十元的运输成本（箱子购置成本、到目标市场的短途运费等），但鲜切花到达客户手中时，品质已经严重下降，鲜切花损耗率高达20%以上，得小而失大。

第四，货代公司小而散。云南航空货代公司多而杂，实力不均衡，大家为了争抢客户而陷入无序竞争，不仅扰乱了市场，经济纠纷也时有发生。竞争的结果是生产者受益，但不利于产业的发展。低价运输导致产品低价销售，为保证利润，生产者会想办法降低生产成本以适应市场，结果也就导致产业竞争力下降。

第五，机场地面应急服务有待改善。鲜切花是鲜活产品，必须及时运输出港。由于航班的原因，鲜切花在机场滞留或者等待时间较长的，应及时进行冷藏，以防影响品质。目前昆明国际机场虽然有冷藏条件，但多种原因导致冷藏设施利用率非常低。如果遇上雨淋或者其他突发情况，机场地面服务不到位，很容易造成不必要的损失。

第六，物流成本高。出口至世界各地的云花数量较少，相比其他出口物品附加值低，因此花卉物流在整个航空物流中处于弱势地位，客户没有实力与航空公司谈判。此外，云南鲜切花主要目标市场亚洲地区和国家的直飞航班较少，不能满足云南出口花卉的需要，且运价较高。国际航空运费偏高使云南花卉出口运输成本加大，在国际市场上的竞争力减弱。

3.5.3 云南花农合作社发展的政策环境

改革开放以来，我国农民合作社在不断变迁中日臻完善。我国农民合作社发展政策积极维护和增进农民的现实利益，构建国家发展战略与农民智慧的耦合，并已上升到法律层面。

3.5.3.1　云南花农合作社发展的相关政策

我国的农民合作社是有大局观的合作社，为农业和农村发展服务，以提高农民收入为宗旨。因此，农民合作社发展政策必然以“三农”政策为基础，其目标必须与“三农”政策的目标契合。我国农民合作社的发展将促进现代农业的发展，为乡村振兴服务，为农民收入提高贡献力量。

从近年来我国“中央一号文件”中可以看出我国农民合作社发展政策的演进。首先，在合作社的功能定位上，主张实现由市场流通中介组织到现代农业经营组织再到乡村协同治理组织的跃升。其次，在合作社的组织形态上，主张在不断创新服务内容的基础上寻求多样化发展。再次，在合作社的发展原则上，主张在遵循法定基本原则的基础上加强规范化建设。最后，在合作社的动力保障上，主张在优化法治环境的基础上给予多层面的实质性支持。

我国合作社名称的演变主要分为四个阶段：①在1986年的“中央一号文件”中，合作社的名称表述为“地区性合作经济组织”。②2004—2007年的“中央一号文件”则将其名称改为“农民专业合作组织”。③在2008年的“中央一号文件”中，“农民专业合作组织”和“农民专业合作社”两个称谓并存。在《农民专业合作社法》颁布以前，农民合作社的名称不统一，农业部称之为“农民专业合作经济组织”，中华全国供销合作总社称之为“农村专业合作社”，浙江省称之为“农民专业合作社”，上海称之为“合作社有限公司”（马跃进，2007）。因此，规范合作社的发展，首先要规范合作社的名称。④从2009年起，“中央一号文件”将“农民专业合作组织”的称谓改为“农民专业合作社”。然而，在发展过程中，合作社不断超越专业合作的经营和服务范围，创新发展了一些新型合作社类型，比如土地股份合作社、合作社联合社等。这些新型合作社在一定程度上促进了合作社的发展，属于实践过程中的创新。为了鼓励合作社创新与发展，充分反映合作社的现实需求，2013年以后，“中央一号文件”将合作社的名称改为“农民合作社”，不再突出其“专业”性。农民专业合作经济组织属于集体经济组织的范畴，从农民专业合作社到农民合作社，是农村集体经济组织的新发展（杨一介，2015）。目前，中国农村的合作社形式复杂多样，显然已非专业合作社可以涵盖（杨雅如，2013）。合作社名称的演变过程既可以反映中国合作社的发展情况，又可以反映中央政府对于合作社发展认识的深化过程。

3.5.3.2　农民合作社政策对云南花农合作社发展的影响

第一，资金方面。云南花农合作社建立和发展面临的最大困境就是缺乏资金。在云南省政府的积极帮扶下，花农合作社在贷款和帮扶资金方面获得较大支持，花农合作社的数量和质量都得到快速提升。《云南省人民政府关于促进农民合作社规范发展的意见》（云政发〔2016〕16号）提出：加大财政扶持力度（进一步加大现有资金整合力度，支持农民合作社开展基础设施建设、科技创新、标准化生产、初级加工、品牌打造、市场营销、信息化应用、技术培训等工作）、创新金融保险支持（把农民合作社纳入银行业金融机构等级评定范围，并对信用等级达标的农民合作社实行综合授信；在银行风险可控前提下，对信用等级较高的农民合作社在同等条件下可实行贷款优先等激励措施）。

第二，生产技术方面。云南省人民政府倡导花卉技术的科研与推广，特别是在新品种培育和鲜切花保鲜技术方面。一些花农合作社在政府及专业协会的帮助下，不仅能够培育鲜切花种苗，而且在新品种推广方面取得了喜人成绩。《云南省花卉产业发展条例》第四章第十六条提出：省、有关州市县花卉产业管理机构应当根据花卉产业发展规划和市场需求，引导花卉产业结构调整，发展优势、特色花卉生产；引导企业、专业合作组织和农民按照花卉生产标准规范化生产，提高抵御市场风险的能力。第六章第三十二条提出：教育行政主管部门应当支持有条件的大专院校开设花卉专业，加强对花卉产业人才的培养。有关行政主管部门应当发展花卉园艺职业教育，支持花卉企业、专业合作组织及其他有关机构对花卉从业人员进行培训。

第三，合作社质量方面。在云南省人民政府的积极引导下，云南花农合作社成员的种植规模扩大、种植技术提高、生产成本降低、社员收益增加。一些花农合作社还具有了较好的口碑和影响力，如通海香韵花卉合作社、通海县洋丽人洋桔梗专业合作社、晋宁昆阳张良花卉专业合作社等。《云南省人民政府关于促进农民合作社规范发展的意见》（云政发〔2016〕16号）提出：促进农民合作社管理制度健全规范、组织机构运转有效、资产归属产权清晰、财务社务公开透明、成员权益保障有力、服务能力显著提升、带动效应明显增强。《云南省花卉产业发展条例》第四章第二十二条提出：鼓励花卉企业通过联合、兼并、重组、股份制改造等方式增强企业综合实力，带动专业合作组织和农民实现规模化生产、集约化经营，创建名优花卉品牌。

第四，抵御生产风险方面。在云南省人民政府的关怀和政策的扶持下，云南花农合作社应对自然灾害风险和市场风险的能力不断增强，社员收益更加稳定。《云南省人民政府关于促进农民合作社规范发展的意见》（云政发

〔2016〕16号）提出：保险机构要把为农民合作社开展保险业务作为支农重点，创新适合农民合作社生产经营特点的保险产品和服务，增强农民合作社发展抗风险能力。《云南省花卉产业发展条例》第六章第三十五条提出：省、有关州市县人民政府应当建立和完善花卉市场风险的防范机制，加强风险预测和风险提示。发生重大自然灾害等突发事件，对花卉生产造成重大损失的，省、有关州市县人民政府应当依照国家有关规定采取应急处理措施。财政、民政、农业、林业等有关部门应当对受灾企业、专业合作组织和农民依法给予补助。对参加农业保险的，保险人应当及时履行赔偿或者给付保险金义务。

第五，鲜切花销售方面。在云南省人民政府的高度重视和积极努力下，云南花农合作社拥有了良好的鲜切花拍卖市场，不仅提高了鲜切花交易效率和交易价格，而且开拓了更大的销售市场（国内市场与国际市场）。《云南省花卉产业发展条例》第四章第十五条提出：省、有关州市县人民政府应当加强花卉主产区、花卉产业园区建设，引导企业、专业合作组织和农民进入花卉主产区、花卉产业园区聚集发展；加强花卉生产设施、物流体系和交易、信息平台建设，改善花卉运输、交易条件；加强花卉文化建设，提高花卉产业的附加值。

第六，合作社经营方面。云南省人民政府在用地、用电及税费优惠等方面的政策不仅推进了云南花农合作社的建立，而且减轻了云南花农合作社的经营压力，促进了云南花农合作社在数量和质量方面的提高。

3.5.3.3　云南花农合作社社员权益保护的相关政策和规定

一是对社员监督权和话语权的保护，保障社员对合作社经营与管理的话语权。《云南省花卉产业发展条例》提出：规范登记管理、规范章程制度、规范组织机构、规范财务管理、规范社务公开、规范档案管理。这六个规范内容不仅规范了合作社的日常工作，而且保障了社员对合作社日常工作的监督权。此外，农民合作社要依法建立成员（代表）大会、理事会、监事会等组织机构；成员（代表）大会决策部署本社重大事项，理事会负责落实成员（代表）大会决定、管理日常事务，监事会代表全体成员监督理事会的工作；各组织机构要切实履行职责，密切协调配合，民主管理和决策社务；成员（代表）大会每年至少召开1次，理事会每年至少召开2次。

二是对社员资产的保护。《云南省花卉产业发展条例》提出：企事业单位、种养大户等领办农民合作社的，应严格区分其与农民合作社之间的产权；农民合作社公积金、财政补助资金形成的财产、捐赠财产应依法量化到每个成员；成员以其账户内记载的出资额和公积金份额为限对农民合作社承担责任；财政补助形成的资产转交农民合作社持有和管护的，应明确资产权属，建立健全管护机制。

三是对社员公平接受合作社服务权利的保护。《云南省花卉产业发展条例》提出：牢牢把握农民合作社互助性经济组织的定位，在为成员提供农业生产经营服务方面发挥好组织作用。农民合作社应具备一定的生产经营服务场所和设施，制定生产技术操作规程和产品质量标准，做到统一组织经营、统一采购供应、统一标准生产、统一储运服务、统一产品营销、统一产品认证和统一技术培训等服务共享。农民合作社不得将成员作为牟利对象，其与成员和非成员的交易应当分别核算。

四是对社员平等享受盈余分配权力的保护。《云南省花卉产业发展条例》提出：农民合作社从当年盈余中提取公积金、公益金和风险金，可分配盈余按照成员与农民合作社交易量（额）比例返还，返还总额不得低于可分配盈余的60%；其余部分依据成员账户出资额、公积金份额、财政补助和社会捐赠形成的财产平均量化到成员的份额，按照比例进行分配。为农民合作社作出突出贡献的成员，可按章程或由成员（代表）会议决定，在提取可分配盈余之前给予一定的报酬或奖励。

五是对合作社合作行为的约束。《云南省花卉产业发展条例》提出：规范农民合作社信用合作行为，培育发展新型“三农”合作金融组织。坚持成员制、封闭性、民主管理原则，不对外吸储放贷，不支付固定回报，不对外投资，不以营利为目的，互助合作，风险自担。信用合作业务要单独核算，建立健全内部管理制度。要落实对农民合作社开展信用合作的监管责任，加强风险防控，严禁借信用合作之名开展非法集资。

3.5.4 云南花农合作社发展的影响因素

3.5.4.1 外部影响因素

1）市场环境

农民合作社与市场环境存在相互影响的关系。

首先，市场环境对合作社的发展具有重要影响。不少研究发现，弥补市场服务的不足是合作社的重要功能，市场服务能够在一定程度上代替合作社服务，弱化农户对合作社服务的需求，因而市场化水平的提高对合作社发展没有正向影响，反而有负向影响。廖小静、邓衡山（2021）基于江苏、四川和吉林3省262个村的两期微观调研数据，分析合作社外部环境对合作社服务功能和规范化的影响，研究结果表明：市场环境对服务功能有负向影响，对规范化水平提升无显著影响，对合作社高质量发展有负向影响。云南鲜切花产业在发展之初底子薄弱，生产资料市场发育缓慢，生产服务及销售服务市场刚刚起步，花农对鲜切花生产经营服务的需求非常迫切，为云南花农合作社的组建和发展创造了良好条件。

其次，农民合作社对市场环境也会产生影响。不少学者认为，农民合作社对本土化市场和现代化市场的规则可以实现兼容和重塑，有利于推进农民的共同富裕。云南花农合作社作为新兴市场主体进入鲜切花服务市场，不仅满足了花农对生产经营服务的需求，而且提高了花农的组织化程度，实现了小农户与大市场的对接，让花农能够适应现代化市场的节奏，享受现代化市场的高效率。

2）政府扶持

政府扶持农民合作社是必要的，但必须符合法治化的要求。《农民专业合作社法》对农民合作社的准入标准、登记管理制度及政府扶持行为等作出了规定，保障了农民合作社政府扶持制度作用的有效发挥。政府对农民合作社的扶持有技术、培训、贷款优惠、税收优惠和财政补贴等多种方式。政府扶持对农民合作社发展的作用主要体现在四个方面：第一，政府扶持可以促进农民合作社的规范化。林星、吴春梅（2018）对255家湖北省级农民示范社进行数据分析后发现，政府支持对合作社不同维度的规范化均存在正向影响，验证了“促进论”观点；相对于公司领办型合作社，农户自办型合作社能够更有效地利用政府支持促进自身的规范化。云南花农合作社从萌发到发展经历了两个阶段：①花农合作社数量快速增长、服务能力较弱、没有自己的商标和口碑；②花农合作社数量有一定减少，一些合作社合并，服务能力增强，开始有自己的商标、口碑和影响力。从云南花农合作社的发展历程来看，政府扶持及引导对合作社的规范化发挥了重要作用。第二，政府扶持可以提高农民合作社的科学技术水平。郑阳阳、罗建利（2020）基于60家合作社的调研数据进行研究后发现，合作社技术创新的影响因素包括社长能力、政府扶持、合作社规模、关系嵌入和结构嵌入。在政府扶持及引导下，云南花农合作社的种苗培育、种植和管理水平都得到显著提高。一些花农合作社从销售鲜切花种苗种球转变为自己培育种苗种球，有效降低了鲜切花种植成本。此外，政府扶持有效实现了新品种的推广，花农合作社的鲜切花种苗品种实现了多元化、新品种化。第三，政府扶持可以提高农民合作社的服务水平。廖小静、邓衡山（2021）指出，政府的信息、技术、培训等支持对合作社服务能力及高质量发展有正向影响。政府扶持有效促进了云南花农合作社的发展，解决了云南花农合作社的不少实际问题，如融资难、技术落后、发展社员难等。第四，政府扶持讲究方式方法，有效提高了合作社的服务能力和解决问题能力。一些研究发现，政府的财政补贴对合作社高质量发展有负向影响。直接财政补贴会让合作社产生依赖，伤害合作社自我奋斗的积极性，从而影响政府扶持合作社向高质量发展的效果。在云南鲜切花产业发展的过程中，政府一直强调和重视对花农合作社的扶持及引导，并且十分注意方式方法，尽量采用信息、技术、培训、贷款优惠等政策，谨慎地采用财政补贴方式，使花农合作社充满生机、不断发展。

3）空间依赖性

农民合作社的发展不仅要靠信息技术、科学的管理办法，还要依托优越的区位条件。刘竞宇、梁靖茹（2022）基于 2001—2018 年重庆市农民专业合作社的微观面板数据进行研究后发现，不同产业类型农民专业合作社对空间尺度的依赖不同。随着空间距离的增加，牲畜、家禽、花木、果蔬、食用菌、粮油 6 类合作社集聚强度先增强后减弱，各产业类农民专业合作社均形成单个或多个集聚中心。云南花农合作社的发展也具有明显的空间依赖性，绝大多数花农合作社设在适合鲜切花种植的斗南、晋宁、安宁、通海、江川等县区，而且以斗南为重要集聚中心。

3.5.4.2　内部影响因素

1）合作社产品特性

不少学者认为，不同产品类型的农民合作社的组织结构与运营绩效存在差异，如果忽略产品特性来分析农民合作社的发展，会影响研究结果的正确性和适用范围。黄祖辉、高钰玲（2012）基于 3 省 241 家样本合作社的数据，对影响农民专业合作社服务功能实现程度的主要因素进行实证分析，发现：农民专业合作社主营产品的产品特性对其服务功能的实现程度具有显著影响；成员的资源状况、社长的企业家才能以及对社长的激励程度都会影响合作社服务功能的实现程度；产业集群、产品认证和政府的资金扶持对合作社服务功能的实现程度也有显著影响。黄祖辉、邵科（2010）基于产品特性视角对农民专业合作社的组织结构和运营绩效进行研究后发现，浙江省2007年粮食类、食用菌类、花卉苗木类和农业生产服务类的399家合作社组织，在组织规模、治理结构和运营绩效上存在不同程度的发展差异，不同产品类型的合作社不仅在成员和资本规模上有着明显区别，而且在年总收入、总盈余和利润水平上有统计学意义上的显著差异。因此，对不同产品类型合作社要有针对性的扶持政策。花农合作社在发展中要充分尊重鲜切花的产品特性，选择与鲜切花产品特性匹配的发展路径。

2）合作社经营规模

合作社规模与绩效之间的关系对于了解合作社的发展规律、促使其健康发展及提升经济绩效具有重要意义。不少学者认为，农民专业合作社规模是提高合作社效率的关键因素，合作社规模不是越大越好，适宜的合作社规模才有利于合作社向高质量发展。梁巧、白荣荣（2021）基于2014—2018年农民合作社数据进行研究后发现：合作社规模对其盈余总额存在显著的正向影响，对人均盈余总额的影响则呈现明显的倒“U”形，合作社的最优农民社员规模相对较小，为15人，呈现出“小而美”的特征。孔令英、王云（2021）基于2019年对兵团408家农民专业合作社的微观调研数据进行研究后发现，合作社规模和合作社等级对合作社的效率有负向影响，而理事会规模、政府财政资金支持、产业类型等因素对合作社效率有正向影响。合作社规模过大，社员需求的异质性越明显，沟通摩擦与合作交易成本越高。合作社规模过小，则通过合作降低成本的效益不显著，无法吸引和稳定社员。大多数云南花农合作社的社员规模不大，在30户左右，是比较适宜的。

3）合作社与社员的契约关系

契约关系是农民合作社与社员之间的基本关系，反映了两者的相互约束和利益诉求。因此，关注合作社与成员之间的契约关系十分必要。张雪、郭伟和（2022）比较分析了某合作社不同类型契约关系的运作机制及治理效能，发现不同的约前关系会对契约关系的治理效能产生不同的影响，实现治理效能的关键在于能否形成可信承诺，可信承诺可以有效约束合作社中的机会主义行为。云南花农合作社在发展中与成员的契约关系日趋规范，契约的治理效能较好。云南花农积极融入合作社，通过合作来完成从生产到销售流程的标准化与集约化，不仅提高了鲜切花质量，而且提升了自身参与市场的能力。

云南省政府在鲜切花产业发展中通过合作社来优化商品契约履约环境，鼓励农业大户、龙头企业积极领办合作社。

4）合作社理事长

合作社理事长的经营能力和经营理念对农民合作社的高质量发展具有重要影响。完善理事长选拔、评价和监管机制，激发理事长的集体主义与利他精神，是解决“委托—代理”问题、稳定合作社运营、带动社员增收致富的关键。当理事长利己思想严重、个人能力较弱时，容易出现“空壳社”现象；当理事长利己思想严重、个人能力较强时，容易发生“精英俘获”问题；如果理事长只有利他精神而个人能力不足，就容易产生“低效合作社”；只有当理事长有较强的个人能力且有利他精神，能够有效平衡公平与效率时，才可能形成“理想合作社”。刘嶺、欧璟华（2022）基于重庆市开州区4个典型农民专业合作社的田野调查数据进行研究后发现，农民合作社出现的“精英俘获”和“空壳社”现象与理事长的个人能力和利己行为密切相关。李后建、扈益等（2021）探究了理事长内部社会关系网络与农民合作社创新行为之间的关系，发现理事长的内部社会关系网络质量和异质性均能促进产品创新、技术创新、管理创新和营销创新。在云南花农合作社发展过程中，涌现出一批优秀的合作社理事长。这些理事长有大局观、集体主义和较强的个人能力，对云南花农合作社的发展发挥了重要作用，使云南花农合作社取得了喜人的经济效益。

5）合作社品牌

品牌化是我国农民合作社提高发展质量的重要路径。农民合作社作为农产品产销对接的载体，在社会需求多元化、买方市场形成等因素的共同制约下，有必要通过品牌建设提升农产品竞争力。娄锋（2013）基于329家农民专业合作社的问卷调查数据，实证研究合作社品牌建设及其影响因素，发现内部管理者品牌意识强、人均纯盈余多、盈余按股分配比例高、外部市场竞争激烈、政府品牌建设资金多、政策扶持力度大对合作社的品牌建设均有正向影响。在云南鲜切花产业发展过程中，“云花”的知名度越来越高。“云花”区域品牌由一系列子品牌支持，其中一部分品牌就是花农合作社的自有品牌，如杨月季鲜切花、锦海玫瑰、康艺鲜切花等。云南花农合作社在“云花”区域品牌下获得了更大的市场，有了更好的发展前景。一些花农合作社拥有了自己的品牌，开始享受品牌化的经济效益。

第4章
花农合作社增加社员收益的机制

4.1 社员收益的概念界定与计量

4.1.1 社员收益的概念界定

4.1.1.1 收益的概念

收益的概念最早出现在经济学中。亚当·斯密在《国富论》中将收益定义为“那部分不侵蚀资本的可以消费的数额”，他把收益看作财富的增加。艾·马歇尔在《经济学原理》一书中，把亚当·斯密的“财富的增加”的收益观点引入企业，提出区分实体资本和增值收益的经济学收益思想。20世纪初，尔文·费雪进一步发展了经济收益理论，在《资本与收益的性质》一书中从收益的表现形式上分析了收益的概念，提出三种不同形态的收益：①精神收益，即精神上获得的满足；②实际收益，即物质财富的增加；③货币收益，即增加资产的货币价值。经济学中的收益侧重于研究实际收益。

4.1.1.2 农户收益的定义

根据收益概念的基本思想，农户收益是指农户在一定时期内的物质财富增加。在我国农村社会经济统计中，收益与纯收入的概念最密切。在收益分配统计中，纯收入是指在一定时间内（通常为一年），农村经济总收入扣除各项费用后的余额部分。本书关注的农户收益，是农户的农业生产经营收益，是指农户通过农业生产经营活动得到的物质财富增加，不包括农户的非农生产经营活动和其他经济活动带来的物质财富增加。本书关注的农户是市场经济中的农户。农产品的商品率相当高，农户只有通过市场才能实现收益，收益的表现形式是经济利益。因此，本书将农户收益定义为：在市场经济体制下，以家庭为生产单位，在一定时间内，农户通过农产品的生产经营活动获得的经济利益净流入，不包括农产品生产经营所耗费的成本。

4.1.1.3 花农收益的定义

花农收益的本质就是农户收益，根据农户收益的定义，本书将花农收益定义为：在市场经济体制下，以家庭为生产单位，在一定时间内，花农通过鲜切花的生产经营活动获得的经济利益流入，扣除鲜切花生产经营所耗费的成本所剩余的部分。

4.1.1.4 社员收益的定义

社员收益的本质就是花农收益。根据花农收益的定义，本书将社员收益定义为：在市场经济体制下，以家庭为生产单位，在一定时间内，花农合作社社员通过鲜切花的生产经营活动获得的经济利益流入，扣除鲜切花生产销售所耗费的成本所剩余的部分。

本书对社员收益的研究明确了以下五点：第一，社员是指市场经济中的农户，其收益的产生与实现都不能脱离市场，其生产经营活动以市场为基础；第二，社员农产品是完全商品化的，社员生产农产品的目的就是进行市场交易，与恰亚诺夫学派研究的农户不同，本书中的社员是最大收益的追求者，其生产经营行为目标遵循舒尔茨提出的理性小农原则；第三，社员以家庭为单位经营；第四，社员收益只是鲜切花生产经营活动产生的经济利益净流入，不包括社员的其他经济活动产生的经济利益净流入；第五，社员收益是经济利益的净流入，不包括鲜切花生产经营活动产生的成本。

4.1.2 社员收益的计量

4.1.2.1 社员收益的计算公式

根据社员收益的定义，理论上社员收益的计算公式如下：

社员收益=鲜切花交易价格×鲜切花交易数量-鲜切花成本

4.1.2.2 花农收益计量的难点

1）社员销售收入的计量

在使用计算公式时，应注意计量中度量区间的确定。从社员收益的计算公式来看，社员销售收入等于鲜切花出售价格与鲜切花出售数量的乘积。但是，在实际计量中，社员销售收入的统计工作量很大，且获得准确数值并不容易。鲜切花不同于稻谷之类的农产品，有明显的收获时间，一年仅为两次或三次。鲜切花的出花时间很多，而且周期较短，几乎每月都可以收获出售，甚至有的时候三到五天就可以出花，这种高销售频率导致销售收入统计的难度较大。此外，确定度量时间区间也十分重要。不同于稻谷之类的农产品可以储藏，进行大批量销售，鲜切花属于鲜活易腐农产品，一旦采摘下来，就要赶快进行销售，否则不仅无法获得好价格，甚至会由于销售时间耽搁导致品质下降而销售不出去。如果时间区间过短，由于社员生产周期的差异，有的社员处于出花高峰期，有的社员处于出花低谷期，那么所得数据将失去可比性。如果时间区间过长，销售次数太多，所得数据的准确性和可靠性将下降。按照社员的生产经营习惯和花农合作社的货款结算规律，本书将计量的时间区间定为一年。

2）鲜切花成本的计量

鲜切花成本是影响鲜切花收益的重要变量。花农作为自主经营、自负盈亏的生产者与经营者，按照商品经济的客观要求，以鲜切花销售收入抵偿自己在生产经营过程中所发生的各种耗费，并力争获得理想的收益。成本是商品生产所消耗掉的一切，具有消耗性、补偿性与核算的复杂性。本书中的成本是经济学范畴的成本，即在指定时间内，花农为了生产和销售鲜切花而产生的耗费。这些耗费包括生产经营活动中购置各种生产资料及销售鲜切花而支付的各种费用。基于花农活动的目标，本书将鲜切花成本分为生产成本和销售成本。

4.2　影响花农合作社社员收益的变量体系

4.2.1　社员收益的影响要素

4.2.1.1　社员的资源禀赋

土地流转、资金流动以及劳动力转移，都是影响农户生产经营活动的主要因素。土地流转对农业技术采纳的刺激作用依赖于农户土地禀赋和权属；资金流动对农业技术采纳的刺激作用依赖于农户的资本存量与技术门槛；劳动力转移对农业技术采纳的限制作用则依赖于农户的劳动力禀赋。社员资源禀赋不同，其生产决策和投入不同，生产收益也不同。田逸飘、张卫国

（2020）根据武陵山区特色农产品种植地区的建档贫困户调查数据，实证分析资源禀赋和参与能力对农户参与特色农业经营的影响，结果表明：人力资本、经济资本和自然资本禀赋对农户参与特色农业经营的影响具有显著差异；技能培训和家庭纯收入对农户参与特色农业经营有显著负向影响，而家庭存款和土地面积则对农户参与特色农业经营有显著正向影响；农户参与特色农业经营的决策行为具有显著的能力依赖特征，且主要体现在对客观能力的依赖；进一步对比不同能力水平农户的情况可以发现，资源禀赋对农户参与特色农业经营的影响并不会因其能力水平不同而产生较大的差异；农户的参与决策更加依赖自身的参与能力，但随着参与能力的提升，农户的依赖性会逐步减弱。鲜切花属于特色农产品，其生产经营风险高于粮食作物，花农对资源禀赋的敏感度更高。本书将社员资源禀赋划分为人力资本禀赋、经济资本禀赋和自然资本禀赋三类。人力资本禀赋是指社员的家庭劳动力数量、受教育程度和农业生产经验。经济资本禀赋是指社员的家庭自由生产要素，主要包括家庭承包土地、家庭自有生产工具和家庭自有住房。自然资本禀赋是指社员生产活动的自然条件和土地状态。

4.2.1.2 社员的生产要素投入

农户是追求家庭效用最大化的、部分参与市场的经济单位，其生产经营行为并不完全符合“经济人”的行为逻辑，而是取决于农户的类型（钟真、孔祥智，2013）。基于农户面对市场信号变动时采取的实际生产经营行为与市场配置资源的逻辑相一致的程度，可以将“农户市场化水平”作为区分当前农户类型的重要指标。花农合作社社员生产经营行为的目标是销售，其资源配置逻辑由鲜切花市场来调控。农户兼业收入已成为其家庭收入的重要组成部分，农户家庭会通过改变生产要素投入来实现家庭收入最大化。不少学者关注农户兼业行为对农业生产投入的影响。李庆、林光华等（2013）的研究结果表明：农民的兼业行为对家庭土地投入规模有显著负向影响，对家庭的机械使用量有显著正向影响，对生产资料的投入量有负向影响。花农合作社的一些社员也存在兼业行为，合作社的生产一体化服务弥补了社员劳动力投入不足的问题，使社员能够在相同生产要素投入下获得更高的农业生产收益。本书中的社员生产要素投入是指用于鲜切花生产的土地、资金和劳动力的投入情况。

4.2.1.3 合作社的服务能力

随着农业生产的现代化发展，必然会形成农民合作社。合作收益共赢只是农民合作社形成的前提条件，并不必然促使农民合作社的产生。小农户出于风险规避与技术扩散的考虑，具有加入合作组织的需求与倾向。不同类型的农业面临风险及技术特性不同，决定其风险规避和技术扩散的方式不同，合作社的股权结构、组织治理及运作模式也必然不同。从合作社基础要素来看，同类农产品集聚、普通农户、农村能人、村落文化、国家政策等是欠发达地区农民合作社存续的必要条件。根据内源式发展理论，农民合作社在发展价值取向上坚持经典原则和以社员为本的原则，在发展思路上依据资源禀赋特点选择组织类型、按照发展阶段完善组织治理，在发展路径选择上应大力发展内生型合作社、规范和约束外生型合作社。云南花农合作社天然具有目标益贫性、社员同质性、资源稀缺性、功能单一性等弱质性特征。它们通过降低资产专用性、降低交易不确定性、提高交易频率来降低社员的鲜切花生产经营费用，从而促使社员收益增加。

4.2.1.4　合作社的治理水平

农民合作社治理的核心是保障合作社利益分配机制的公平合理。利益分配机制是促使农业产业化组织稳定发展的关键制度安排，也是保障农民收入的重要内容。“核心成员控制”是当前中国农业产业化组织中普遍存在的现象。大量研究指出，核心成员控制会导致普通成员利益被忽视。但是，现实中却存在着部分核心成员让利于普通成员的事例。核心成员是否让利于普通成员取决于两者之间投入要素或产品的相对资产专用性程度。一方投入要素或产品的资产专用性越高，对另一方的依赖性越强，其谈判实力越弱，在农业产业化组织中分得的利益越少。云南花农合作社不断改善利益分配制度，兼顾了核心成员与普通成员的利益，两者所获利益差异主要是资源禀赋和生产要素投入造成的差距，而非成员身份地位差异导致的谈判实力差距。

4.2.2　社员收益的自变量及控制变量

4.2.2.1　实验变量

实验中主要涉及两种变量，即自变量和因变量，统称为实验变量。自变量就是在实验中由实验者操作的变量。因变量是指实验中被试对自变量操作的反应，即实验者的观察和记录会随着自变量的变化而变化。

4.2.2.2　控制变量

控制变量也称额外相关变量，指实验中除实验变量以外的影响实验变化和结果的潜在因素或条件。控制变量不是本实验所要研究的变量，所以又称无关变量、无关因子、非实验因素或非实验因子。只有将自变量以外一切能引起因变量变化的变量控制好，才能弄清实验中的因果关系。控制变量衍生到生活中的作用是控制一定影响因素从而得到真实的结果。

4.2.2.3 自变量与控制变量的关系

在研究中，自变量与控制变量是动态的及相对的，不是固定的。当因变量的影响因素众多时，如果所有影响因素同时变化，那么我们很难发现因变量的改变到底是哪一个因素的变动引起的，且无法判断各影响因素产生影响的大小。在这种情况下，理想的做法是：只让其中一个因素改变，其他因素不变。在这个分析过程中，允许发生改变的那个因素为自变量，其余影响因素为控制变量。

4.2.2.4 社员收益的自变量

社员收益的重要影响因素都是社员收益的实验变量。根据研究目的不同，分析各影响要素对社员收益的影响，其中一个因素为自变量，其余因素为控制变量。基于社员收益的文献梳理和理论分析，本书认为社员收益的重要影响因素主要有四个：社员资源禀赋、社员生产要素投入、合作社服务能力及合作社治理水平。

4.2.2.5 社员收益的控制变量

社员收益的影响因素众多。如果这些因素同时改变，则无法判断社员收益变化主要是由哪个因素的变动引起的以及各因素的影响程度。假如当前需要研究社员土地投入量对社员收益的影响，那么社员收益为因变量，土地投入量为自变量，而影响社员收益的其他要素（如社员资金投入量、社员劳动力投入量、合作社服务水平、合作社治理水平等）为控制变量。

4.2.3 社员收益的中介变量

4.2.3.1 中介变量的概念

1）中介变量的起源

1932 年，托尔曼为了弥补行为主义者华生的环境刺激（S）-行为反应（R）公式的不足，提出了中介变量的概念，强调要注意内部因素在行为中的作用。他认为，刺激与反应之间存在着一系列不能被直接观察到但可以根据引起行为的先行条件及最终行为结果推断出来的中介因素，这便是中介变量。把S-R理解为S-O-R，中介变量就是在O（有机体）内正在进行的活动。它是完全可以客观定义和计量的，能客观、精确地同一定的自变量和因变量联系起来。

2）中介变量的定义

经济学研究中普遍接受了Baron和Kenny对中介变量的定义。中介变量（mediator）是自变量对因变量发生影响的中介，是自变量对因变量产生影响的实质的、内在的原因。通俗地讲，自变量通过中介变量对因变量产生作用。

3）中介变量的作用原理

在图4.1中，c为X对Y的总效应，即$Y=cX+e1$。当X与Y之间只有一个中介变量M时，因为$M=aX+e2$，$Y=c1X+bM+e3$，所以$Y=(c1+ab)X+be2+e3$，则$c=c1+ab$。

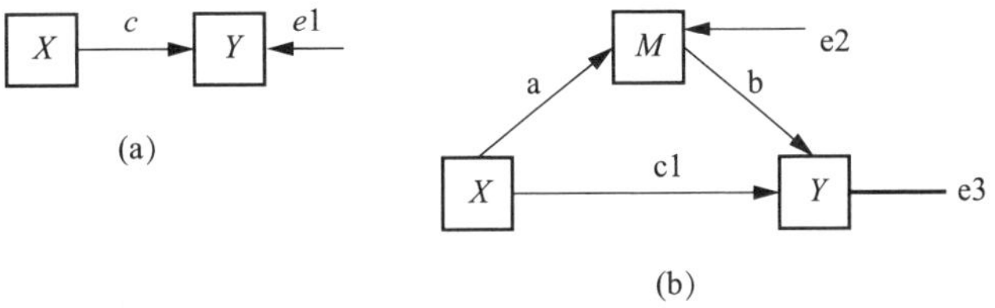

图4.1 中介变量的作用原理

4）中介变量的选择标准

本书选择用中介变量来分析合作社与社员收益的关系，进而描述合作社增加社员收益的整个过程，揭示合作社增加社员收益的内部路径。为了实现这个目标，本书确定了以下三个花农合作社影响社员收益中介变量的选择标准：第一，可测性，即该变量能够被比较精确地测度与统计。第二，相关性，即该变量与社员收益有着紧密的关联性，能够直接影响社员变量。第三，可控性，即该变量在社员生产经营过程中具有可控性，能够协助我们找到社员收益增加的路径。

4.2.3.2 社员收益中介变量的构成

鲜切花产量、鲜切花交易价格、鲜切花生产成本和鲜切花销售成本是社员收益计量的自变量，它们的数值共同决定了社员收益的数值。鲜切花的质量与其产量、交易价格、生产成本和销售成本息息相关，而且不少研究肯定了鲜切花质量对花农收益的重要影响。在生产经营过程中，一般使用A级花与 B 级花产量在总产量中的占比来描述鲜切花的质量，这也是花农比较关心的指标之一。A 级花与 B 级花的产量占总产量的比例一般为 50%左右，但是其销售收入常常超过花农总销售收入的 70%。因此，本书将鲜切花产量、鲜切花交易价格、鲜切花生产成本、鲜切花销售成本和鲜切花质量作为花农合作社增加社员收益的中介变量。

1）鲜切花产量

社员投入的结果主要表现为鲜切花的产量与质量，其中鲜切花的产量是一个很重要的方面。鲜切花产量是鲜切花生产与经营中的重要变量，它的变动不仅直接影响社员收益，而且会通过价格与成本来间接影响社员收益。因此，鲜切花的产量对社员收益既有直接影响又有间接影响，是社员收益分析中的基础变量。社员投入生产要素的数量与结构是决定鲜切花产量的关键，但是鲜切花产量的影响因素很复杂，不仅包括社员投入，还包括自然因素、技术水平、社员种植行为的相互影响等。

2）鲜切花交易价格

鲜切花交易价格是鲜切花销售收入的重要变量，其变动不仅直接影响花农收益，而且可以通过交易成本来间接影响花农收益。一般来说，在鲜切花质量与供求关系一定的条件下，花农要获得更高的交易价格，需要付出更高的交易成本。鲜切花交易价格具有以下特性：第一，非统一性。在现货市场上，不同的品质、不同的交易地区，甚至地区间不同的消费习惯、交易习惯，都会产生不同的价格。第二，非公开性和非竞争性。除了昆明花拍中心的鲜切花采用拍卖制，大部分鲜切花价格的形成是一对一谈判的结果，容易出现局部的垄断势力，使小生产者利益受损。第三，非代表性和非权威性。由于鲜切花价格形成机制的局限，农产品市场上同一种商品的价格也可能存在较大差异，并且这些价格中没有一个具有代表性和权威性，部分价格信号可能失真，甚至让花农感到无所适从。

3）鲜切花生产成本

本书中的成本属于经济学范畴，是商品价值的组成部分。经济学与会计学中的成本不同，经济学关心的是活动中的所有耗费，而会计学关心的是活动中耗费资源的货币表现形式，即活动中的各种直接与间接费用。在会计学中，生产成本是生产者为生产产品或提供劳务而发生的各项生产费用，包括各项直接支出和制造费用，其中制造费用是指为生产产品或提供劳务而发生的各项间接费用。本书将鲜切花生产成本定义为：社员以家庭为生产单位，在一定时间内，为了进行鲜切花生产而发生的耗费。因此，本书中的鲜切花生产成本不仅包括会计计量的以货币形式表现的生产成本，而且包括寻找供应商、收集生产资料价格信息等为实现采购交易而付出的在鲜切花生产环节发生的所有交易成本。

4）鲜切花的销售成本

本书将鲜切花销售成本定义为：花农以家庭为经营单位，在一定时间内，为了实现鲜切花的销售而发生的耗费。基于销售成本的度量难度，本书将销售成本分为销售费用与交易成本。其中，鲜切花销售费用是指花农为了实现鲜切花销售的货币支出，是销售成本中便于用货币形式计量的那部分成本，与会计学中的销售成本一致；鲜切花交易成本是指实现鲜切花销售的非货币耗费，与交易成本理论中的交易成本概念一致。

5）鲜切花的质量

鲜切花质量是社员投入结果的另一个方面。鲜切花质量是鲜切花生产与经营中的重要变量，其变动会通过价格与成本影响社员收益。同时，鲜切花的质量和产量又会相互影响。当社员的投入、技术、自然环境等处于确定状态时，产量与质量存在一定的替代关系。产量增加常常会使质量下降，质量提高也常常会限制产量增加。质量的定义很多，不同的定义侧重于质量的不同方面。在经济学中，质量可以表述为满足用户需要的程度。农产品质量是指农产品适合一定的用途，满足人们需要所具备的特点和特性的总和，即农产品的适用性。农产品的适用性包括内在特性（如产品的结构、物理性能、化学成分、可靠性、精度、纯度等），也包括产品的外在特性（如形状、外观、色泽、气味、包装等），以及其他方面的特性（如污染）。根据农产品的不同特性，可以区分产品的用途，满足人们的不同需要。农产品的特性可以概括为适用性、可靠性、安全性、寿命及经济性等。农产品质量标准是指为保证农产品的质量达到一定水平而制定的一系列规定。为了便于销售，一般根据鲜切花的整体感、花型、颜色、枝干等，将其分为 A、B、C、D、E 五个等级。

鲜切花的质量越高，在市场上的售价便会越高，或者占有的市场份额就越大，从而收入也会有大幅度的增加。但是，在其他条件不变的情况下，质量越高，生产成本就越高。只有当由于质量提高而增加的收入能够补偿由提高质量水平所付出的生产成本时，收益才会增加。然而在市场上，消费者的目标是以尽可能低的价格获取较为满意的产品，消费者对价格的敏感与市场的价格竞争限制了价格上升的空间，从而产生产品质量剩余现象。从生产者角度来看，如果由于提高产品质量而增加成本的幅度大于其引起的价格上升的幅度及市场份额增加的幅度，那么质量提高将会引起生产者收益的减少。从消费者角度看，这种质量剩余表现为产品质量超过了消费者对产品质量的需求程度，即消费者没有能力接受由于质量提高而达到的产品价格水平。由于大多数消费者追求的是性能与价格的平衡，生产者必须根据质量与生产成本、价格之间的关系来选择质量水平。

4.2.4 社员收益的边际分析

边际分析是微观经济学的基本分析方法，即通过对函数的一个自变量求导，得到当其他变量与条件不变时，该自变量变动对因变量的影响。

4.2.4.1 交易价格

为了简化分析，假设交易价格与产量、生产成本、销售成本两两独立，即交易价格对产量、生产成本与销售成本没有影响。

对社员收益计算公式 $R=P\times Q-PC-SC$（R 为收益，P 为价格，Q 为产量，PC 为生产成本，SC 为销售成本）求交易价格的偏导数：

$$\frac{\partial R}{\partial P}=Q$$

从社员收益的交易价格偏导数来看，在交易价格对产量、生产成本与销售成本没有影响的假设条件下，交易价格的社员收益边际改变量为产量 Q，即交易价格增加一个单位，社员收益将增加 Q 个单位。

4.2.4.2 生产成本

为了简化分析，假设生产成本与交易价格相互独立，生产成本与销售成本相互独立，产量是生产成本的函数。将产量函数代入社员收益计算公式，得到以生产成本为自变量的社员收益复合函数：

$$R=P\times Q(PC)-PC-SC$$

对社员收益复合函数求生产成本的偏导数，得到：

$$\frac{\partial R}{\partial PC}=P\times\frac{\partial Q}{\partial PC}-1$$

从社员收益的生产成本偏导数来看，生产成本的边际社员收益取决于交易价格与生产成本边际产量的乘积。

4.2.4.3　销售成本

为了简化分析，假设销售成本与产量相互独立，销售成本与生产成本相互独立。在委托合作社或花卉公司销售情况下，代理销售服务价格是给定的，即销售成本与产量的关系是给定的比例关系：$\frac{SC}{Q}=D$。将该比例关系式代入社员收益计算公式，得到以销售成本为自变量的社员收益复合函数：$R=P\times\frac{SC}{D}-PC-SC$。其中，$D$ 为代理销售服务的定价。对社员收益复合函数求生产成本的偏导数，得到：$\frac{\partial R}{\partial SC}=\frac{P}{D}-1$。

从社员收益的销售成本偏导数来看，销售成本的边际社员收益取决于交易价格与代理销售服务价格的比值。

4.2.4.4　产量

将交易价格、生产成本与销售成本函数代入社员收益计算公式，得到以产量为自变量的社员收益复合函数：

$$R=P(Q)\times Q-PC(Q)-D\times Q$$

由社员收益复合函数可得到社员收益对产量的偏导数：

$$\frac{\partial R}{\partial Q}=P(Q)+Q\times\frac{\partial P}{\partial Q}-\frac{\partial PC}{\partial Q}-D$$

由社员收益对产量的偏导数可知，产量变动引起的社员收益变动取决于下列因素：该时点的社员产量、市场价格、交易价格对产量的偏导数、生产成本对产量的偏导数、代理销售服务价格。根据社员收益计算公式，当提高产量增加的收入 $P(Q)+Q\frac{\partial P}{\partial Q}$大于提高产量增加的成本$\frac{\partial PC}{\partial Q}+D$ 时，产量的边际收益大于零，提高产量将增加收益。

4.2.4.5　质量

为了简化分析，假设质量与产量相互独立。将交易价格、生产成本与销售成本函数代入社员收益计算公式，得到以质量为自变量的社员收益复合函数：

$$R=P(QU)\times Q-PC(QU)-D\times Q$$

其中，QU 为产品质量。

由社员收益复合函数可得出社员收益对质量的偏导数：

$$\frac{\partial R}{\partial QU}=Q\frac{\partial P}{\partial QU}-\frac{\partial PC}{\partial QU}$$

从社员收益对质量的偏导数可知，质量变动引起的社员收益变动取决于下列因素：该时点的社员产量、交易价格对质量的偏导数、生产成本对质量的偏导数。由社员收益计算公式可知，当提高质量增加的收入$Q\frac{\partial P}{\partial QU}$大于提高质量增加的成本$\frac{\partial PC}{\partial QU}$时，质量的边际收益大于零，提高质量将增加收益。

4.3 花农合作社增加社员收益的基本原理

4.3.1 花农合作社增加社员收益的主要原因

花农收益是花农生产经营行为的结果。虽然社员收益属于花农收益，具有花农收益的所有属性，但是社员是参加了花农合作社的花农，社员收益具有不同于花农收益的属性，这些属性产生的原因是社员接受了花农合作社的服务。花农合作社通过提供服务来影响社员的生产经营行为，改变社员生产经营行为对应的经济变量，引起社员收益中介变量的改变，最终带来社员收益的改变。

4.3.1.1 提高社员生产效率

首先，花农合作社细化了社员鲜切花生产活动的分工，让社员享受到了分工带来的效率。经济理论表明，分工与合作对农户收入增加有重要作用，但农户在参与农业分工和加入农民合作社时存在自选择行为。刘自敏、杨丹（2014）基于2010年中国6省农户的微观调查数据，构建Treatment Effects模型分析分工与合作对农户农业收入的影响，结果表明：在处理了自选择行为产生的内生性问题之后，农户参与农业分工、加入农民合作社对农户的农业收入有显著的正向影响。其次，花农合作社通过农机服务或整耕服务提高社员的机械化水平，解决了社员劳动力投入不足的难题。吴天龙、刘同山（2015）对黑龙江省克山县仁发农机合作社的成长历程、经营效果、成功经验和存在问题进行了分析，发现：农民合作社不仅能够扩大土地经营规模、提高土地经营效益、提升农业机械化水平，还可以改善农田水利设施状况、完善区域农业服务体系。此外，花农合作社通过生产服务和技术指导提高了社员种植的标准化和技术水平，帮助社员提高鲜切花产量和质量，从而促进社员收益增加。农业标准化生产是实现农业现代化的关键，农民合作社实施标准化生产对社员有显著的增收效应。刘浩、刘宇荧（2021）从标准化生产角度考察农民合作社的增收效应，基于四川省 18 个区县 507 位成员农户的调查数据进行分析，结果表明：与非采纳农户相比，采纳农民合作社标准化生产服务的农户农业收入显著提高。花农合作社的生产服务、技术指导和生产标准化可以促进社员增收。

4.3.1.2　增强社员生产经营活动的市场势力

农民合作社的议价权和自生能力是影响其经济绩效的两个关键因素，在农产品供求关系、内外部规模和产业链环节的市场结构方面占有议价权优势的合作社，提高社员经济绩效的概率更高（王图展，2016）。市场势力也称市场权利，是指卖方或买方不适当地影响商品价格的能力。市场势力的拥有者可以降低甚至不受竞争的限制，获得高于正常情况的收益。花农合作社通过提高社员组织化程度，在采购生产资料和销售鲜切花两个方面获得了量的优势，不仅可以享受规模化带来的经济收益，而且可以获得更大的市场交易话语权，抵制和防止交易对手拥有市场势力而获得不适当的价格，从而保障和增加社员的收益。在采购生产资料方面，花农合作社由于有了量的优势，能够获得更大的价格谈判权、更低的价格和更好的服务。在鲜切花销售方面，花农合作社实现了鲜切花销售的集中，便于降低包装和物流成本，同时可以拥有更大的销售机会和更好的销售平台，更容易获得更好的销售价格。

4.3.1.3　降低社员生产经营活动的交易成本

交易的不确定性对农户参与农民合作社意愿具有重要影响。葛廷进、朱海东等（2021）以新疆生产建设兵团第五师 87 团制种玉米种植农户为调查对象，探讨交易不确定性对农户参与农民合作社意愿的影响，结果表明：农户个体差异、种植规模、是否了解农产品往年价格、对了解农产品信息渠道的信任程度等不确定因素，对制种玉米种植户参与合作社意愿具有显著影响。花农合作社可以从品种选择和销售渠道两方面有效避免农户市场信息的不对称，降低交易不确定性对社员交易成本的冲击。花农合作社利用市场优势，可以有效降低生产资料采购和鲜切花销售的成本，提升社员对合作社的依赖程度。

4.3.1.4　协助社员分享鲜切花供应链的收益

农民合作社作为农户与市场对接的基本组织载体，能够帮助社员融入农产品供应链，从而增加社员收入。姜天瑞、张一豪等（2017）实证分析了农民合作社融入供应链对农户收入的影响，结果表明：农民合作社融入农产品供应链对农民收入影响显著，农民合作社能够确保社员参与产业链的利益分配，使社员分享专业化生产带来的利益增值。花农合作社融入鲜切花供应链，成为其中重要的一环，不仅可以提高鲜切花的产量、质量及价格，而且可以降低鲜切花的生产成本、流通成本及销售成本，使社员享受到鲜切花供应链的更多收益。

4.3.1.5 花农合作社增加社员收益的载体

根据花农合作社对社员收益影响的基本原理，花农合作社增加社员收益的载体为花农合作社业务，即花农合作社向社员提供的各种服务。虽然云南花农合作社对社员生产经营行为的影响与约束不同，但是其业务构成基本一致，主要为生产资料供应业务、种植技术与生产标准指导业务及代理销售业务三项。

1）生产资料供应业务

第一，种苗业务能提高社员采购的组织化程度，使其获得价格更低、质量更有保障的种苗，减少种苗费用。

第二，化肥业务会提高社员采购的组织化程度，有利于社员获得价格更低、质量更有保障的化肥，减少化肥费用。

第三，农药业务有利于降低社员的农药使用量，使社员获得价格更低、质量更有保障的农药，减少农药费用。

2）种植技术与生产标准指导业务

种植技术与生产标准指导业务能够使社员的种植行为更科学、更规范，提高社员的种植效率，进而提高鲜切花的产量与质量。

3）代理销售业务

代理销售业务是花农合作社业务中最重要的业务，该业务水平是评价花农合作社服务能力最重要的指标，也是花农是否选择参加合作社的依据。该业务可以提高社员销售鲜切花的组织化程度，从而通过提高市场谈判地位来提高交易价格。

4.3.2 花农合作社增加社员收益的路径

根据花农合作社对社员收益影响的基本原理，花农合作社增加社员收益的影响路径为花农生产经营行为。农民合作社可以降低农业生产成本，实现农业生产的规范化和专业化管理（张俊娥、王东，2019）。在微观经济理论框架下，本书将花农生产经营行为定义为：花农为了实现一定的生产经营目标而进行的一系列生产经营活动的集合。在研究中，选取花农生产经营中最重要的四项活动作为花农生产经营行为集合的元素：鲜切花品种选择、生产资料采购、鲜切花种植和鲜切花销售。

4.3.2.1 鲜切花品种选择

鲜切花品种选择属于生产经营投入的范畴。鲜切花品种是鲜切花生产的基础要素，不仅决定了投入生产资料的数量与结构，而且决定了鲜切花的基本产量、质量和市场价格。鲜切花品种选择不仅是花农生产的第一步，而且是对花农收益影响最大的一项抉择。如果鲜切花品种不适应市场需求，那么生产出来的鲜切花就不能以令人满意的价格销售出去，就会造成花农的巨大损失。如果鲜切花品种与土质、气候等条件不适应，那么鲜切花的产量与质量就会下降，导致花农收益减少。

4.3.2.2 生产资料采购

生产资料采购是鲜切花生产阶段花农与市场联系较为紧密的环节，花农使用的种苗、农膜、化肥和农药大多来自市场。现代农业规模经营不仅包括农业内部规模经营，还包括农业外部规模经营。所谓农业外部规模经营，是指通过各种农业组织（如农民合作社、农民协会等）和社会化服务体系，为农户提供产前、产中和产后服务，其服务内容包括向农户提供合乎品质标准、价格合理的生产资料、技术培训以及产品销售等。生产资料采购是花农合作社提高农业外部规模经营的重要内容，可以通过降低生产成本来增加花农收益。此外，农民合作社还是保障农产品质量安全的有效载体。张永强、王珧等（2018）对黑龙江省仁发农机专业合作社进行了个案研究，从生产和流通两个维度探讨农民合作社保障农产品质量安全的作用机理，结果表明：一方面，农民合作社可以通过良种采购、合理施肥、机械采收等措施，在生产环节保障农产品质量安全；另一方面，农民合作社也能通过订单化生产销售、农产品初加工等方式在流通环节保障农产品质量安全。花农合作社通过良种采购、合理施肥、技术指导等措施，在生产环节为提高鲜切花质量提供保障。

4.3.2.3 鲜切花种植

鲜切花种植主要包括技术行为和生产标准采用行为两个方面。技术行为是指社员在种植鲜切花过程中学习与使用种植技术的活动。提高种植技术，可以降低鲜切花生产风险，保证鲜切花的产量与质量水平。生产标准采用行为是指社员在种植鲜切花过程中按照生产标准开展与调节种植活动。在云南鲜切花种植中，生产标准对鲜切花的采摘影响最大。在采摘过程中，生产标准对花、茎、叶的比例，茎的长度，以及花苞大小都有严格要求。如果没有按照生产标准采摘，鲜切花的质量等级会受到很大影响，甚至进入不了批发市场。

4.3.2.4 鲜切花销售

刘同山、孔祥智（2019）从生产、销售两个方面分析了加入合作社对家庭农场绩效的影响，研究结果表明：加入合作社能够提升家庭农场人均净收益和亩均净收益，对农场创新销售渠道、增加销售收入和提高作物亩产有显著的正向作用。鲜切花销售是实现花农收益的核心环节，是农户与市场对接的关键。鲜切花销售中最重要的活动是鲜切花销售渠道选择。鲜切花的销售渠道不同，销售成本与交易价格也会不同。因此，在鲜切花产量、质量及市场供求关系相同的情况下，不同的销售渠道抉择会带来不同的花农收益。云南花农的基本销售渠道有自行去批发市场销售、委托合作社销售、委托花卉公司销售三种。

4.3.3 花农合作社社员收益影响因素的测度指标体系

花农合作社增加社员收益机制描述合作社增加社员收益整个过程的产生、传导与结果。社员收益取决于花农合作社与社员的生产经营资源、条件与能力。机制基本要素与机制之间的关系就像函数自变量取值与函数值之间的关系，函数表示的是各个自变量之间的关系，不能决定函数值到底是多少。同理，花农合作社增加社员收益机制是合作社业务、社员生产经营行为、中介变量与社员收益之间的关系，不能决定合作社增加社员收益的结果。因此，研究中不仅要分析机制的结构，还要分析机制的基本要素。本书从两个方面提出花农合作社增加社员收益机制的基本要素：一是花农合作社的生产经营资源与能力，主要包括合作社服务能力与契约关系；二是社员的生产经营资源与能力，主要为社员鲜切花生产经营的资源禀赋。

4.3.3.1 基于合作社视角的实验变量体系

农民合作社能使农户获得更好的生产技术和服务，并且使农户在生产中采用更加安全的生产方式。不同的合作社对农户的增收效果是不同的，造成差异的原因是合作社本身的原则和为社员提供的服务。农民合作社主要通过为农户提供各种服务来影响农户收入，合作社为农户提供的服务主要涉及技术和销售两个方面。合作社在产后销售方面提供服务质量的优劣决定了农户增收效果的好坏。本书从服务能力方面提出基于花农合作社视角的影响机制基本要素。

1）花农合作社服务能力的影响要素

花农合作社服务能力是指花农合作社提供业务的能力，主要取决于合作社的基本特征与服务机制。

（1）合作社的基本特征

合作社的基本特征是形成合作社服务能力差异的基本原因。根据相关研究，本书用合作社规模、成立年限及商标知名度来描述。

（2）合作社的服务机制

合作社的服务机制是指花农合作社向社员提供服务时的制度安排，主要包括合作社与社员签订的契约、合作社服务的定价、货款结算与盈余返还。云南花农合作社与社员的契约关系，主要通过入社协议与购销协议建立。在实地调查中，花农合作社的入社协议对社员的要求主要体现在品种选择、种苗购买、化肥农药购买、生产标准使用、种植技术采用与销售渠道六个方面。

2）合作社服务能力影响因素的指标体系

这里从合作社视角来探讨社员收益的影响因素。通过对社员进行问卷调查，可得到合作社本身及其服务能力的相关信息，因此在设计指标时没有采用合作社经营服务性收入总额、年纯盈余与在册社员户数等工商部分统计专业指标，而是采用社员关心且熟知的指标。同时，本书不执着于数据的精确性，而是尽量把指标类型设定为可以反映差异对比的有序离散型，既便于社员回答问卷，又可以得到反映实际情况的数据。

（1）合作社基本特征的指标体系

合作社基本特征的指标体系见表 4. 3. 1。

表 4. 3. 1　合作社基本特征的指标体系

指标名称	指标类型	符号	取值
社员规模	有序离散型	Z1	10 户以下 = 1；10 ~ 30 户 = 2；30 ~ 60 户 = 3；60 户以上 = 4
成立年限	有序离散型	Z2	1 年以下 = 1；1 ~ 3 年 = 2；3 ~ 5 年 = 3；5 年以上 = 4
商品知名度	有序离散型	Z3	知名度很小 = 1；有一点知名度 = 2；比较有知名度 = 3；较高知名度 = 4；高知名度 = 5

（2）合作社服务机制的指标体系

合作社服务机制的指标体系见表 4.3.2。

表 4.3.2 合作社服务机制的指标体系

指标名称	指标类型	符号	取值
品种约束	有序离散型	KCS	0=没有约束；1=有要求；2=严格要求
种苗购买约束	有序离散型	DCS	0=没有约束；1=有要求；2=严格要求
种植技术指导服务	有序离散型	CCT	1=不满意；2=有点不满意；3=比较满意；4=很满意
生产标准指导服务	有序离散型	CPS	1=不满意；2=有点不满意；3=比较满意；4=很满意
种苗技术指导	有序离散型	SDT	0=没有；1=较差；2=一般；3=较好；4=好
种苗质量水平	有序离散型	SDQ	1=较差；2=一般；3=较好；4=好
种苗价格	有序离散型	SDP	0=低于市场价格；1=与市场价格相同；2=高于市场价格
化肥技术指导	有序离散型	FET	0=没有；1=较差；2=一般；3=较好；4=好
化肥质量水平	有序离散型	FEQ	1=较差；2=一般；3=较好；4=好
化肥价格	有序离散型	FEP	0=低于市场价格；1=与市场价格相同；2=高于市场价格
农药技术指导	有序离散型	DET	0=没有；1=较差；2=一般；3=较好；4=好
农药质量水平	有序离散型	DEQ	1=较差；2=一般；3=较好；4=好
农药价格	有序离散型	DEP	0=低于市场价格；1=与市场价格相同；2=高于市场价格
销售服务评价	有序离散型	SSA	0=非常不满意；1=不太满意；2=还可以；3=比较满意；4=非常满意
盈余返还金额	数值型	SUR	合作社社员大会结束后，向社员返还盈余的金额

4.3.3.2 基于农户视角的实验变量体系

不少研究发现，加入合作社能够增加农户收益。薛凤蕊等（2012）运用 DID 模型对内蒙古鄂尔多斯市加入和未加入土地合作社的农户收入情况进行了分析，结果表明：农牧民年龄与人均纯收入、种植业收入负相关，与畜牧业收入正相关；农业劳动力比例与人均纯收入和人均种植业收入正相关；耕地面积与人均纯收入、人均种植业收入、人均畜牧业收入均呈显著的正相关关系。

影响农民增收因素的主要观点有：资源禀赋不足论、城乡二元结构论、农民权益缺陷说、农村劳动力剩余说、市场化进程缓慢说、农村公共产品供给不足说、思想观念落后说、农业结构调整滞后说、制度性阻碍说、技术进步负面影响说、发展阶段论与综合因素论。在这些观点中，从农户视角出发的主要有资源禀赋不足论和思想观念落后说。由于农户的思想观念与教育程度、生产经营经验、社会资源网络密切相关，而且思想观念可以说是农户人力资本的一部分。改革开放以来，虽然农户的生产销售权与生产经营方式发生了重大变化，但是绝大部分农户所拥有的资源禀赋，如土地资源、水资源、资金、技术等仍然未有根本性的变化，农户的扩大再生产面临着资源禀赋约束的难题。在短期内不能迅速改变自身资源禀赋的情况下，农户必然会通过调整自身生产经营组织方式来达到收益的最大化。因此，本书基于资源禀赋提出基于农户视角的影响机制基本要素。

1）农户资源禀赋的概念

资源禀赋的概念最早出现在比较成本优势的分析中。瑞典经济学家赫克歇尔和俄林为了解释李嘉图比较优势理论，提出了资源禀赋学说，用来解释各国生产参与国际贸易交换的商品具有比较成本优势的原因。资源禀赋又称要素禀赋，是指一国拥有各种生产要素，包括劳动力、资本、土地、技术等的丰歉情况。如果一国的某种要素禀赋由于供给所占比例大于别国同种要素的供给比例，造成本国该种要素价格相对低于别国同种要素的价格，则称该国的这种要素相对丰裕；反之，该国的这种要素相对稀缺。胡初枝等（2008）将农户资源禀赋界定为农户家庭成员及整个家庭所拥有的包括天然所有的及后天所获得的资源和能力，以及家庭成员的年龄、受教育程度、经历、信息资源、社会网络、家庭位置、经济状况、经济环境等。根据资源的属性特征及相关研究，本书将农户资源禀赋分为自然资源、劳动力资源、人力资本资源、社会网络资源及家庭财富资源五大部分。

（1）自然资源

自然资源包括土地、农业生产用水及气候等自然环境要素。云南鲜切花主产区的气候比较接近，常年温暖，适宜鲜切花生产，而且都为传统农业生产大县（区），农业生产供水设施也比较完善，因此本书没有将农业生产用水与气候作为考察指标。由于花农家庭承包的土地面积存在较大差异，本书将土地面积作为自然资源的一个考察指标。这里考察的土地面积，是指花农实际种植的土地面积，包括其租赁来用于生产的土地，不是仅指花农通过家庭联产承包责任制获得的土地面积。农户种植土地的自然环境也决定了农户种植的区域。农户种植区域与专业市场的距离是影响鲜切花运输成本的重要参数，因此本书将种植土地与专业市场的距离也作为自然资源的一个考察指标。

（2）劳动力资源

本书中的劳动力资源，主要是指参与鲜切花生产经营的花农家庭劳动力，不包括花农家庭的外出打工劳动力，也不包括花农雇用的从事鲜切花生产的劳动力，其描述指标为农业劳动力人数与平均年龄。

（3）人力资本资源

人力资本通常是指通过人的行为积累与产生的资本，即生产者接受的教育与职业培训等，表现为蕴含于人身上的各种生产知识、劳动与管理技能，以及健康素质的存量总和。户主是花农生产经营的主要决策者与组织者，本书用户主的人力资本状况代表整户花农的人力资本状况。受教育程度是影响生产者知识与技能的重要因素，用受教育年限来度量。本书选取户主的年龄、受教育年限与健康状况来描述花农家庭的人力资本资源。

（4）社会网络资源

我国农户生产经营中存在明显的熟人效应，即农业生产经营中所需的重要信息，如农产品的销售价格、生产资料的购买价格、销售农产品渠道与购买生产资料渠道等，大部分是通过农村中农户之间的人际网络传递的。人际网络不仅传递生产经营所需的各种重要信息，而且传递种植经验与技术，是农户生产经营中不可或缺的资源。由于社会网络主要是依靠亲戚与朋友构建起来的，本书用种植同一品种的亲朋好友人数这一指标来描述花农的社会网络资源。具有自行销售经验的农户在销售过程中拥有更多的销售经验，认识更多的鲜切花经纪人与花卉批发企业，社会网络资源更丰富，因而本书将自行销售经验作为考察社会网络资源的一个指标。此外，自行销售鲜切花的花农网络资源积累越多，销售经验越多，社会网络资源也就越丰富，因而本书将销售经验和种植鲜切花年限作为考察社会网络资源的指标。

（5）家庭财富资源

鲜切花的生产经营离不开资金的投入，资金是鲜切花的生产要素之一。家庭财富资源是花农资金的来源，反映了花农资金投入能力的差异性。农业生产性固定资产主要是指农业生产的硬件设施及农机设备，需要较大的资金投入，不仅能反映花农的生产条件与技术水平，而且能反映花农的财富水平。因此，本书选择花农的农业生产性固定资产这一指标来描述花农的家庭财富资源。由于云南鲜切花主产区气候常年在 10 摄氏度以上，而且日照充足，花农一般不使用加热供暖设施。云南花农种植鲜切花的大棚一般为竹制大棚，造价大约为每亩 4000 元；生产条件好与技术水平高的花农会选择钢制大棚，造价大约为每亩 1 万元。花农运输鲜切花的工具一般为普通微型车，其费用为 2 万~3 万元。

2）社员资源禀赋的指标体系（见表4.3.3）

从农户资源禀赋的定义来看，资源禀赋强调的是相对性，使用资源禀赋理论分析问题时，不需要关注资源的实际拥有量，只需要关注资源是相对丰富还是相对稀缺。本书在度量社员资源禀赋时，对一些指标采用了级别取值方法，如组织者健康状况、种植同一品种的亲朋好友人数、自行销售鲜切花经验与农业生产性固定资产等。

表4.3.3　社员资源禀赋的指标体系

指标名称	描述与取值
种植面积 SS	农户种植的实际面积，包括租赁土地，单位为亩
市场距离 X2	农户种植土地与专业批发市场（斗南县）的距离，单位为公里
农业劳动力个数 X3	农户家庭参加农业劳动的人数（具有参加种植劳动能力的家庭成员），单位为个
农业劳动力年龄 X4	农户家庭参与农业劳动力（具有参加种植劳动能力的家庭成员）的平均年龄，单位为岁
组织者年龄 X5	农户家庭生产决策与组织者的年龄，单位为岁
组织者受教育年限 X6	农户家庭生产决策与组织者接受教育的年限，单位为年
组织者健康状况 X7	农户家庭生产决策与组织者的健康水平（良好=5，较好=4，一般=3，较差=2，差=1）
种植同一品种的亲朋好友人数 X8	种植同一品种亲朋好友的人数（很多=5，较多=4，一般=3，较少=2，少=1）
自行销售鲜切花经验 X9	农户自行销售鲜切花的经验（5年以上=4，3~5年=3，1~3年=2，1年以下=1，没有=0）
种植鲜切花年限 X10	花农种植鲜切花的年限
农业生产性固定资产 X11	农业生产性固定资产主要包括农业生产的硬件设施、农机设备与运输工具（8万元以上=4；5~8万元=3；3~5万元=2；3万元以下=1）

4.4　花农合作社增加社员收益的理论假说体系

4.4.1　基于生产资料供应业务的研究假说

4.4.1.1　改善品种、提高交易价格假说

1）花农品种选择的趋同性

（1）花农品种选择趋同性的概念

花农品种选择趋同性是指花农种植鲜切花的品种集中于一种或几种的现

象。例如，种植玫瑰的云南花农的品种高度集中在卡罗拉、黑魔术与影星三个品种上，这三个品种的供给量超过玫瑰总供给量的70%。

（2）花农品种选择行为趋同的原因

虽然农户在允许的条件下一般采用种植多个品种的方式来分散市场风险，但是不少研究发现，农户的品种选择行为具有与同地区农户趋同的倾向。本书将花农品种选择行为趋同的主要原因归纳为以下四点：

第一，种植技术与经验的传播。种植技术与经验是农业生产中的重要生产要素，对农产品的产量与质量有重要影响。云南的花农大多数是由菜农转变而来的，花农种植技术与经验的起源主要来自带头种花的种植能手。为了更快地掌握种植技术，花农常常会选择与自己身边种植能手一样的品种，以节约学习种植技术的成本。

第二，农村人际网络的“熟人”效应。花农生产经营的重要信息主要来自农村人际网络，因此鲜切花的品种信息、市场需求、价格行情等重要信息大多来自农户身边的“熟人”。由于信息获得的渠道趋同，花农得到品种选择的信息与建议也趋同，从而导致了品种选择行为的趋同。同时，很多花农有从众心理，认为“从众”可以获得更大的利益，同时降低风险。这也促使花农品种选择行为趋同。

第三，降低寻找买主的交易成本。农产品进入市场是农户生产经营中最重要的环节。现在的农业生产是需求导向型，市场交易的关键是寻找买家。如果一个地区某种农产品的生产具有一定规模，那么这个地区就容易吸引买家到当地采购，甚至由于买家的大量聚集而形成专业市场，从而大大降低当地农户进入市场的成本。因此，村干部与种植大户在引导花农选择品种时，常常建议花农选择与当地主要品种一致的品种。

第四，规避生产风险的动机。花农一旦熟悉与掌握了鲜切花某个品种的种植技术，就会倾向于不改变种植品种。因为改变种植品种，需要寻找新的种苗供应商、学习新的种植技术、寻找新的销售渠道，这往往会造成生产成本与销售成本的大幅增加，生产风险与销售风险也会随之增加。随着种植与经营经验的不断丰富，农户会由于惯性而不愿意改变品种，从而加深花农品种的趋同性。

（3）品种趋同性对鲜切花交易价格的影响

根据微观经济学价格理论，农产品价格是农产品供给与需求共同作用的结果。花农品种结构趋同会导致鲜切花市场品种结构出现倾斜，即某些品种的供给量占总供给量的比重很大。这种倾斜的鲜切花市场品种结构会增大市场价格风险，如果品种供给结构与需求结构不一致，比重偏大的鲜切花品种将会严重供大于求，市场价格急剧下降，从而导致花农收益的快速大幅下滑。

2）花农改变品种意愿的影响因素

（1）资源禀赋

资源禀赋是花农进行农业生产经营活动的基础，资源禀赋优势越大，花农抵抗与转移风险的能力越强。因此，资源禀赋的改善可以增强花农改变品种的意愿。

（2）生产经营经验

生产经营经验是花农提高生产经营能力的基础，生产经营经验越丰富，拥有的人脉资源越多，销售网络的风险越大，防范与化解风险的能力越强。因此，花农生产经营经验的增多可以增强花农改变品种的意愿。

（3）鲜切花市场价格

鲜切花市场价格是影响花农收益的关键要素。市场价格大幅下滑，即使产量增加，也很难增加收益，甚至会使花农损失严重。市场的过度竞争会加剧鲜切花市场价格的不稳定，并引起鲜切花价格下滑，增大花农的收益风险。因此，鲜切花市场价格的不稳定或下滑会增强花农改变品种的意愿。

（4）鲜切花的生产经营服务体系

鲜切花生产经营服务体系可以大幅减少花农的采购费用与销售费用，使其节约更多的时间与精力。在实地访谈中，不少花农认为，花农合作社与花卉公司减少了他们在采购与销售方面的工作量，使他们可以将更多的时间与精力投入到鲜切花的生产环节。因此，鲜切花的生产经营服务体系降低了花农的采购风险与销售风险，增强了花农改变品种的意愿。

3）云南花农合作社的品种调整效应

（1）云南鲜切花市场的品种需求

基于市场的远近与经济水平，云南鲜切花市场可以分为国外市场、国内一线市场、国内二线市场与本地邻近市场四种类型。国外市场对质量有很高的要求，一般仅采购A级花，销售旺季也采购部分B级花。国外市场偏爱与普通品种不同的鲜切花，特别是部分国内研发的新品种。国内一线市场对质量的要求也较高，主要采购A级花与B级花，很欢迎新品种。国内二线市场采购商的主要需求是普通品种，质量级别以B级与C级为主。本地邻近市场由于运输时间较短，对质量要求不高，一般采购C级花，以普通品种为主。

目前，在云南鲜切花市场上，新品种具有广阔的市场空间，新品种的 A 级花与 B 级花价格常常是普通品种 A 级花价格的两倍，质量较差的新品种的 C 级花可以获得与普通品种 A 级花相同的价格。

（2）云南鲜切花品种的现状

云南鲜切花产业的五个主要大品种是月季、康乃馨、非洲菊、百合和洋桔梗，这五个品种的种植面积超过云南鲜切花种植面积的 70%。其中，月季的种植面积最大，其产量与产值也位居五个品种之首。目前，市场上流行的月季品种有近百个，其中规模化种植的品种有 30 余个，“老三样”（黑魔术、卡罗拉和影星）占主导地位，种植地以晋宁区昆阳镇、嵩明县以及红河州泸西县、建水县等为主，“新四样”（维西利亚、假日公主、玛丽亚和芬得拉）的需求量越来越大，种植地以通海县及其周边地区为主。

云南生产的月季品种以“老三样”为主，但是新品种明显增多，色系也越来越丰富，除了红、黄、白、橘黄和粉红色五大流行色系外，还出现了一大批复色月季品种。市场畅销的新品种，每枝售价不低于 2 元。云南诸多专业生产月季的花卉企业和花卉科研院所，加大了引种和新品研发力度，不断调整月季品种结构，适应了国际大市场品种更新速度快的需求。目前，有一定生产规模的月季新品种有樱桃白兰地、自由、舞后与召唤等 30 多个，处于推广和试种阶段或准备上市销售的新品种也有上百个。通海丽都公司从荷兰莫尔海姆公司引进新品种 100 多个，新品种的试种面积达到 3 亩；荷兰范登博尔格玫瑰有限公司与昆明三兴温室公司共同在昆明市宜良县建设的 50 亩高档月季生产基地，种植了 10 多个月季新品种。

（3）云南花农在品种选择方面存在的问题

第一，过度集中于部分品种。云南花农的品种存在大品种下小部分品种过度集中的现象，如种植玫瑰的花农超过 70% 种植“老三样”。虽然这种现象在鲜切花产业发展初期便于技术推广，能够促进鲜切花主产区的形成，但是随着鲜切花产业的进一步发展，这种现象导致部分品种出现过度竞争。这些品种的市场价格不稳定且时常下滑，严重影响了花农收益。

第二，不愿尝试新品种。与老品种相比，新品种具有更大的市场空间，市场竞争较小，市场价格也较高。但是，新品种的推广却遇到很多困难。由于没有种植经验，花农对种植新品种的生产风险与经营风险很难评估，大多数花农属于风险规避型，不愿意尝试新品种。张媛等（2012）指出，云南省的鲜切花品种普遍是引进国外已过保护期、不需交纳任何费用的品种，虽有个别花卉企业在积极推广新品种，但因新品种的市场风险较高，推广面积非常有限，直接制约了云南鲜切花产业的长期发展。

第三，缺乏市场行情判断力。随着种植经验的丰富，一些花农开始改变种植品种。但是，他们选择品种的依据往往是当地的鲜切花市场行情，没有考虑整个云南省，甚至全国鲜切花市场需求的变化。其结果往往是大多数换错了品种，少数人碰对了品种。这种供给与需求的波动造成了花农在品种选择上的极大困扰，迫使很多花农通过忍受过度竞争来规避供需波动风险，从而加剧了云南鲜切花品种供给结构的不合理。

（4）云南花农合作社影响社员品种选择行为的途径

花农合作社在提供或推荐种苗时，会向社员提供鲜切花品种的相关信息及选择建议，从而影响社员的品种选择行为。花农合作社与社员的协议不同，对社员品种选择行为影响的效果不同。由于协议规定了违约责任，拥有品种规定协议的花农合作社对社员品种选择行为的影响可能大于没有品种规定协议的合作社。但是，如果花农合作社声誉良好，技术人员与业务人员得到社员的信任，那么花农合作社对社员品种选择行为的影响同样可以达到拥有品种规定协议的花农合作社的效果。

第一，品种规定协议。如果花农合作社与社员签订的协议对鲜切花品种有严格要求，那么花农合作社影响社员品种选择行为的途径就是协议。但是，即使经济实力较强的综合型花农合作社，对品种的选择也会给出一定范围，社员还是具有一定选择权的，特别是研发或引进的新品种，合作社一般不会将其列入合作社与社员协议要求的品种范围，仅列入推荐范围。

第二，品种推荐与建议。如果花农合作社与社员签订的协议没有对鲜切花品种作出要求，那么花农合作社影响社员品种选择行为的途径就是信息与建议。与普通社员相比，花农合作社更加了解鲜切花品种，又了解市场行情，因而社员很重视花农合作社对品种的建议。

4）云南花农合作社改善社员品种的研究假说

基于以上分析，本书将改善品种、提高交易价格的研究假说归纳为：花农合作社降低了社员的采购风险与销售风险，增强了社员防范与转化生产经营风险的能力，以及社员改变老品种的意愿与能力。在云南鲜切花市场上，新品种具有广阔的市场空间，市场价格明显高于老品种与普通品种。此外，花农合作社比单个花农掌握的鲜切花供给与需求信息多，对鲜切花市场行情的判断力优于单个花农，推荐品种获得高交易价格的可能性更大。

4.4.1.2 减少种苗费用、降低生产成本假说

1）鲜切花生产成本的相关概念

（1）鲜切花生产资料

本书中的鲜切花生产资料是指在鲜切花生产过程中，种苗、农药、化肥、农膜、大棚、农机及零配件等农业生产资料投入品的总称。按照鲜切花生产资料在生产过程的投入周期，可以将鲜切花生产资料分为固定生产资料与当期生产资料。固定生产资料的特点是，一旦投入，可以在多个生产周期连续使用。固定生产资料费用分几个生产周期转化为生产成本，如大棚、农膜、农机及零配件。当期生产资料必须按照一定规律在每个生产周期投入，在当期就转化为生产成本，如种苗、化肥与农药。本书的研究对象为当期生产资料，主要包括种苗、化肥与农药。

（2）鲜切花生产成本

本书将鲜切花生产成本定义为：一年内花农在生产鲜切花过程中发生的各项物质费用和支出的总和。由于鲜切花生产过程包括很多复杂的活动，为了便于研究，本书中的鲜切花生产成本只关注由鲜切花日常生产资料购买产生的各项物质费用和支出，即一年内花农用于购买鲜切花生产所需的种苗、化肥与农药的费用总和。

2）云南花农采购种苗的主要渠道

鲜切花种苗是鲜切花生产的基本投入，直接影响鲜切花产出的数量与质量。花农无法自己生产种苗，必须采用采购的方式获得种苗。种苗的培育必须具有一定的技术水平与生产能力。我国规定，生产种苗的公司必须具有相关的资质才能进行种苗培育。鲜切花种苗的销售不仅需要了解各种种苗的特性与储藏知识，而且需要向客户提供一定的选苗知识与指导，因此鲜切花的种苗经营者必须具有一定的专业技术知识。我国规定，销售种苗的农资经营商除必须有营业执照外，还应当有经营许可证与厂家的授权委托书。云南鲜切花种苗主要来源于进口、农业技术科研部门与种苗专业生产厂家。云南花农购买种苗的渠道主要为农业科技研发部门、种苗生产厂家、花卉公司和花农合作社。

（1）农业科技研发部门

围绕云南花卉产业缺乏自主知识产权新品种、缺乏产业核心技术和标准

两大技术瓶颈，云南省农科院花卉所加强了攻关。云南省农科院花卉所共选育出花卉新品种135个，获国家授权新品种35个、云南省登记注册58个，授权品种及申报品种均占全国鲜切花品种的一半以上；编制的国家标准数量占全国花卉国标完成数的33.3%、鲜切花类的81.8%。为了把科研成果真正体现在产业发展、农民增收及企业增效上，云南省农科院花卉所在全国首创以"零专利费"为主、有偿转让为辅，以种苗为载体的成果转化新模式。云南省农科院花卉所通过学科、研发中心、科研试验基地及公司的有机结合，打通了从育种、繁育到示范推广的产业链条，实现了自主知识产权新品种的规模化生产和无障碍转化。

（2）种苗生产厂家

云南鲜切花种苗市场也有一部分种苗专业生产厂家，这些厂家拥有自己的育苗基地，并且具有鲜切花种苗进出口资质。这些厂家不仅销售自己培育的种苗，而且销售进口种苗。但是，这些厂家专业经营种苗，没有开展鲜切花的收购与批发业务。

（3）花卉公司

云南花卉公司一般不仅有鲜切花业务，还有鲜切花种苗业务。其中，大多数花卉公司有自己的育苗基地。为了吸引花农购买种苗，有的花卉公司不仅为花农提供选择种苗的技术指导，还与花农签订生产合同，负责收购花农生产出来的鲜切花，但是价格不事先确定，以出售鲜切花时的交易价格为准。

（4）花农合作社

云南花农合作社，特别是离批发市场较远地区的花农合作社，其业务运作机制与花卉公司很相近。云南花农合作社大多有鲜切花种苗销售业务，虽然不少花农合作社是依托基地建立起来的，拥有自己的种苗基地，但是大部分花农合作社的种苗来自专业的种苗公司及农业科研部门。

3）花农合作社对社员种苗费用的影响

第一，花农合作社对社员种苗采购价格的影响。由于花农合作社提高了社员的组织化程度，在种苗采购方面，花农合作社不仅有规模效应，而且有更强的谈判能力，从而能获得更优惠的价格。以三年月季大苗为例，其市场均价为4元/株。大部分种苗商家采用级差定价：如果采购量在100株以下，价格为4.6元/株；如果采购量为100~499株，价格为4.2元/株；如果采购量在500株以上，价格为3.8元/株。由此可见，规模采购对种苗价格的影响很大。也就是说，相同质量水平的种苗，花农合作社获得的价格要低于单户花农购买的价格。由于采购数量多，花农合作社对供应商的约束比单户花农大，供应商违约与提供劣质商品的概率也会降低，同时花农合作社对商品的维权能力也明显强于单户花农。

第二，花农合作社对社员种苗购买数量的影响。花农合作社提供种苗时可以给予社员种苗种植技术的指导，提高种苗的成活率。花农合作社的服务提高了社员的鲜切花生产力，在保证相同产量与质量的条件下，社员可以减少购买种苗的数量。

4）减少种苗费用、降低生产成本的研究假说

基于以上分析，本书将减少种苗费用、降低生产成本的研究假说归纳为：花农合作社提高了社员采购种苗的组织化程度，具有更大的采购规模与更强的谈判能力，能够在相同的质量水平下，获得价格更低的种苗。此外，花农合作社的种苗指导提高了社员的种植技术水平，减少了社员需要购买的种苗数量。因此，花农合作社的生产资料供应业务能够减少社员的种苗采购费用，降低社员的生产成本。

4.4.1.3 减少化肥费用、降低社员生产成本假说

1）云南花农采购化肥的主要渠道

化肥是农业生产的主要生产资料，直接影响农产品产出的数量与质量，劣质的化肥会使农户损失严重。化肥的销售不仅需要了解各种化肥的特性及储藏知识，而且需要向客户提供一定的使用指导，因此化肥经营者必须具有一定的专业技术知识。我国规定，销售化肥的农资经营商除必须有营业执照外，还应有经营许可证和厂家的授权委托书。化肥的零售利润率虽然比较低，但是需求量很大。鲜切花是易腐的鲜活农产品，其销售对运输时间和运输条件有严格限制。云南鲜切花主产区都分布在交通便利的地区，这些地区农资市场较成熟，农资供应比较充足，农资经营者之间的竞争也比较激烈。云南花农采购化肥农药的主要渠道为化肥零售商、花卉公司和花农合作社。

2）化肥费用的影响因素

第一，化肥价格。化肥费用计算公式：化肥费用=化肥价格×化肥数量。在花农购买化肥数量不变的条件下，化肥价格越低，化肥费用越低。化肥的市场价格由市场的供求状况决定，在实际交易中，化肥交易价格的主要影响因素是购买规模的大小。

第二，化肥数量。根据化肥费用计算公式，在化肥价格不变的条件下，

购买化肥数量越少，化肥费用越低。化肥数量主要由种植品种的生物特性与土地状况决定，在实际决策中，肥料结构与施肥技术是其主要影响因素。云南花农种植鲜切花的肥料主要是农家肥与化肥，两者具有替代性。施用农家肥的数量越多，需要的化肥数量就越少。

3）花农合作社对社员化肥费用的影响

第一，花农合作社对社员化肥采购价格的影响。相同质量水平的化肥，花农合作社获得低价格的可能性要大于单户花农购买。由于采购数量多，花农合作社对供应商的约束力度比单户花农大，供应商违约与提供劣质商品的概率会降低，同时花农合作社对商品的维权能力也明显强于单户花农。

第二，花农合作社对社员化肥数量的影响。花农合作社提供化肥时可以给予施肥技术的指导与建议，提高社员的施肥效率。此外，为了防止土地板结，云南花农合作社大力提倡施用农家肥，有助于改善社员的肥料结构。

4）减少化肥费用、降低生产成本的研究假说

基于以上分析，本书将减少化肥费用、降低生产成本的研究假说归纳为：由于花农合作社提高了社员采购化肥的组织化程度，具有更大的采购规模与更强的谈判能力，能够在相同的质量水平下，提高获得低价格化肥的可能性。此外，花农合作社的施肥技术指导提高了社员的施肥效率，改善了社员的肥料结构，减少了社员需要购买肥料的数量。因此，花农合作社的生产资料供应业务能够减少社员的化肥采购费用，降低社员生产成本。

4.4.1.4　减少农药费用、降低生产成本假说

1）云南花农采购农药的主要渠道

农药是农业生产的主要生产资料，直接影响农产品产出的数量与质量，劣质的农药将使农户损失严重。农药有剧毒，因而在储藏与陈列时必须注意安全。农药的销售不仅需要了解各种农药的特性及储藏知识，而且需要向客户提供一定的使用指导，因此，农药经营者必须具有一定的专业技术知识。我国规定，销售农药的农资经营商除必须有营业执照外，还应有经营许可证和厂家的授权委托书。农药的零售利润率在 20%左右。云南花农采购农药的主要渠道为农药零售商、花卉公司和花农合作社。

2）农药费用的影响因素

第一，农药价格。农药费用计算公式：农药费用=农药价格×农药数量。在花农购买农药数量不变的条件下，农药价格越低，农药费用越低。农药的

价格由市场供求状况决定，在实际交易中，农药交易价格的主要影响因素是购买规模的大小。

第二，农药数量。根据农药费用计算公式，在花农购买价格不变的条件下，购买农药数量越少，农药费用越低。农药数量主要由种植品种的生物特性与自然气候状况决定，在实际决策中，病虫害治理技术是其主要影响因素。病虫害治理技术水平越高，需要农药的数量越少。

3）花农合作社对社员农药费用的影响

第一，花农合作社对社员农药采购价格的影响。由于花农合作社提高了社员的组织化程度，在农药采购方面，花农合作社不仅有规模效应，而且有更强的谈判能力。也就是说，相同质量水平的农药，花农合作社获得低价格的可能性要大于单户花农。由于采购数量多，花农合作社对供应商的约束力比单户花农大，供应商违约与提供劣质商品的概率会降低，同时花农合作社对商品的维权能力也明显强于单户花农。

第二，花农合作社对社员农药数量的影响。花农合作社提供农药时可以给予施用农药的技术指导及建议，从而提高社员的施药效率。此外，为了减少农药残留，提高鲜切花质量等级，云南花农合作社积极推广生物治虫技术，减少了农药的使用量。因此，花农合作社的服务提高了社员的鲜切花生产力，降低了社员生产中需要的农药数量。

4）减少农药费用、降低生产成本的研究假说

基于以上分析，本书将减少农药费用，降低生产成本的研究假说归纳为：由于花农合作社提高了社员采购农药的组织化程度，具有更大的采购规模与更强的谈判能力，能够在相同的质量水平下，提高获得低价格农药的可能性。此外，花农合作社的病虫害治理技术服务及农药施用指导提高了社员的农药施用效率，减少了社员需要购买农药的数量。因此，花农合作社的生产资料供应业务能够减少社员的农药采购费用，降低社员生产成本。

4.4.2 基于种植技术与生产标准指导业务的研究假说

4.4.2.1 种植科学化与规范化、提高鲜切花质量假说

1）花农种植科学化与规范化的影响因素

花农种植科学化与规范化不仅取决于鲜切花种植技术与生产标准的发展，而且受到农民的技术意识、生产标准意识、传播渠道和传播速度的影响。种

植经验的积累、种植技术水平的提高、生产标准认知水平的提高，有助于更好地安排鲜切花生产，促进鲜切花种植科学化与规范化。如果花农之间能够通过相互学习经验和技巧来提高技术水平与生产标准执行能力，那么促进花农种植科学化与规范化的成本就能较快降低。因此，学习与学习溢出有助于效率的提高和消耗的降低，从而使推广种植技术与生产标准的成本降低。基于花农种植技术与生产标准水平的相关研究，云南花农种植科学化与规范化的影响因素可以归纳为内部因素与外部因素两个方面。

第一，内部因素。影响花农种植科学化与规范化的内部因素，主要是指花农对种植技术与生产标准的认识与学习能力两个方面。花农能否认识到种植技术与生产标准对鲜切花生产的重要性与其学习主动性和学习效果呈正比。此外，花农的受教育年限越长、种植经验越丰富，其学习种植技术与生产标准的能力就会越强，提高种植技术与生产水平的速度也会更快。

第二，外部因素。影响花农种植科学化与规范化的外部因素，主要是指花农学习种植技术与生产标准的外部环境，即学习渠道。由于花农的生产活动具有明显的“熟人效应”，一般来说，花农身边的种植能手与种植鲜切花的邻里亲友越多，花农的学习渠道越多，学习效果越好。同时，鲜切花种植技术与生产标准相关讲座、指导及生产中的实践越多，提高花农种植科学化与规范化的效果就越好。

2）云南花农合作社对社员种植技术与生产标准水平的影响

云南花农获得与提高技术的主要渠道是农户之间的学习与交流，亲友邻里的指导与建议对花农采用的技术影响很大。但是由于土地的分散和生产方式的不同，云南花农采用的技术缺少规范与标准，即使同一地区同一品种，花农采用的技术也会相差较大。虽然由于市场对鲜切花质量的要求越来越高，大部分花农开始注意生产标准问题，云南省政府也大力推广花卉行业标准，但是花农的受教育程度、技术水平与生产能力存在较大差异，花农生产、采摘与包装的标准还是主要依靠经验，统一性较差。云南花农种植技术的差距十分明显，对生产标准的认知与执行同样存在很大差距，使鲜切花质量难以提高，A级花的比重较低。

在访谈中我们发现，种植技术与生产标准业务能够激发社员学习种植技术与生产标准的热情，增加社员学习的渠道，有效促进社员种植行为的科学化与规范化。花农合作社开展种植技术培训，积极推广配方化肥技术、水肥一体化技术、物理生物方法防治病虫害等先进技术，提高了社员的种植水平与技术视野。花农合作社不仅通过讲座与指导的方式提高了社员对鲜切花生产标准的认知，而且在接收社员鲜切花时按照生产标准实地进行采摘，当场鉴别鲜切花的级别，大大提高了花农对鲜切花生产标准的认知，减少了社员在采摘时造成的损耗。

3）鲜切花产量的影响因素

鲜切花产量主要受到生产资料投入量及投入结构的影响。

第一，鲜切花生产资料的投入量。由于鲜切花生产资料主要来源于市场，我们用购买鲜切花生产资料的费用来度量鲜切花生产资料的投入量。根据边际分析，当生产资料投入量的边际产量大于零，即生产资料投入量增加可以促进农产品生产时，生产资料投入量越大，产量越高。

第二，鲜切花生产资料的投入结构。鲜切花生产资料投入结构就是种苗、化肥与农药的费用在总费用中的比重，由花农的种植行为决定。种苗是鲜切花生产的基础，虽然抗病性能好、生物特性稳定与成活率高的种苗的价格更高，但是与其搭配的化肥与农药用量却可以减少，从而实现生产资料投入结构的改善。这种种植行为属于长期投资型，其生产资料结构特点是种苗费用比重高，农家肥比重高，化肥与农药费用比重低。种植行为的科学化与规范化可以改善生产资料结构，保护种植土地，减少农业污染，实现农业的可持续发展。因此，在生产资料投入量不变的条件下，生产资料结构越科学与规范，鲜切花产量越高。

4）种植技术与生产标准对社员鲜切花质量的影响

花农合作社在种植技术与生产标准两方面对花农进行指导，通过定期开展讲座，有效促进社员种植行为的科学化与规范化，改善鲜切花生产资料投入结构，在生产资料投入量不变的条件下，提高社员鲜切花的质量。种植技术与生产标准对社员鲜切花质量的影响主要是指在相同的生产条件与投入下，种植技术与生产标准的提高使鲜切花质量提高的程度。

5）种植科学化与规范化、提高鲜切花质量的研究假说

基于以上分析，本书将种植科学化与规范化、提高鲜切花质量的研究假说归纳为：由于花农合作社在服务中对社员的种植行为给予及时指导与帮助，定期举办技术交流大会与生产标准讲座，激发了社员学习的热情，增加了社员学习的渠道，有效促进了社员种植行为的科学化与规范化，社员在相同的生产条件与投入下，获得的鲜切花质量更高。

4.4.2.2　种植科学化与规范化、提高鲜切花产量假说

1）种植技术与生产标准对鲜切花产量的影响

花农合作社能够对花农进行及时的指导，引导社员种植行为的科学化与规范化，从而提高社员鲜切花种植面积的产出率。因此，种植技术与生产标准对社员鲜切花产量的影响主要是指在相同的生产条件与投入下，种植技术与生产标准的提高使鲜切花产量提高的程度。

2）种植科学化与规范化、提高鲜切花产量的研究假说

基于以上分析，本书将种植科学化与规范化、提高鲜切花产量的研究假说归纳为：由于花农合作社在服务中对社员的种植行为给予及时的指导与帮助，定期举办技术交流大会与生产标准讲座，提高了社员的种植技术与生产标准，进而提高了产出率，使得在种植面积不变的条件下，社员的鲜切花产量提高。

4.4.3　基于代理销售业务的研究假说

4.4.3.1　发挥规模经济、降低销售成本假说

1）鲜切花销售成本的定义与构成

鲜切花销售成本是指花农进行鲜切花销售过程中所耗费的资源与损失。

根据可度量与可观察的特征，本书将鲜切花销售成本分为销售费用与销售耗费。其中，鲜切花销售费用是指花农为了实现鲜切花销售而产生的所有支出，便于计算与度量。基于云南鲜切花销售的特殊性，鲜切花销售费用主要包括：初步包装费、运输费、拍卖费、摊位费、代销费。鲜切花销售耗费是指花农为了实现鲜切花销售而耗费的时间与精力成本，可以用交易成本来表示。Dahlman（1979）认为，交易成本就是指交易行为发生所产生的信息搜寻、条件谈判与交易实施等各项成本，并将交易成本分为事前与事后两类。依据 Dahlman 的交易成本整理方法，本书也将鲜切花交易成本分为事前与事后两类。其中，事前的鲜切花交易成本包括搜寻信息的成本、协商与决策的成本和契约成本；事后的鲜切花交易成本包括监督成本、执行成本和转换成本。由于销售耗费的统计与折算难度较大，仅以花农的销售耗费估计来进行描述。

2）云南花农鲜切花销售渠道

（1）自行销售型

云南花农的自行销售都是依托昆明斗南花卉交易市场与昆明国际花卉拍

卖交易中心实现的。昆明斗南花卉交易市场与昆明国际花卉拍卖交易中心都属于专业市场。专业市场是一种有形的市场，为某一类农产品提供交易的场所，一般由政府、工商部门、私人或公司出资建成，并由投资者直接或间接管理，是自主经营、自负盈亏的经济实体。专业市场是专门提供农产品的交易场所，是市场供给与需求的信息集散地，对于引导农户安排生产具有很强的市场导向作用。专业市场不是基于农产品交易数量来获取利润，而是根据市场交易次数和交易量收取市场管理费。如果花农采用自行销售型渠道，则以家庭为销售单位进行鲜切花交易，鲜切花的分级、包装、运输、寻找买主、讨价还价和货款的结算都是以家庭为单位。鲜切花的销售费用主要包括鲜切花的包装和运输费用，以及向市场缴纳的市场管理费。鲜切花的销售耗费主要包括为进行鲜切花销售而耗费时间与精力的机会成本。

（2）依托合作社

依托合作社的销售渠道是指花农将鲜切花委托给花农合作社销售。合作社会为花农的鲜切花编号、分级、包装，运输至鲜切花批发市场，以花农合作社的商标与名誉寻找买主、讨价还价并进行货款结算。在市场交易中，该种销售方式的鲜切花交易是以花农合作社为单位完成的。交易完成后，合作社按照鲜切花编号与花农结算货款。合作社的销售方式与农业企业类似，但是参加合作社的社员可以享受二次分红，委托农业企业则不能享受分红。从理论上讲，花农合作社应该对花农的种苗、技术与生产标准进行要求与控制，而且不向非社员提供鲜切花销售服务。但是，不少规模小或刚刚起步的合作社由于缺少货源，也会向非社员提供鲜切花销售服务，而且难以实现在种苗、技术与生产标准方面对花农的要求与控制。市场影响力越大、管理越规范、经济实力越强、规模越大的合作社，对社员的约束与控制越强，封闭性也越强。采用这种销售渠道，鲜切花的销售成本没有表现为销售费用与销售耗费两种形式，直接表现为社员向合作社缴纳销售服务费。

（3）依托花卉公司

依托花卉公司的销售渠道，是指花农将鲜切花委托给花卉公司销售。花卉公司会为花农的鲜切花编号、分级、包装，运输至鲜切花批发市场，以花卉公司的商标与名誉寻找买主、讨价还价并进行货款结算。在市场交易中，该种销售方式的鲜切花交易是以花卉公司为单位完成的。交易完成后，花卉公司按照鲜切花编号与花农结算货款，花农付给花卉公司一定的交易费用。一般来讲，花卉公司优先为向其购买种苗的花农提供鲜切花销售服务。花卉公司属于农业企业。农业企业是农村市场上重要的市场主体，以利润最大化为目标，在获取市场信息方面具有天然的优势，往往有挤榨农户权益的倾向。如果农业企业与农户的力量强弱对比加大，会在某种程度上助长企业侵犯农民利益的行为，影响市场的充分竞争和平均利润率的形成。采用依托花卉公司型销售渠道，鲜切花的销售成本没有表现为销售费用与销售耗费两种形式，直接表现为花农向花卉公司支付销售服务费。

3）鲜切花销售成本的影响因素

第一，销售渠道。销售渠道不同，销售成本的表现形式不同，计量方法也不同。采用自行销售渠道，鲜切花的销售费用主要包括包装运输费用与向市场缴纳的管理费，鲜切花的销售耗费主要为进行鲜切花销售而耗费时间与精力的机会成本。采用依托合作社型的销售渠道，鲜切花的销售成本直接表现为社员向花农合作社缴纳销售服务费。采用依托花卉公司型的销售渠道，鲜切花的销售成本直接表现为花农向花卉公司支付销售服务费。

第二，销售规模。运货车的载货量、汽油能源费、过路费和市场管理费等直接与销售规模有关，具有明显的规模效应。进行交易的鲜切花数量越多，每枝鲜切花分摊的销售费用越低。鲜切花的销售耗费主要与销售次数有关，每次销售的数量越多，每枝鲜切花分摊的销售耗费就越低。因此，销售数量越多，规模效应越大，销售费用与销售损耗越低。

4）花农合作社对社员销售成本的影响

花农合作社改变了以往花农以家庭为单位的销售方式，提高了花农销售鲜切花的组织化程度，将鲜切花销售由家庭内部劳动转变为接受合作社服务。当花农自行销售鲜切花时，不仅要负责鲜切花的运输，还要调用劳动力在鲜切花专业市场中花费时间来寻找买主、谈判价格与结算货款。鲜切花销售不仅有运输费用，而且要耗费花农的劳动时间，分散花农进行专业生产的精力。当花农接受花农合作社服务时，这些关于鲜切花销售的支出与劳动的耗费转化为花农向合作社支付的服务费，花农仅负责将鲜切花采摘后送到花农合作社加工地点，登记交花的数量、时间与号码即可。花农合作社将社员从鲜切花销售中解放出来，使花农有更多的时间与精力专心从事鲜切花生产。

（1）花农合作社的“规模经济”

规模经济来自马歇尔的新古典经济学理论，经萨缪尔森得以形式化。所谓规模经济，描述的是生产规模与单位产品平均成本的关系，它的经济学含义是，随着生产规模的扩大，单位产品平均成本不断下降，下降到某一点后不变，然后开始上升。人们根据生产要素数量组合方式变化规律，自觉地选择和控制生产规模，从而获得最佳经济效益。规模经济或生产力规模的经济性，就是确定最佳生产规模的问题。规模经济可分为内部规模经济、外部规模经济和结构规模经济三种类型。内部规模经济，是指经济实体在规模变化时由自己内部所引起的收益增加；外部规模经济，是指整个行业规模变化而使个别经济实体的收益增加；结构规模经济，是指不同规模经济实体之间的联系和配比，形成一定的规模结构经济。规模经济产生的原因主要有五个：一是专业化。由于分工可以提高效率，累进的行业分工和专业化是递增报酬实现过程中至关重要的一部分。二是学习效应。随着生产经验的积累，生产能力会不断提高。三是有效地承担研发费用。四是运输、采购原材料等方面存在的经济性。五是价格谈判地位的提升。

鲜切花属于易腐农产品，采摘后需要马上进行交易，否则不仅卖不到好价格，还有可能卖不出去。但是，鲜切花是农产品，不同于工业产品，具有自己的生长规律，很难控制。如果花农自行销售，那么当地里只产出几把鲜切花时，即使是A级花，也无法销售出去，因为运输成本太高。但是，加入合作社以后，即使几把鲜切花，花农也可以送去花农合作社，委托其销售，从而减少了鲜切花的损耗。花农合作社接受委托的社员鲜切花数量，淡季时可达到每天2万~3万枝，旺季时可达到每天30万~50万枝，不仅便于安排运输，而且可以发挥规模效应，降低运输费用。同时，自行销售时，为了一个交易，至少需要安排一个人在批发市场等待与寻找买主来完成交易，而合作社销售方式中一个工作人员可以为多个交易等待与寻找买主，降低了等待与寻找买主的成本。花农合作社将同质的鲜切花合并在一起销售，拥有了规模优势，不仅有利于降低销售成本，而且可以提高结算效率，大大降低销售风险。

（2）花农合作社的“节约效应”

花农合作社的“节约效应”主要体现在以下三个方面：第一，花农合作社在运输鲜切花方面，具有规模优势，可以节约运输费用。第二，在花农合作社销售方式中，一次交易的数量一般比普通花农大，同时合作社的一个销售人员可以为多个交易寻找买主，比普通花农具有更大的销售网络与更丰富的交易经验，能够更有效率地完成鲜切花交易，从而节约销售成本。第三，花农将销售鲜切花的家庭内部劳动外部化以后，在销售鲜切花方面节约了时间与精力，能够使花农将更多的时间与精力投入鲜切花生产，减少雇工费用，提高鲜切花产量与质量。

5）发挥规模效应、降低销售成本的研究假说

基于以上分析，本书将发挥规模效应，降低销售成本的研究假说归纳为：花农合作社改变了社员以家庭为单位的销售方式，将社员的销售活动外部化，提高了销售的组织化程度，发挥了鲜切花销售的规模效应，从而节约了运输费用和花农的销售时间，提高了鲜切花的交易效率，从而降低了社员的销售成本，实现了社员收益的增加。

4.4.3.2　改变市场交易地位、提高交易价格假说

1）鲜切花交易价格相关概念

（1）价格的定义

价格一般指交易时买方需要付出的代价或金额。从经济学角度来说，价格泛指买卖双方就买卖商品订立的兑换比率。价格是一种从属于价值并由价值决定的货币价值形式。

（2）鲜切花交易价格的定义

鲜切花交易价格是指鲜切花买卖双方在自愿的基础上，就买卖的鲜切花商品，通过讨价还价所订立的价格，单位一般为元/枝。鲜切花一年 12 个月都可以出花，每一次鲜切花交易都对应着一个鲜切花交易价格，一年中每个花农会以很多个不同的鲜切花交易价格进行交易。由于鲜切花的生产与需求具有季节性，虽然从长期来看供给和需求可以达到均衡，但在短期内，供给和需求会在时间上形成错位，导致鲜切花交易价格呈现出明显的季节性剧烈波动。

（3）鲜切花市场价格的定义

鲜切花市场价格是指通过有形或无形市场交易形成的价格，包括集贸市场价格、批发市场价格、期货市场价格，它是由众多买方和卖方通过自由地选择与讨价还价形成的价格。市场价格是供给和需求双方力量决定的。昆明斗南花卉交易市场与昆明花拍中心一般以工作日来统计鲜切花的市场价格，并予以公布。

2）花农交易价格的影响因素

1）鲜切花供求关系

农产品最低价格和目标价格在农产品市场供求关系、进出口政策和政府财政能力等约束之下，共同促进了农产品产量和农民收入的稳定增长。保护

性收购方式下的最低价格干扰了市场价格的形成，非保护性收购方式下的最低价格对市场价格的形成没有影响，目标价格有效维护了供求关系决定价格的市场机制。最低价格和目标价格的使用与农产品供求状况没有必然联系，而最低价格的执行方式由农业资源禀赋和农产品供求关系决定。按照销售地域来分，鲜切花市场分为国内市场和国外市场。鲜切花价格对供求关系十分敏感，供求关系的改变能够导致鲜切花价格剧烈波动，供不应求时段的价格可能是供大于求时段的3倍，甚至5~6倍。此外，供大于求时段的价格常常会低于种植成本，鲜切花的生产经营风险明显高于粮食作物。

（2）鲜切花质量

鲜切花的质量是鲜切花交易价格最重要的影响因素，在相同的市场供求状况下，鲜切花的质量越高，获得的交易价格越高。不论哪一种销售渠道，云南90%以上的鲜切花是在昆明斗南花卉交易市场和昆明花拍中心完成交易的。两个专业市场按照鲜切花质量及等级（A级、B级与C级）安排市场交易厅。鲜切花质量对交易价格的影响强于鲜切花产量，一枝A级花的交易价格常常比一枝B级花的交易价格高出一倍。

（3）市场势力

市场势力是指卖方或买方不适当地影响商品价格的能力。市场势力有两种表现形式：卖方垄断力和买方垄断力。生产者对产品价格的影响力是卖方垄断力，消费者对产品价格的影响力是买方垄断力。在现实世界中，每个生产者和消费者实际上都具有一定的市场势力。影响市场势力的因素主要包括强进入壁垒、规模经济壁垒、政府设置的壁垒、生产要素壁垒、商品品牌效应和竞争规则壁垒。与单户花农单独销售相比，花农合作社可以更好地发挥规模经济壁垒与商品品牌效应，提高市场交易地位，增强市场势力。

3）花农合作社对社员交易价格的影响路径

（1）花农合作社对鲜切花市场的理性预期

农业产业链已经成为农业经营趋势，作为产业链节点中的一员，合作社的风险呈现出更大的关联性。花农合作社拥有更多的市场信息和经营经验，对鲜切花市场需求的判断明显优于个体花农，更有可能选择具有市场前景、交易价格潜力的鲜切花品种。因此，花农合作社能够通过理性预期，明显降低鲜切花交易价格面临的风险。

（2）花农合作社的市场交易地位

花农合作社由于规模效应而具有更大的价格话语权，在交易中容易获得更高的交易价格。花农合作社提高了花农鲜切花销售的组织化程度，与花农个体销售相比，具有更高的市场交易地位，缩小了花农与批发商市场势力之间的差距，更有利于保护花农利益。花农合作社通过将小规模农户组织起来，统一采购生产资料，统一销售，在一定程度上中和了生产者和其他市场主体之间的力量悬殊性，建立了与其他市场相应的“抗衡势力”。农民合作社作为一种农民自发组织和管理的组织形式，在帮助农户进入市场并形成与其他市场主体抗衡力量的过程中扮演着重要角色（黄祖辉，2000）。张晓山（2003）认为，农民由于组织化程度较低，在农业生产资料的购买、农产品的销售以及市场信息的获取等方面处于弱势地位，缺乏话语权。农民作为弱势群体，要想提高自身在市场上的谈判地位，提高组织化程度是必然措施。葛廷进、朱海东等（2021）以新疆生产建设兵团第五师 87 团制种玉米种植农户为调查对象，探讨交易不确定性对农户参与农民合作社意愿的影响。研究结果表明，农户个体差异、种植规模、是否了解农产品往年价格、对了解农产品信息渠道的信任程度等交易不确定因素，对制种玉米种植户参与合作社意愿具有显著影响；案例分析结果表明，合作社可以从加工环节和销售环节有效避免农户市场信息的不对称，降低交易不确定性给农户交易成本带来的冲击；合作社利用技术、资源、市场优势，可以有效降低种植规模扩大带来的交易成本增加，提升农户对合作社的依赖程度。

（3）花农合作社的品牌效应

花农合作社具有自己的商标，当商标声誉积累到一定程度时，就会产生品牌效应，即由于市场对该商标的产品认可，消费者愿意为该商标的产品支付更高的价格；同时，品牌效应能够使买主更容易获得产品信息，降低销售成本。品牌建设作为提升农产品市场竞争力的有效方式，对促进农民合作社发展具有重要意义。农民合作社从一开始就要求社员掌握统一的生产技术和质量标准、向市场统一提供品牌化的产品、根据市场需求灵活确定向市场投放产品的数量、积极发展农产品加工、参与供应链，这些都是为了实现“市场导向性”的经营战略，这也是农民合作社品牌效应在产品市场竞争力方面的重要表现。张立华（2010）认为，通过发展农民合作社，可以把分散经营的农民组织起来，提高农民进入市场的组织化程度，按统一标准进行生产，对外统一价格、品牌销售，形成一条完整的现代农业产业链条，提高农产品的市场竞争能力。张伟华、周迪等（2020）基于 21 家农民合作社的深度访谈资料，应用质性的扎根理论方法，将农民合作社品牌建设的驱动因素归纳为六个范畴，建立了“认知—情境—行为”品牌整合模型，强调认知与情境都对品牌建设有推动作用。其中，情境包括内外部要素：内部要素指合作社自身建设，外部要素包括政策引导、制度监管、农产品市场竞争。

4）改变市场交易地位、提高交易价格的研究假说

基于以上分析，本书将改变市场交易地位、提高交易价格的研究假说归纳为：花农合作社的销售规模大于单户花农自行销售，提高了社员鲜切花销售的组织化程度，减小了花农与批发商市场势力的差距，提高了社员的市场交易地位。此外，花农合作社拥有自己的商标，有利于提高产品的市场竞争力。综上所述，花农合作社的代理销售服务可以使社员获得更高的交易价格，从而增加社员收益。

第5章 云南花农合作社增加社员收益的实证研究

5.1 样本数据的收集与统计性描述

5.1.1 样本数据的收集

5.1.1.1 典型调查地区的选择

1）云南鲜切花产区的构成与分布

由于昆明新城建设与滇池退耕还湖政策的实施，以呈贡区为中心的鲜切花生产老区的土地越来越少，而且生产成本不断上升。鲜切花生产地逐渐向晋宁与嵩明等昆明周边地区，玉溪市通海县与江川县距离专业市场较近的地区，以及红河与曲靖等气候较好且劳动力成本较低的地区转移或扩展。本书将鲜切花产区分为四类：专业市场所在地，为昆明市呈贡区；专业市场周边地区，以昆明市晋宁区与嵩明县为代表；距离专业市场较近的地区，以玉溪市通海县与江川县的种植区为代表；劳动力成本较低的新生产区，以红河州与曲靖市的种植区为代表。

2）云南花农合作社的分布特征

（1）专业市场所在地的花农合作社

昆明呈贡区斗南镇为鲜切花专业批发市场所在地，昆明呈贡区的种植点与专业市场的距离在 11 公里以内，交通便利，运输费用很低。同时，鲜切花老区农户的种植面积较大，一般为每户 10 亩左右，所以该地区花农对自己产出的鲜切花一般以家庭为单位自行销售，或者采用接受龙头企业订单的方式销售。云南第一家花农合作社于 2004 年在昆明呈贡区斗南镇成立，但是昆明呈贡区的花农合作社数量并不多，主要原因可以归纳为以下三个：第一，花农与鲜切花销售市场距离很近，花农合作社的节约运输费用与销售规模经济效应不明显。第二，斗南的农业生产资料市场比较完善，拥有不少大型种苗公司、农业科研机构的种苗销售点和具有国外种苗代理权的种苗公司，鲜切花种植需要的化肥与专用农药供应也很充足，花农合作社在采购农资方面的优势不显著。第三，市场竞争压力过大。昆明市呈贡区斗南镇是全国知名的鲜切花聚集地，这里有不少鲜切花经济人与花卉公司在收集鲜切花货源，合作社不仅要面对鲜切花经济人的竞争，而且要面对花卉公司的竞争。昆明市呈贡区斗南镇的花卉公司较多，不少花农采用依托花卉公司的订单式生产方式，花农合作社的货源受到挤占，因而这里的区位特征与市场环境并没有成为花农合作社产生与发展的理想条件。为了生存与发展，有的花农合作社采用封闭的社员制度，拒绝其他社员加入。鲜切花生产老区的花农合作社数量十分有限，一部分合作社的企业属性太强，缺失农民合作社的基本属性，因而本书没有将昆明呈贡区作为典型的调查区域。

（2）专业市场周边地区的花农合作社

晋宁区与嵩明县都距离昆明 40 公里左右。由于昆明新城建设与滇池退耕环湖政策的实施，鲜切花的主产区向周边迁移，晋宁区与嵩明县的鲜切花种植快速发展起来。根据晋宁区蔬菜花卉办公室的调查，花卉公司种植面积约占全县种植鲜切花面积的 17%，花农种植面积占 83%。虽然大多数晋宁花农依托鲜切花专业市场销售鲜切花，但是越来越多的花农感觉不适应大市场，开始寻找提高组织化程度的方法，花农合作社不断发展起来。晋宁区昆阳镇昆仑花卉专业合作社自 2007 年 12 月成立以来，大胆引进“蜜桃”“雪山”“冷美人”等适合当地种植的名、特、优花卉品种。在云南省花卉示范园区的带动下，昆明谢迪五彩花卉有限公司（日资）、云南世美花卉有限公司（韩资）、台湾统一生物集团（台资）等 30 多家知名花卉企业纷纷到嵩明落户，嵩明花卉得到了前所未有的发展。与晋宁区相比，嵩明县的鲜切花品种比较单一，以百合花为主，鲜切花产业发展的动力主要来自花卉公司，该县的花农合作社非常少。因此，本书选择晋宁区为典型调查的区域。

（3）距离专业市场较近的地区

在实地调查中，我们发现云南花农合作社最活跃的地区是距离专业市场较近的通海县。通海县距离昆明市鲜切花专业市场 125 公里，完成鲜切花交易需要承担一定的运输费用。鲜切花交易比普通农作物交易频繁，每个月都要出花，交易旺季的时候一个星期甚至要进行 3~5 次交易，因此通海县花农的销售成本较高。为了降低销售成本，提高花农组织化程度，这里的花农合作社发展很快。我们在调研中发现，近 30%的花农通过合作社销售鲜切花；近 40%的花农依托花卉公司销售鲜切花；自行销售鲜切花的花农仅为 30%左右。江川县的鲜切花产业特点是以花卉企业进驻为主，这些企业租用农户土地，雇用当地农户种植。与通海县相比，江川县的鲜切花产业在生产、加工与销售方面还没有形成体系，花卉企业采用直接生产与销售的方式运作，没有鲜切花代理销售业务。分散经营的花农很难降低经营成本，提高产品竞争力。目前，大多数江川县的花农还处于分散经营的状态，采用两三户花农合作将花送至 90 公里外的呈贡斗南花卉交易市场的销售方式，没有统一的运输销售组织，运输与销售成本较高。为了更好地研究花农合作社对社员收益的影响，寻找社员与非社员收益差异形成的原因，本书选择合作社发展活跃的通海县作为典型的调查区域。

（4）劳动成本较低的新生产区

鲜切花新生产区的特点是种植起步晚、花卉品种少、生产总量低。由于地理和气候的原因，红河州种植规模偏小且种植较为分散。红河州的鲜切花生产主要集中在个旧、开远、蒙自等地，生产企业主要有个旧锡都花卉公司、红电花卉公司、绿景花卉公司、云南红河国家农业科技园区等规模较大的公司，主要种植月季、红掌、康乃馨、非洲菊等品种。但是，由于发展时间短，红河州还没有集中成形的生产区域，鲜切花的生产经营以企业为主导，一部分种植散户向周围的花卉市场供花，还没有出现花农合作社。曲靖市麒麟区是云南省首批 8 家鲜切花出口生产基地之一，相继在沿江、三宝、越州、珠街、东山、寥廓、白石江等乡镇（街道）建立了花卉种植基地，有玫瑰、百合、康乃馨等 30 多个品种。由于红河州和曲靖市种植点的专业合作社不仅数量少，而且发育程度较低，本书没有将其作为典型调查的区域。

3）调查对象的特征

（1）调查对象的区域

晋宁区与通海县的花农合作社发展较为成熟，具有代表性，因而本书选择晋宁区与通海县为样本区域。为了保证样本的代表性，本书采用分层抽样法。在实地调查中，每个县（区）选取 3 个镇（乡），覆盖该县（区）种植鲜切花乡镇的 50%以上。其中，晋宁区选取了昆阳镇、新街乡与上蒜乡；通海县选取了四街镇、杨广镇与河西镇。在每个镇（乡）选取 3 个村，覆盖该镇（乡）种植鲜切花行政村的20%以上。其中，昆阳镇选择墩子村、凤踪村与兴旺村为调研区域，新街乡选择新街村、回龙村、古城村为调研区域，上蒜乡选择上蒜村、宝兴村、柳坝村为调研区域，四街镇选择龚杨村、四街村、十街村为调研地区，河西镇选择小回村、螺髻村、河西村为调研地区，杨广镇选择义广哨村、杨广村、义兴村为调研地区。

（2）调查对象的品种

农产品不同于工业产品，其品种对生产成本具有重大影响，即使产品都属于鲜切花，大品种不同也会使生产成本产生很大的差异。例如，月季的种苗费用一般为每亩3000~6000元，而洋桔梗的种苗费用为每亩12000~15000元，远远高于月季。如果花农种植的大品种不同，其收益的构成将失去可比性。月季位于云南鲜切花四大品种之首，种植面积超过了云南鲜切花种植总面积的40%，而且云南花农合作社中以月季为主要销售产品的数量最多，因此本书选择月季作为大品种的研究对象。

（3）调查对象的销售方式

种植月季的云南花农销售鲜切花的方式一般有自行销售、委托合作社销售与委托花卉公司销售三种。但是由于鲜切花产业的地区差异，一些地区的花卉公司并没有代理销售业务或者接受代理销售的公司很少，如红河州与嵩明县等地。因此自行销售是花农销售的基本方式。由于本书的目标对象是营销型花农合作社，销售方式是本书划分花农的基本标准。所以本书将研究的对象规定为自行销售与使用合作社代理销售业务的花农两个类型，并且要求其种植的鲜切花大品种为月季，即调查的对象为种植月季利用合作社代理销售业务的花农和种植月季自行销售的花农两类，把利用合作社代理销售业务的花农称为社员，把自行销售的花农称为非社员。需要注意的是，有的研究把是否出资入股建立合作社作为社员的划分标准，但是本书将是否接受合作社的代理销售业务作为社员的划分标准，因此在本书中只有拥有合作社股份的社员才能享有二次分红的权利。此外，有的研究将自行销售与依托花卉公司销售的花农都称为非社员，但是本书在实证研究中抽取调查的非社员仅指以家庭为单位自行销售鲜切花的花农。

5.1.1.2 调查问卷的设计与结构

1）调查问卷的设计

为了使问卷包含研究需要的所有信息，并被花农所理解，在进行正式的大规模调研之前，我们进行了多次小样本的预调研，通过对一些种植经验丰富的花农、种植大户及合作社社员进行访谈，了解鲜切花的大品种、小品种、生产技术、生产标准、生产成本、运输成本和销售方式等，检验问卷中相关问题设计的合理性，补充遗漏的问题和选项，删除多余的问题和选项，对问卷中每一个问题的准确性和数据的可得性进行仔细检查，经过多次修改和调整，最终确定正式的调研问卷。

2）调查问卷的结构

本书采用结构式问卷，具体包括以下内容：①封面，包括花农所在县、镇与村的信息、调查日期、访谈对象和调查须知等。②花农的基本信息与资源禀赋，包括户主年龄、户主受教育年限、户主健康状况、总产量、A 级花与 B 级花的总产量、销售收入、农业劳动力人数、农业劳动力平均年龄等。③鲜切花品种，包括花农种植小品种的类型、合作社对社员种植小品种的推荐、要求与约束。④种植面积，包括花农种植面积意愿的信息。⑤种植技术与生产标准，包括对合作社种植技术指导服务和生产标准指导服务的评价等。⑥生产成本，包括花农的种苗费用、化肥费用、农药费用与雇工费用，合作社的种苗技术指导服务评价、质量评价与价格评价，化肥的技术指导服务评价、质量评价与价格评价，农药的技术指导服务评价、质量评价与价格评价等。⑦销售成本费用，包括花农的销售费用、社员对合作社销售服务的评价等。⑧花农合作社基本特征，包括合作社的社员规模、成立年限、商标知名度、二次返利等。

5.1.1.3　数据收集

1）抽样情况

为了保证样本的代表性，我们采用了分层随机抽样的方法，样本数据按照县、镇（乡）、村三个层次进行抽样，每个县（区）选取 3 个镇（乡），每个镇（乡）选取 3 个村。本书研究依托合作社销售与自行销售的花农的收益是否存在差异，以及产生差异的机制与原理，因而在调研时需要保证社员与非社员的信息量基本对等。在每个行政村，我们随机抽取 15 户依托合作社销售鲜切花的花农与 15 户自行销售的花农作为调查对象，然后请被抽取的花农填写调研问卷（详细问卷见附录）。

2）问卷的发放

大规模数据收集于 2018 年 1 月进行，2018 年 4 月追加了一小部分，共对

540户花农进行了调查。问卷的发放由经过培训的硕士生或本科生调查员负责，主要采取调查员发放问卷、解释问卷要点、花农自行填写的方式，以及调查员口头提问、花农口头回答的方式。调查员在访谈与收取问卷时，如果发现关键性数据的矛盾答案，会和农户进一步确认并重新提问以确保问卷数据的准确性和问卷的有效性。剔除存在被访谈农户前后逻辑不通或答案相互矛盾等问题的无效问卷，得到有效问卷523份，有效问卷比例达到96.85%。其中，通海县的有效问卷为264份，晋宁区的有效问卷为259份。有效问卷的地区分布见表5.1.1。

表5.1.1　有效问卷的地区分布　　单位：户

地区			社员	非社员	合计（村）	合计（镇）
通海县	四街镇	十街村	15	15	30	87
		四街村	14	15	29	
		龚杨村	15	13	28	
	河西镇	河西村	14	15	29	88
		螺髻村	15	15	30	
		小回村	14	15	29	
	杨广镇	义广哨村	15	15	30	89
		义兴村	14	15	29	
		杨广村	15	15	30	
晋宁区	昆阳镇	埘子村	15	14	29	89
		兴旺村	15	15	30	
		风踪村	15	15	30	
	新街乡	新街村	14	14	28	84
		回龙村	13	15	28	
		古城村	14	14	28	
	上蒜乡	上蒜村	14	15	29	86
		宝兴村	14	15	29	
		柳坝村	13	15	28	

5.1.2　样本数据的统计性描述

在调查的523户花农中，258户为依托合作社销售鲜切花的社员，占有效问卷的49.33%；265户为自行销售鲜切花的花农，占有效问卷的50.67%。花农的种植面积一般为0.4~10亩，涵盖了云南花农种植面积的各种生产规模。

受访者不仅有鲜切花种植年限超过 10 年的老手，也有不满一年的起步者。受访者的受教育年限大部分为 6~9 年，也有受教育年限为 12 年的。

5.1.2.1　收益及中间变量的统计性描述

1）社员收益及中间变量的统计性描述（见表 5.1.2）

表 5.1.2　社员收益及中间变量的统计性描述

变量	最大值	最小值	中位数	平均值	标准差
收益（元）	291600.00	1260.00	31580.00	44853.74	43211.64
产量（枝）	460000.00	14000.00	70000.00	103267.40	79100.14
A 级花与 B 级花比重（%）	58.06	17.14	37.32	37.12	7.50
生产费用（元）	98600.00	2700.00	14950.00	21261.43	16146.59
销售费用（元）	9800.00	300.00	1560.00	2034.42	1405.68
交易价格（元/枝）	0.96	0.31	0.64	0.64	0.14

社员收益的最大值为 291600 元，最小值为 1260 元。社员收益的最小值仅为 1260 元是因为该农户的种植规模很小，其委托花农合作社销售鲜切花，销售费用为 300 元。与全国不少农民合作社一样，云南花农合作社也存在农民合作社的异化问题，没有完全按照标准合作社的模式进行组织和管理，其社员分为核心社员和普通社员，核心社员才具有合作社管理的议事权和投票权。云南花农合作社对普通社员没有专门设置门槛，同一区域的花农可以自愿采用其基本服务，成为普通社员。核心社员负责花农合作社的经营和管理，在决策上具有投票权。普通社员采用花农合作社的服务，与合作社的主要关系是服务采用与服务供给（服务的契约关系），不干涉合作社的经营和管理，没有决策权，但是可以通过服务契约来分享合作社的剩余权益。

2）非社员收益及中间变量的统计性描述（见表 5.1.3）

表 5.1.3　非社员收益及中间变量的统计性描述

变量	最大值	最小值	中位数	平均值	标准差
收益（元）	260000.00	2100.00	32300.00	41423.40	35581.49
产量（枝）	450000.00	43000.00	110000.00	130133.60	69347.26
A 级花与 B 级花比重（%）	47.79	15.56	33.33	31.86	7.11

续表

变量	最大值	最小值	中位数	平均值	标准差
生产费用（元）	115000.00	7900.00	26000.00	30244.53	16152.46
销售费用（元）	5500.00	1800.00	3000.00	2956.27	513.06
交易价格（元/枝）	0.88	0.24	0.56	0.57	0.15

非社员收益的最大值为260000元，最小值为2100元。非社员花农一般具有一定的种植规模和生产经营经验，通过自我服务来完成鲜切花的生产经营活动。

5.1.2.2 合作社服务能力指标的统计性描述（见表5.1.4）

合作社服务能力指标均为序列类型变量，不同的情况属于不同的序列类型。如：合作社规模共为四个级别序列，级别越高，规模越大。其中：1级规模为10户以下；2级规模为10~30户；3级规模为30~60户；四级规模为60户以上。

表5.1.4 合作社服务能力指标的统计性描述

变量	最大值	最小值	中位数	平均值	标准差
合作社规模 Z1	4	2	4	3.24	0.85
合作社年限 Z2	4	2	3	2.94	0.69
合作社商品知名度 Z3	5	1	3	2.89	1.51
品种约束 KCS	2	0	1	1.16	0.71
种苗购买约束 DCS	2	0	1	0.72	0.78
合作社的技术指导服务 CCT	4	1	3	2.86	0.93
合作社的生产标准指导服务 CPS	4	1	3	2.75	0.89
种苗技术指导 SDT	4	0	3	2.41	1.19
种苗质量水平 SDQ	4	1	3	3.02	0.86
种苗价格 SDP	2	0	0	0.25	1.56
化肥技术指导 FET	4	0	3	2.45	1.19
化肥质量水平 FEQ	4	1	3	3.03	0.85
化肥价格 FEP	2	0	0	0.33	0.50
农药技术指导 DET	4	0	2	2.21	1.07
农药质量水平 DEQ	4	1	3	2.97	0.82
农药价格 DEP	2	0	0	0.36	0.52
销售服务评价 SSA	4	0	3	2.96	0.80

5.1.2.3 资源禀赋指标的统计性描述

1）社员资源禀赋指标的统计性描述（见表5.1.5）

表5.1.5 社员资源禀赋指标的统计性描述

变量	最大值	最小值	中位数	平均值	标准差
种植面积SS（亩）	9	0.4	1.8	2.48	1.75
市场距离X2（千米）	125	40	125	83.16	42.58
农业劳动力个数X3（个）	4	2	2	2.14	0.41
农业劳动力年龄X4（年）	54	29	42	42.31	4.69
组织者年龄X5（年）	49	31	42	42.79	3.08
组织者受教育年限X6（年）	12	6	6	7.43	1.57
组织者健康状况X7（序列变量）	5	3	5	4.33	0.77
种植同一品种的亲朋好友人数X8（序列变量）	4	0	2	1.84	1.07
自行销售鲜切花经验X9（年）	5	3	4	4.10	0.65
种植鲜切花年限X10（年）	10	1	4	4.18	1.60
农业生产性固定资产X11（序列变量）	4	1	1	1.74	0.96

种植面积为社员资源禀赋指标的第一个指标，用X1表示。由于用SS表示种植面积便于对应其实际意思，故没有用X1，而选用SS来表示种植面积。在社员资源禀赋指标中，组织者健康状况、种植同一品种的亲朋好友人数、农业生产性固定资产均为序列类型变量，变量序列级别越高，对应的情况越好。

2）非社员资源禀赋指标的统计性描述（见表5.1.6）

表5.1.6 非社员资源禀赋指标的统计性描述

变量	最大值	最小值	中位数	平均值	标准差
种植面积SS（亩）	10	1	3	3.31	1.59
市场距离X2（千米）	125	40	125	82.66	42.58
农业劳动力个数X3（个）	4	2	2	2.35	0.63
农业劳动力年龄X4（年）	55	35	41	42.59	0.69
组织者年龄X5（年）	49	32	41	41.17	2.61
组织者受教育年限X6（年）	12	6	9	7.89	1.47
组织者健康状况X7（序列变量）	5	3	5	4.59	0.59
种植同一品种的亲朋好友人数X8（序列变量）	4	0	3	2.87	0.98

续表

变量	最大值	最小值	中位数	平均值	标准差
自行销售鲜切花经验 X9（年）	5	3	4	4.02	0.69
种植鲜切花年限 X10（年）	10	1	5	4.94	1.64
农业生产固定资产 X11（序列变量）	4	1	2	2.41	0.90

在非社员资源禀赋指标中，组织者健康状况、种植同一品种的亲朋好友人数、农业生产性固定资产均为序列类型变量，变量序列级别越高，对应的情况越好。

5.2 云南花农合作社增加社员收益研究假说的检验

5.2.1 基于生产资料供应业务的研究假说检验

5.2.1.1 改善品种、提高交易价格假说的检验

1）研究假说体系

（1）合作社改善社员品种类型假说

花农合作社的服务降低了社员的采购风险与销售风险，增强了社员抵抗生产经营风险的能力，从而增强了社员改变种植“老三样”的意愿与能力。在花农合作社的积极推荐与帮助下，更多的社员尝试种植国产新品种、“新四样”或其他品种，社员的种植品种得到改善，即社员的小品种类型显著新于非社员。

（2）新品种高交易价格假说

与旧品种相比，新品种具有更大的市场空间，市场价格一般高于旧品种。因此，品种类型与交易价格正向相关，品种类型越新，交易价格越高。

2）研究变量

（1）合作社改善品种类型假说的研究变量（见表 5.2.1）

表 5.2.1　研究变量

变量名称	类型	描述与取值
品种类型 SEK	有序离散型	按照从旧到新的顺序安排取值。1 = 老三样；2 = 新四样；3 = 国产新品种；4 = 其他品种
资源禀赋	指标体系	由 10 个资源禀赋指标构成

续表

变量名称	类型	描述与取值
合作社基本特征	指标体系	由花农合作社的 3 个基本特征指标构成
品种约束 KCS	有序离散型	0=没有要求；1=有一定要求；2=有严格要求
种苗购买约束 DCS	有序离散型	0=没有要求；1=有一定要求；2=有严格要求
社员对品种推荐的选择 SKA	二元离散型	0=没有接受；1=接受

（2）新品种高交易价格假说的研究变量（见表 5.2.2）

表 5.2.2　研究变量

变量名称	类型	描述与取值
平均交易价格级别 APB	有序离散型	花农每亩平均收益的排序级别
品种类型 SEK	有序离散型	按照从旧到新的顺序安排取值。1=老三样；2=新四样；3=国产新品种；4=其他品种

3）研究假说检验

（1）合作社改善社员种植品种类型假说

- 检验设计

首先，将采用单因素方差分析法，检验社员的种植小品种是否新于非社员，即社员种植小品种的平均值显著大于非社员。其次，以花农品种类型为因变量，以资源禀赋指标及是否为社员为自变量，建立 Ordered Logistic 模型分析花农品种类型的影响因素，寻找社员品种类型比非社员新的内部原因。最后，以社员品种类型为因变量，以合作社基本特征与相关服务评价为自变量，建立 Ordered Logistic 模型分析合作社对社员种植品种类型的影响，寻找基于合作社的社员种植品种类型形成差异的原因。

- 检验方法

第一，方差分析。

方差分析用于比较多个样本的均值是否相等，可有效控制第一类错误。方差分析（Analysis of Variance，ANOVA）由英国统计学家 R. A. Fisher 率先提出，以 F 命名其统计量，又称 F 检验。其目的是推断两组或多组资料的总体均值是否相同，检验两个或多个样本均值的差异是否具有统计学意义。方差分析分为单因素方差分析与多因素方差分析。本书统计分析采用单因素方差分析。

单因素方差分析用于研究一个控制变量的不同水平是否对观测变量产生

了显著影响。由于仅研究单个因素对观测变量的影响，故称单因素方差分析。单因素方差分析的基本步骤如下：①提出原假设，即 H5.0 为无差异，H5.1 为有显著差异。②选择检验统计量。方差分析采用的检验统计量是 F 统计量，即 F 值检验。③计算检验统计量的观测值和概率 P 值。第四步，给定显著性水平，并且得到检验结果。

第二，Ordered Logistic 回归模型。

当因变量不只两种选择时，就要用到多元选择模型（Multiple Choice Model)。所谓“排序”，是指选择项有一定的顺序或级别种类。与一般的多元选择模型不同，排序选择问题需要建立排序选择模型（Ordered choice model)。

和二元选择模型一样，根据分布函数 $F(x)$ 的不同，有三种常见的模型：Probit 模型、Logit 模型和 Extreme Value 模型。仍然采用极大似然方法估计参数。需要指出的是，N 个临界值 C_1，C_2，…，C_N 是不确定的，所以也作为参数和回归系数一起估计。

- 检验结果

①品种类型统计性描述（见表 5.2.3）

表 5.2.3 品种类型统计性描述

	最大值	最小值	中位数	平均值	标准差
社员	4	1	2	2.0930	1.1293
非社员	4	1	1	1.9170	1.1284

品种类型是序列类型变量，共分为四级，级别越高，鲜切花的品种就越新。

②社员与非社员品种类型的齐次方差检验

社员的有效样本容量为 258，非社员的有效样本容量为 265，无法构成样本容量相同的两个组进行单因素检验。因此，从 9 个镇（乡）中随机抽取 7 个，再从这 7 个镇（乡）中各随机抽取 1 个非社员的问卷，将问卷编号为 30、91、140、199、255、352 和 520 号对应的样本数据从非社员数据中抽出，形成两个样本容量都为 258 的对比组，进行齐次方差检验，见表 5.2.4。

表 5.2.4 品种类型齐次方差检验

检验方法	自由度	统计量值	检验概率值
F-test	(257，257)	1.0124	0.9217
Bartlett	1	0.0097	0.9217

以5%为检验水平，由检验结果可知，接受原假设，两个对比组的方差相同，即两个对比组具有齐次方差，可以进行单因素方差分析。

③社员与非社员品种类型的单因素方差分析

本书构造了社员与非社员两个对比组。单因素方差分析的第一步是明确观测变量和控制变量，其中：观测变量是鲜切花小品种类型；控制变量为鲜切花销售方式，即花农是否为社员。单因素方差分析的第二步是剖析观测变量的方差。在方差分析中，观测变量值的变动受到控制变量和随机变量的影响。单因素方差分析将观测变量总的离差平方和分解为组间离差平方和和组内离差平方和两部分，用数学形式表述为：SST=SSA+SSE。单因素方差分析的第三步是通过比较观测变量总离差平方和各部分所占的比例，推断控制变量是否给观测变量带来显著影响。

以10%为检验水平，由检验结果（见表5.2.5）可知，拒绝原假设，两个对比组的鲜切花小品种类型均值显著不相同，即社员的鲜切花品种与非社员的鲜切花品种存在统计学差别。也就是说，是否加入花农合作社能够对鲜切花品种产生显著影响。两个对比组品种类型的统计指标见表5.2.6。

表5.2.5　品种类型同均值检验

检验方法	自由度	统计量值	检验概率值
T-test	514	1.8768	0.0611
Anova F-statistic	(1,514)	3.5226	0.0611

表5.2.6　两个对比组品种类型的统计指标

变量	样本数	平均值	样本标准差	平均值的标准差
社员小品种类型	258	2.0930	1.1293	0.0703
非社员小品种类型	258	1.9070	1.1224	0.0699
总体小品种类型	516	2.0000	1.1286	0.0497

由表5.2.6可知，社员的品种类型均值显著高于非社员。由于品种类型是有序型离散变量，取值越大，品种的类型越新。可见，社员的品种类型比非社员新，即社员种植“老三样”的可能性小于非社员。

④Ordered Logistic 回归模型结果

a. 资源禀赋对花农品种类型的影响

基于所有样本数据，构建以品种类型为因变量、以是否为社员及资源禀赋为自变量的 Ordered Logistic 回归模型（见表 5. 2. 7），分析花农品种类型的影响因素。

表 5. 2. 7　花农品种类型的 Ordered Logistic 回归模型

解释变量	系数	标准差	Z 统计量	检验概率
SK	0. 2026	0. 0970	2. 0875	0. 0368
SS	0. 3364	0. 1171	2. 8741	0. 0041
X2	0. 0003	0. 0033	0. 0924	0. 9264
X3	0. 0589	0. 3892	0. 1505	0. 8804
X4	-0. 0597	0. 0372	-1. 6025	0. 1090
X5	-0. 0773	0. 0528	-1. 4643	0. 1431
X6	0. 0094	0. 0698	0. 1344	0. 8931
X7	-0. 2303	0. 1298	-1. 7738	0. 0761
X8	0. 0622	0. 0897	0. 6935	0. 4880
X9	-0. 0856	0. 1335	-0. 6414	0. 5213
X10	0. 0038	0. 0609	0. 0630	0. 9498
X11	-0. 4578	0. 1929	-2. 3735	0. 0176
赤池信息准则	2. 509398	施瓦兹准则		2. 6316
对数似然值	-641. 2076	汉南-奎因准则		2. 5572
Restr. 对数似然值	-660. 5416	Avg. 对数似然值		-1. 2260
LR 统计量（自由度 12）	38. 66800	LR 指数概率（Pseudo-R^2）		0. 0293

由表 5. 2. 7 可知，Ordered Logistic 回归模型的 LR 指数概率为 0. 0293，如果以 10%为总体显著性检验水平，回归模型的总体显著性为显著。可以推断，资源禀赋对花农品种类型有显著影响。SK 通过系数显著性检验，说明是否为社员会对鲜切花品种类型产生显著影响。

以 10%为 Z 检验的检验水平，由模型的回归系数检验概率可知：销售方式 SK、种植规模 SS、组织者健康状况 X7、农业生产性固定资产 X11 通过了系数的显著性检验。根据检验概率，其影响显著性从大到小的排序为：种植规模 SS、农业生产性固定资产 X11、销售方式 SK 及组织者健康状况 X7。由模型的系数值及实际意义可知：社员的鲜切花品种较新的可能性更大；种植规模越大，鲜切花品种较新的可能性越大；组织者健康情况越好，鲜切花品种较新的可能性越小；农业生产固定投资越大的花农，鲜切花品种较新的可能性越小。

b. 合作社差异性对社员品种类型的影响

基于社员的样本数据，以品种类型为因变量，以合作社特征与品种选择相关约束为自变量，建立 Ordered Logistic 回归模型（见表 5.2.8），分析合作社对社员品种类型选择的影响。

表 5.2.8　社员品种类型的 Ordered Logistic 回归模型

解释变量	系数	标准差	Z 统计量	检验概率
Z1	-0.1110	0.4261	-0.2606	0.7944
Z2	-0.0222	0.3034	-0.0731	0.9418
Z3	0.3038	0.1747	1.7391	0.0820
KCS	0.4578	0.2495	1.8353	0.0665
DCS	-0.0458	0.2125	-0.2155	0.8294
SKA	0.6698	0.2405	2.78567	0.0053
赤池信息准则	2.5410	施瓦兹准则		2.6650
对数似然值	-318.7986	汉南-奎因准则		2.5909
Restr. 对数似然值	-337.8418	Avg. 对数似然值		-1.2357
LR 统计量（自由度 6）	38.0865	LR 指数概率（Pseudo-R^2）		0.0564

Ordered Logistic 回归模型的 LR 指数概率为 0.0564，如果以 10%为总体显著性检验水平，回归模型的总体显著性为显著。可以推断，合作社的差异性能够对社员品种类型的选择产生重要影响。

以 10%为 Z 检验的检验水平，由模型的回归系数检验概率可知：合作社商标知名度 Z3、品种约束 KCS 及社员对品种推荐的选择行为 SKA 通过了系数的显著性检验。根据检验概率，其影响显著性从大到小的排序为：社员对品种推荐的选择行为 SKA、品种约束 KCS 及合作社商标知名度 Z3。由模型的系数值及实际意义可知：社员接受合作社品种推荐，则社员种植新品种的可能性较大；合作社对社员品种的约束越严格，社员种植新品种的可能性越大；合作社商标的知名度越高，社员种植新品种的可能性越大。

（2）新品种高交易价格假说的检验

- 检验设计

以花农平均交易价格级别为因变量，以花农品种类型为自变量，构建 Ordered Logistic 回归模型，分析品种类型对交易价格的影响。

• 检验结果（见表 5. 2. 9）

表 5. 2. 9　品种类型与交易价格的 Ordered Logistic 回归模型

解释变量	系数	标准差	Z 统计量	检验概率
SEK	1. 1663	0. 086995	13. 4066	0. 0000
赤池信息准则	3. 1806	施瓦兹准则		3. 2376
对数似然值	-824. 7147	汉南-奎因准则		3. 2029
Restr. 对数似然值	-935. 4641	Avg. 对数似然值		-1. 5769
LR 统计量（自由度 1）	221. 4989	LR 指数概率（Pseudo-R^2）		0. 1184

Ordered Logistic 回归模型的 LR 指数概率为 0. 1184，如果以 10%为总体显著性检验水平，回归模型的总体显著性为不显著，即从调查数据来看，花农鲜切花品种类型对交易价格没有产生重要影响。虽然鲜切花品种类型没有通过系数检验，从其系数来看，鲜切花品种越新，交易价格越高。模型总体不显著和系数不显著的主要原因是，目前种植新品种的花农数量太少，新品种的交易价格无法在总体鲜切花价格中产生统计学上的显著影响。但是，从鲜切花拍卖市场的价格数据来看，新品种交易价格确实显著高于老品种。

4）检验结果的解释与讨论

（1）社员与非社员品种类型的单因素方差分析

本章对样本容量为 258 的两个对比组进行单因素方差分析，控制变量为鲜切花销售方式，即花农是否为社员，对比组为社员组与非社员组，观察变量为品种类型。两个对比组通过了齐次方差检验，即两个对比组的方差不存在显著差异，可以进行单因素方差分析。均值检验结果为两个对比组的平均值存在显著差异。花农品种类型的取值为有序离散变量，取值越大，品种类型越新。社员的品种类型平均值（2. 0930）显著大于非社员的品种类型平均值（1. 9170），即社员的品种类型比非社员新，可以认为花农合作社能够促使社员接受新品种。

（2）资源禀赋对花农品种类型的影响

Ordered Logistic 回归模型的 LR 指数概率为 0. 0293，如果以 10%为总体显著性检验水平，回归模型的总体显著性为显著，可以认为：资源禀赋会对花农品种类型产生显著影响。由模型的回归系数检验概率可知，其影响显著性从大到小的排序为：种植规模 SS、农业生产性固定资产 X11、销售方式 SK 及组织者健康状况 X7。由模型的系数值及实际意义可得出以下三个结论：第一，种植规模 SS 的系数为正，说明种植规模越大，花农选择新品种的可能性越大。第二，农业生产性固定资产 X11 和组织者健康状况 X7 代表花农的自有生产能力，其系数均为负，说明自有生产能力越强的花农，越倾向于种植老品种、一般品种。第三，销售方式 SK 的系数为正，说明合作社销售服务有利于新品种的推广。

（3）合作社差异性对社员品种类型的影响

Ordered Logistic 回归模型的 LR 指数概率为 0.0564，模型总体显著性为显著，说明合作社的差异性会对社员种植品种类型产生显著影响。根据模型的系数显著性检验概率，通过系数显著性检验的变量显著性从大到小的排序为：社员对品种推荐的选择行为 SKA、品种约束 KCS 及合作社商标知名度 Z3。由模型的系数值及实际意义可得出以下三个结论：第一，接受合作社品种推荐的社员种植新品种的可能性比不接受品种推荐的社员大。由于市场价格是影响社员鲜切花收益的关键因素，花农合作社在选择品种时更看重品种的市场价格，新品种比“老三样”具有更大的市场空间，市场价格也比“老三样”更有优势。花农合作社向社员推荐新品种，不仅可以改善合作社的品种结构，提高产品的差异性，而且有利于提高合作社商标的知名度。第二，合作社对社员小品种的约束越严格，社员种植新品种的可能性越大。合作社在品种选择方面更重视市场行情，当合作社对社员品种进行约束时，往往要求社员种植具有市场价格优势的新品种，不会要求社员种植面临巨大市场竞争压力的“老三样”，因而合作社对社员品种的约束越严格，社员种植新品种的可能性越大。第三，合作社商标的知名度越高，社员种植新品种的可能性越大。由于商品的质量与差异化是提高市场竞争力的关键，商标知名度越高的花农合作社，越重视新品种的推广。因此，合作社商标的知名度越高，社员种植新品种的可能性越大。

（4）新品种高交易价格的假说检验

回归模型的 LR 指数概率为 0.1184，如果以 10% 为总体显著性检验水平，回归模型的总体显著性为不显著，即从调查数据来看，花农品种类型对花农交易价格没有产生统计学上的显著影响。实地调研地区的花农种植品种趋同性很高，种植鲜切花新品种的规模太小，故而实证模型显示，花农品种类型对其交易价格的影响不显著。云南花农鲜切花种植具有显著的区域性特征，一个地区的鲜切花品种常常高度趋同，固定在几个品种上，新品种由于交易规模太小，其交易价格无法对调查数据中的鲜切花价格产生统计学上的显著影响。但是，从鲜切花拍卖市场的价格数据来看，新品种交易价格确实显著高于老品种。

5.2.1.2 减少种苗费用、降低生产成本假说的检验

1）研究假说的分解

（1）合作社减少社员种苗费用假说

花农合作社提高了社员采购种苗的组织化程度，具有更大的采购规模与更高的谈判能力，能够在相同质量水平下，获得价格更低的种苗。此外，花农合作社的种苗指导提高了社员种植的技术水平，减少了社员需要购买的种苗数量。因此，花农合作社的生产资料供应业务能够减少社员的种苗采购费用，即社员的种苗费用显著低于非社员。

（2）减少种苗费用可以降低生产成本假说

种苗费用是生产成本的重要组成部分。在化肥费用与农药费用不变的条件下，种苗费用减少一定会降低生产成本。但是，花农合作社不仅影响社员的生产资料采购行为，还影响社员的生产方式，种苗费用的变化可能引起化肥费用与农药费用的变化。因此，需要检验社员的种苗费用减少能否降低社员的生产成本。

2）研究变量（见表 5.2.10 和表 5.2.11）

（1）合作社减少社员种苗费用假说

表 5.2.10 研究变量

变量	类型	描述与取值
每亩种苗费用 ASDE	数值型	每亩种苗费用 ASDE=种苗费用 SDE÷种植面积 SS，单位：元/亩
每亩种苗费用级别 ASDB	有序离散型	每亩种苗费用的排序，级别越高，种苗费用越高
资源禀赋	指标体系	由 10 个资源禀赋指标构成
合作社基本特征	指标体系	由 3 个合作社基本特征指标构成
合作社的种苗技术指导 SDT	有序离散型	0=没有；1=较差；2=一般；3=较好；4=好
合作社的种苗质量水平 SDQ	有序离散型	1=较差；2=一般；3=较好；4=好
合作社种苗价格 SDP	有序离散型	0=低于市场价格；1=与市场价格相同；2=高于市场价格

（2）减少种苗费用可以降低生产成本假说

表5.2.11　研究变量

变量	类型	描述与取值
种苗费用SDE	数值型	用于购买种苗的费用
生产成本PC	数值型	鲜切花生产过程中的费用之和

3）研究假说的检验

（1）检验设计

首先，进行单因素方差分析，检验社员每亩种苗费用是否低于非社员。其次，以每亩种苗费用级别为因变量，以资源禀赋及是否为社员为自变量，建立Ordered Logistic模型，分析花农种苗费用的影响因素，寻找社员费用低于非社员的内在原因。最后，以每亩种苗费用级别为因变量，以合作社基本特征及相关服务评价为自变量，建立Ordered Logistic模型，分析合作社对社员种苗费用的影响，寻找基于合作社的社员种苗费用产生差异的原因。

（2）检验结果

• 社员与非社员每亩种苗费用的单因素方差分析

①每亩种苗费用的统计性描述（见表5.2.12）

表5.2.12　每亩种苗费用的统计性描述

	最大值	最小值	中位数	平均值	标准差
社员	5400	3200	4500	4354.82	409.52
非社员	5555.56	2100	4333.33	4458.43	424.81

②每亩种苗费用的齐次方差检验（结果见表5.2.13）

表5.2.13　每亩种苗费用的齐次方差检验结果

检验方法	自由度	统计量	检验概率
F-test	(257, 257)	1.0746	0.5647
Bartlett	1	0.3317	0.5647

以10%为检验水平，由检验结果可知，接受原假设，两个对比组的方差不存在显著性差异，即两个对比组具有齐次方差，可以进行单因素方差分析。

c. 每亩种苗费用的均值检验（结果见表 5.2.14）

表 5.2.14　每亩种苗费用的均值检验结果

检验方法	自由度	统计量	检验概率
t-test	514	2.7276	0.0066
Anova F-statistic	（1，514）	7.4396	0.0066

以 10%为检验水平，由检验结果可知，接受原假设，两个对比组的平均值存在显著性差异。社员每亩种苗费用平均值为 4354.82，非社员每亩种苗费用平均值 4458.43，社员每亩种苗费用平均值低于非社员的研究假说成立。

- Ordered Logistic 模型

①资源禀赋对花农种苗费用的影响

a. 每亩种苗费用级别的频数统计（见表 5.2.15）

本章将每亩种苗费用 ASDK 分为七个级别：当 ASKD≤3000 时，ASKB 取值为 1；当 3000<ASDK≤3500 时，ASDB 取值为 2；当 3500<ASDK≤4000 时，ASDB 取值为 3；当 4000<ASDK≤4500 时，ASDB 取值为 4；当 4500<ASDK≤5000 时，ASDB 取值为 5；当 5000<ASDK≤5500 时，ASDB 取值为 6；当 5500<ASDK 时，ASDB 取值为 7。

表 5.2.15　每亩种苗费用级别的频数统计

级别	计数（个）	百分比（%）	累计计数（个）	累计百分比（%）
1	2	0.38	2	0.38
2	1	0.19	3	0.57
3	120	22.94	123	23.52
4	156	29.83	279	53.35
5	219	41.87	498	95.22
6	23	4.40	521	99.62
7	2	0.38	523	100.00
合计	523	100.00	523	100.00

b. 花农每亩种苗费用级别的 Ordered Logistic 模型（见表 5.2.16）

表 5.2.16　花农每亩种苗费用级别的 Ordered Logistic 模型

解释变量	系数	标准差	Z 统计量	检验概率
SK	−0.5160	0.1188	−4.3438	0.0000
SS	0.2143	0.1289	1.6624	0.0964

续表

解释变量	系数	标准差	Z 统计量	检验概率
SEK	2.7368	0.1983	13.803	0.0000
X2	0.0113	0.0038	2.9889	0.0028
X3	-0.0354	0.4047	-0.0874	0.9304
X4	-0.0017	0.0375	-0.0453	0.9639
X5	-0.0074	0.0582	-0.1270	0.8989
X6	-0.0297	0.0834	-0.3557	0.7221
X7	-0.1347	0.1550	-0.8690	0.3848
X8	0.2662	0.0975	2.7306	0.0063
X9	-0.0393	0.1563	-0.2513	0.8016
X10	-0.0398	0.0700	-0.5684	0.5698
X11	-0.1569	0.2074	-0.7563	0.4495
赤池信息准则	1.6303	施瓦兹准则		1.7851
对数似然值	-407.3273	汉南-奎因准则		1.6909
Restr. 对数似然值	-656.3889	Avg. 对数似然值		-0.7788
LR 统计量（自由度 13）	498.1232	LR 指数概率（Pseudo-R^2）		0.3794

由表 5.2.16 可知，LR 指数概率为 0.3794，如果以 10%为总体显著性检验水平，回归模型的总体显著性为不显著。从调查数据来看，资源禀赋对花农的种苗费用没有显著影响。但是，是否为社员的变量 SK 通过系数检验，而且其系数的显著性很高。由此可以看出，是否为社员对花农每亩种苗费用有显著影响，但是资源禀赋变量的影响太小，故而总体性检验结果为不显著。

②合作社差异性对每亩种苗费用的影响

Ordered Logistic 回归模型（见表 5.2.17）的 LR 指数概率为 0.0635，如果以 10%为总体显著性检验水平，回归模型的总体显著性为显著。可见，合作社能够对社员种苗费用产生重要影响。

表 5.2.17　社员每亩种苗费用级别的 Ordered Logistic 模型

解释变量	系数	标准差	Z 统计量	检验概率
Z1	-0.2891	0.4383	-0.6596	0.5095
Z2	0.5848	0.3511	1.6658	0.0958

续表

解释变量	系数	标准差	Z 统计量	检验概率
Z3	0.3361	0.1950	1.7234	0.0848
SDT	0.0325	0.1501	0.2162	0.8288
SDP	-0.2012	0.2614	-0.7697	0.4415
SDQ	0.3198	0.1867	1.7127	0.0868
赤池信息准则	2.2784	施瓦兹准则		2.4161
对数似然值	-283.9134	汉南-奎因准则		2.3338
Restr. 对数似然值	-303.1580	Avg. 对数似然值		-1.1004
LR 统计量（自由度 6）	38.4892	LR 指数概率（Pseudo-R^2）		0.0635

以 10%为 Z 检验的检验水平，合作社成立年限 Z2、合作社商标知名度 Z3 与合作社种苗质量水平 SDQ 通过了系数的显著性检验。根据检验概率，其影响显著性从大到小的排序为：合作社商标知名度 Z3、合作社种苗质量水平 SDQ、合作社成立年限 Z2。由模型的系数值及实际意义可知：合作社商标知名度越高，社员种苗费用高的可能性越大；合作社种苗质量水平越高，社员种苗费用高的可能性越大；合作社成立年限越长，社员种苗费用高的可能性越大。

4）检验结果的解释与讨论

（1）社员与非社员每亩种苗费用的单因素方差分析

本书构造了样本容量为 258 的两个对比组进行单因素方差分析，控制变量为鲜切花销售方式，即花农是否为社员，对比组为社员组与非社员组，观察变量为每亩种苗费用。两个对比组通过了齐次方差检验，即两个对比组的方差不存在显著差异。两个对比组的均值检验结果为两个对比组的平均值存在显著差异。社员的每亩种苗费用平均值（4354.82）小于非社员的每亩种苗费用平均值（4458.43），即向花农合作社购买种苗，能够减少种苗费用。

（2）资源禀赋对花农每亩种苗费用的影响

Ordered Logistic 回归模型的 LR 指数概率为 0.3794，模型的总体显著性为不显著。从调查数据来看，花农资源禀赋对其种苗费用没有显著的影响。但是，是否为社员的变量 SK 通过系数检验，而且其系数的显著性很高。可见，是否为社员对花农每亩种苗费用产生了显著影响，但是资源禀赋变量对每亩种苗费用的影响太小，故而总体显著性为不显著。

（3）合作社差异性对社员每亩种苗费用的影响

Ordered Logistic 回归模型的 LR 指数概率为 0.0635，模型的总体显著性为显著，说明合作社对社员种苗费用有显著影响。根据系数显著性检验概率，通过检验的变量显著性从大到小的排序为：合作社商标知名度 Z3、合作社种苗质量水平 SDQ、合作社成立年限 Z2。

由模型的系数值及实际意义可以得出以下结论：第一，合作社商标知名度越高，社员种苗费用高的可能性越大。其原因可能是，商品知名度越高的合作社越重视新品种的推广，其社员种植新品种的比例更大，而新品种的种苗价格往往显著高于老品种。第二，合作社种苗质量水平越高，社员种苗费用高的可能性越大。其原因可能是，种苗质量水平越高，对培育的条件与技术要求越高，其生产成本也越高。第三，合作社成立年限越长，社员种苗费用高的可能性越大。其原因可能是，成立年限越长的合作社，往往越重视商标知名度的培育，越会积极推广新品种，使种植新品种的社员比例提高，而新品种种苗价格高于老品种。

5.2.1.3 减少化肥费用、降低生产成本假说的检验

1）研究假说的分解

（1）合作社减少社员化肥费用假说

花农合作社提高了社员采购化肥的组织化程度，具有更大的采购规模与更高的谈判能力，能够在相同质量水平下，提高获得化肥低采购价格的可能性。此外，花农合作社的施肥技术指导提高了社员的施肥效率，改善了社员的肥料结构，减少了社员需要购买肥料的数量。因此，花农合作社的生产资料供应业务能够减少社员的化肥采购费用，即社员的化肥费用显著低于非社员。

（2）减少化肥费用可以降低生产成本假说

化肥费用是生产成本的重要组成部分。在种苗费用与农药费用不变的条件下，化肥费用减少一定会降低生产成本。但是，花农合作社不仅影响社员的生产资料采购行为，还会影响社员的生产方式，化肥费用的变化可能引起农药费用的变化。因此，需要检验社员的化肥费用减少能否降低社员的生产成本。

2）研究变量（见表 5.2.18 和表 5.2.19）

（1）合作社减少社员化肥费用假说

表 5.2.18 研究变量

变量	类型	描述与取值
每亩化肥费用 AFEE	数值型	每亩化肥费用 AFEE=化肥费用 FEE÷种植面积 SS，单位：元/亩
每亩化肥费用级别 AFEB	有序离散型	每亩化肥费用的排序，级别越高，化肥费用越高
资源禀赋	指标体系	由 10 个资源禀赋指标构成
合作社基本特征	指标体系	由 3 个合作社基本特征指标构成
合作社的化肥技术指导 FET	有序离散型	0=没有；1=较差；2=一般；3=较好；4=好
合作社的化肥质量水平 FEQ	有序离散型	1=较差；2=一般；3=较好；4=好
合作社化肥价格 FEP	有序离散型	0=低于市场价格；1=与市场价格相同；2=高于市场价格

（2）减少化肥费用可以降低生产成本假说

表 5.2.19 研究变量

变量	类型	描述与取值
化肥费用 FEE	数值型	用于购买化肥的费用
生产成本 PC	数值型	鲜切花生产过程的费用之和

3）合作社减少社员化肥费用假说的检验

（1）检验设计

首先，进行单因素方差分析，检验社员每亩化肥费用是否低于非社员。其次，以每亩化肥费用级别为因变量，以资源禀赋及是否为社员作为自变量，建立 Ordered Logistic 模型，分析农户本身的花农化肥费用影响因素，寻找社员化肥费用小于非社员的内部原因。最后，以每亩化肥费用级别为因变量，以合作社基本特征及相关服务评价为自变量，建立 Ordered Logistic 模型，分析合作社对社员每亩化肥费用级别的影响，寻找基于合作社的社员化肥费用产生差异的原因。

（2）检验结果

● 社员与非社员每亩化肥费用的单因素方差分析

①每亩化肥费用的统计性描述（见表 5.2.20）

表 5.2.20　每亩化肥费用的统计性描述

	最大值	最小值	中位数	平均值	标准差
社员	3823.53	800	1333.33	1357.52	356.45
非社员	3157.90	925.93	1666.67	1681.56	300.92

②每亩化肥费用的齐次方差检验（结果见表 5.2.21）

表 5.2.21　每亩化肥费用的齐次方差检验结果

检验方法	自由度	统计量	检验概率
F-test	(257, 257)	1.3970	0.0076
Bartlett	1	7.1350	0.0076

以 10%为检验水平，由检验结果可知，拒绝原假设，两个对比组的方差存在显著差异，即两个对比组不具有齐次方差，无法进行单因素方差分析。

● 资源禀赋对花农化肥费用级别的影响

社员与非社员两个对比组的方差不是齐次方差，无法直接进行单因素方差分析。为了检验参加合作社是否有利于减少每亩化肥费用，建立 Ordered Logistic 回归模型，分析社员身份对花农每亩化肥费用级别的影响。

①每亩化肥费用级别的频数统计（见表 5.2.22）

表 5.2.22　每亩化肥费用级别的频数统计

级别	计数（个）	百分比（%）	累计计数（个）	累计百分比（%）
1	44	8.41	44	8.41
2	232	44.36	276	52.77
3	220	42.07	496	94.84
4	18	3.44	514	98.28
5	4	0.76	518	99.04
6	5	0.96	523	100.00
合计	523	100.00	523	100.00

本章将每亩种苗费用 AFEE 分为六个级别：当 AFEE≤1000 时，AFEB 取

值为 1；当 1000<AFEE≤1500 时，AFEB 取值为 2；当 1500<AFEE≤2000 时，AFEB 取值为 3；当 2000<AFEE≤2500 时，AFEB 取值为 4；当 2500<AFEE≤3000 时，AFEB 取值为 5；当 3000<AFEE 时，AFEB 取值为 6。

②Ordered Logistic 回归模型（见表 5. 2. 23）

表 5. 2. 23 花农化肥费用级别与资源禀赋的 Ordered Logistic 模型

解释变量	系数	标准差	Z 统计量	检验概率
SK	0. 0125	0. 1006	0. 1241	0. 9013
SS	0. 2352	0. 1144	2. 0557	0. 0398
X2	0. 0057	0. 0033	1. 7391	0. 0820
X3	0. 0899	0. 3646	0. 2465	0. 8053
X4	-0. 0071	0. 0344	-0. 2065	0. 8364
X5	-0. 0032	0. 0526	-0. 0608	0. 9515
X6	0. 0387	0. 0739	0. 5236	0. 6006
X7	0. 1475	0. 1341	1. 0993	0. 2717
X8	0. 0124	0. 0852	0. 1455	0. 8843
X9	0. 0043	0. 1366	0. 0317	0. 9747
X10	-0. 2026	0. 0633	-3. 2018	0. 0014
X11	-0. 3964	0. 1923	-2. 0617	0. 0392
赤池信息准则	2. 2879	施瓦兹准则		2. 4263
对数似然值	-581. 2741	汉南-奎因准则		2. 3421
Restr. 对数似然值	-591. 3966	Avg. 对数似然值		-1. 1114
LR 统计量（自由度 12）	20. 2450	LR 指数概率（Pseudo-R^2）		0. 0171

由表 5. 2. 23 可知，Ordered Logistic 回归模型的 LR 指数概率为 0. 0171，如果以 10%为总体显著性检验水平，回归模型的总体显著性为显著。据此可以推断，资源禀赋对花农化肥费用的影响显著。SK 没有通过系数检验，说明社员与非社员的化肥费用没有显著差别。

以 10%为 Z 检验的检验水平，种植规模 SS、市场距离 X2、鲜切花种植年限 X10、农业生产固定投资 X11 通过了系数的显著性检验。根据检验概率，其影响显著性从大到小的排序为：鲜切花种植年限 X10、种植规模 SS、农业生产固定投资 X11、市场距离 X2。由模型的系数值及实际意义可知：鲜切花种植年限越长，每亩化肥费用低的可能性越大；种植规模越大，每亩化肥费用高的可能性越大；农业生产固定投资越大，每亩化肥费用低的可能性越大；

距离市场越远，每亩化肥费用高的可能性越大。

• 合作社差异性对社员每亩化肥费用级别的影响

由表 5.2.24 可知，Ordered Logistic 回归模型的 LR 指数概率为 0.0185，如果以 10%为总体显著性检验水平，回归模型的总体显著性为显著。据此可以推断，在同为合作社社员的情况下，合作社的差异性对社员化肥费用产生的影响显著。

表 5.2.24　社员化肥费用级别的 Ordered Logistic 模型

解释变量	系数	标准差	Z 统计量	检验概率
Z1	-0.7993	0.4532	-1.7639	0.0778
Z2	1.0308	0.3596	2.8665	0.0042
Z3	0.0295	0.2008	0.1471	0.8831
FET	0.1128	0.1428	0.7910	0.4289
FEQ	0.0566	0.172312	0.3284	0.7426
FEP	-0.0112	0.264337	-0.0425	0.9661
赤池信息准则	2.0642	施瓦兹准则		2.2156
对数似然值	-255.2754	汉南-奎因准则		2.1251
Restr. 对数似然值	-260.0979	Avg. 对数似然值		-0.9894
LR 统计量（自由度 6）	9.6449	LR 指数概率（Pseudo-R^2）		0.0185

以 10%为 Z 检验的检验水平，合作社规模 Z1 和合作社成立年限 Z2 通过了系数的显著性检验。根据检验概率，其影响显著性从大到小的排序为：合作社成立年限 Z2、合作社规模 Z1。由模型的系数值及实际意义可知：合作社成立年限越长，每亩化肥费用高的可能性越大；合作社规模越大，每亩化肥费用低的可能性越大。

4）检验结果的解释与讨论

• 社员与非社员每亩化肥费用的单因素方差分析

本章对样本容量为 258 的两个对比组进行了单因素方差分析，控制变量为鲜切花销售方式，即花农是否为社员，对比组为社员组与非社员组，观察变量为每亩平均化肥费用。两个对比组没有通过齐次方差检验，即两个对比组的方差存在显著差异，无法进行单因素方差分析。在 Ordered Logistic 回归模型中，如果以 10%为总体显著性检验水平，解释变量的系数没有通过系数显著性检验，说明当前生产中是否为社员不能对花农每亩农药费用产生显著影响。其原因可能是花农合作社对农药减量重视不够，其技术指导与技术推广对社员农药减量的贡献不大。

- 资源禀赋对花农化肥费用的影响

Ordered Logistic 回归模型的 LR 指数概率为 0.0171，如果以 10%为总体显著性检验水平，回归模型的总体显著性为显著，说明资源禀赋对花农化肥费用的影响显著。是否为社员 SK 没有通过系数的显著性检验，说明社员与非社员的化肥费用不存在显著差异。根据检验概率，其影响显著性从大到小的排序为：鲜切花种植年限 X10、种植规模 SS、农业生产固定投资 X11、市场距离 X2。由模型的系数值及实际意义可知：第一，鲜切花种植年限越长，每亩化肥费用低的可能性越大，鲜切花种植经验能够有效减少化肥施用量。第二，种植规模越大，每亩化肥费用高的可能性越大，种植规模化能够享受更低的化肥价格。第三，农业生产固定投资越大，每亩化肥费用低的可能性越大。农业生产固定投资大代表自我生产能力强，自我生产能力强的花农比普通花农的化肥施用量少。第四，距离市场越远，每亩化肥费用高的可能性越大。其原因是，距离市场越远，运输成本越高，成本增加了，价格自然也会提高。

- 合作社差异性对社员每亩化肥费用的影响

Ordered Logistic 回归模型的 LR 指数概率为 0.0185，模型总体显著性为显著，说明合作社对社员化肥费用产生的影响显著。根据检验概率，其影响显著性从大到小的排序为：合作社成立年限 Z2、合作社规模 Z1。由模型的系数值及实际意义可知：第一，合作社成立年限越长，每亩化肥费用高的可能性越大，这说明成立年限越长的合作社越倾向于鼓励社员增加化肥施用量。第二，合作社规模越大，每亩化肥费用低的可能性越大，其原因是合作社规模越大，化肥采购量越大，越容易获得更低的化肥价格。

5.2.1.4 减少农药费用、降低生产成本假说

1）研究假说的分解

（1）合作社减少社员农药费用假说

花农合作社提高了社员采购化肥的组织化程度，具有更大的采购规模与更强的谈判能力，能够在相同质量水平下，提高获得低价农药的可能性。此外，花农合作社的病虫害及农药施用指导提高了社员的农药施用效率，减少了社员需要购买农药的数量。因此，花农合作社的生产资料供应业务能够减少社员的农药采购费用，从而使社员的农药费用显著低于非社员。

（2）减少农药费用可以降低生产成本假说

农药费用是生产成本的重要组成部分。在种苗费用与化肥费用不变的条件下，农药费用减少一定会降低生产成本。但是，花农合作社不仅影响社员的生产资料采购行为，还会影响社员的生产方式，农药费用的变化可能引起化肥费用的变化。因此，需要检验社员农药费用减少能否降低社员的生产成本。

2）研究变量（见表5.2.25和表5.2.26）

（1）合作社减少社员农药费用假说

表5.2.25 研究变量

变量	类型	描述与取值
每亩农药费用ADE	数值型	每亩农药费用ADE=农药费用DE÷种植面积SS，单位：元/亩
每亩农药费用级别ADEB	有序离散型	每亩农药费用的排序，级别越高，种苗费用越高
资源禀赋	指标体系	由10个资源禀赋指标构成
合作社基本特征	指标体系	由3个合作社基本特征指标构成
合作社的农药技术指导DET	有序离散型	0=没有；1=较差；2=一般；3=较好；4=好
合作社的农药质量水平DEQ	有序离散型	1=较差；2=一般；3=较好；4=好
合作社农药价格DEP	有序离散型	0=低于市场价格；1=与市场价格相同；2=高于市场价格

（2）减少农药费用可以降低生产成本假说

表5.2.26 研究变量

变量	类型	描述与取值
农药费用DE	数值型	用于购买农药的费用
生产成本PC	数值型	鲜切花生产过程的费用之和

3）合作社减少社员农药费用假说的检验

（1）检验设计

首先，进行单因素方差分析，检验社员每亩农药费用是否低于非社员。其次，以每亩农药费用级别为因变量，以资源禀赋及是否为社员为自变量，建立Ordered Logistic模型，分析基于农户本身的花农农药费用影响因素，寻找社员农药费用小于非社员的内在原因。最后，以每亩农药费用级别为因变量，以合作社基本特征及相关服务评价为自变量，建立 Ordered Logistic 模型，分析合作社对社员每亩农药费用级别的影响，寻找基于合作社的社员农药费用产生差异的原因。

（2）检验结果

- 社员与非社员每亩农药费用的单因素方差分析

①每亩农药费用的统计性描述（见表 5.2.27）

表 5.2.27　每亩农药费用的统计性描述

	最大值	最小值	中位数	平均值	标准差
社员	4333.33	1714.29	2666.67	2643.44	406.36
非社员	4000	1500	2727.27	2739.54	428.59

②每亩农药费用的齐次方差检验（结果见表 5.2.28）

表 5.2.28　每亩农药费用的齐次方差检验结果

检验方法	自由度	统计量	检验概率
F-test	(257, 257)	1.1225	0.3548
Bartlett	1	0.8561	0.3548

以 10%为检验水平，由检验结果可知，接受原假设，两个对比组的方差不存在显著差异，即两个对比组具有齐次方差，可以进行单因素方差分析。

③每亩农药费用的均值相同检验（结果见表 5.2.29）

表 5.2.29　每亩农药费用的均值相同检验结果

检验方法	自由度	统计量	检验概率
t-test	514	2.7233	0.0067
Anova F-statistic	(1, 514)	7.4165	0.0067

以 10%为检验水平，由检验结果可知，拒绝原假设，两个对比组的平均值存在显著差异。社员的每亩农药费用平均值为 2643.44，非社员的每亩化肥费用平均值为 2739.54，社员每亩农药费用平均值低于非社员的研究假说成立。

- 资源禀赋对花农农药费用的影响

①每亩农药费用级别的频数统计（见表5.2.30）

表5.2.30　每亩农药费用级别的频数统计

级别	计数（个）	百分比（%）	累计计数（个）	累计百分比（%）
1	34	6.50	34	6.50
2	172	32.89	206	39.39
3	199	38.05	405	77.44
4	108	20.65	513	98.09
5	9	1.72	522	99.81
6	1	0.19	523	100.00
合计	523	100.00	523	100.00

本章将每亩种苗费用ADE分为六个级别：当ADE≤2000时，ADEB取值为1；当2000<ADE≤2500时，ADEB取值为2；当2500<ADE≤3000时，ADEB取值为3；当3000<ADE≤3500时，ADEB取值为4；当3500<ADE≤4000时，ADEB取值为5；当4000<ADE时，ADEB取值为6。

②花农农药费用级别的Ordered Logistic模型（见表5.2.31）

表5.2.31　花农农药费用级别的Ordered Logistic模型

解释变量	系数	标准差	Z统计量	检验概率
SK	−0.5565	0.0974	−2.5797	0.0221
SS	0.3313	0.1201	2.7587	0.0058
X2	−0.0038	0.0032	−1.1779	0.2388
X3	0.0703	0.3747	0.1876	0.8512
X4	−0.0216	0.0347	−0.6209	0.5350
X5	−0.0234	0.0514	−0.4550	0.6491
X6	−0.1533	0.0711	−2.1563	0.0311
X7	0.3105	0.1304	2.3817	0.0172
X8	0.1977	0.0847	2.3333	0.0196
X9	−0.0435	0.1315	−0.3309	0.7407
X10	−0.0875	0.0624	−1.4033	0.1605
X11	−0.4088	0.1891	−2.1622	0.0306
赤池信息准则	2.6104	施瓦兹准则		2.7488

续表

解释变量	系数	标准差	Z 统计量	检验概率
对数似然值	-665.6125	汉南-奎因准则		2.6646
Restr. 对数似然值	-689.6829	Avg. 对数似然值		-1.2727
LR 统计量（自由度 12）	48.1409	LR 指数概率（Pseudo-R^2）		0.0349

由表 5.2.31 可知，Ordered Logistic 回归模型的 LR 指数概率为 0.0349，如果以 10%为总体显著性检验水平，回归模型的总体显著性为显著。可以推断，资源禀赋对花农农药费用的影响显著。此外，SK 通过了系数显著性检验，说明社员与非社员的农药费用存在显著差异。

以 10%为 Z 检验的检验水平，是否为社员 SK、种植规模 SS、组织者教育年限 X6、组织者健康状况 X7、种植同一品种的亲朋好友人数 X8、农业生产固定投资 X11 通过了系数的显著性检验。根据检验概率，其影响显著性从大到小的排序为：种植规模 SS、组织者健康状况 X7、种植同一品种的亲朋好友人数 X8、是否为社员 SK、组织者教育年限 X6、农业生产固定投资 X11。由模型的系数值及实际意义可知：种植规模越大，每亩农药费用高的可能性越大；组织者健康状况越好，每亩农药费用高的可能性越大；种植同一品种的亲朋好友人数越多，每亩农药费用高的可能性越大；社员的每亩农药费用可能低于非社员；组织者受教育年限越长，每亩农药费用低的可能性越大；农业生产固定投资越大，每亩农药费用低的可能性越大。

- 合作社差异性对社员农药费用的影响（模型见表 5.2.32）

表 5.2.32 社员农药费用级别的 Ordered Logistic 模型

解释变量	系数	标准差	Z 统计量	检验概率
Z1	-0.0388	0.4211	-0.0921	0.9266
Z2	-0.5580	0.3298	-1.6920	0.0906
Z3	0.4185	0.1872	2.2352	0.0254
DET	0.1973	0.1390	1.4197	0.1557
DEQ	0.2450	0.1609	1.5225	0.1279
DEP	-0.0825	0.2230	-0.3701	0.7113
赤池信息准则	2.5916	施瓦兹准则		2.7431

续表

解释变量	系数	标准差	Z 统计量	检验概率
对数似然值	-323.3189	汉南-奎因准则		2.6525
Restr. 对数似然值	-338.0126	Avg. 对数似然值		-1.2532
LR 统计量（自由度 6）	29.3874	LR 指数概率（Pseudo-R^2）		0.0435

由表 5.2.32 可知，Ordered Logistic 回归模型的 LR 指数概率为 0.0435，如果以 10%为总体显著性检验水平，回归模型的总体显著性为显著。由此可以推断，合作社差异性对社员农药费用的影响显著。

以 10%为 Z 检验的检验水平，合作社年限 Z2 和合作社知名度 Z3 通过了系数的显著性检验。根据检验概率，其影响显著性从大到小的排序为：合作社知名度 Z3、合作社年限 Z2。由模型的系数值及实际意义可知：合作社知名度越高，每亩农药费用高的可能性越大；合作社年限越长，每亩农药费用低的可能性越大。

4）检验结果的解释与讨论

（1）社员与非社员每亩农药费用的单因素方差分析

本章对样本容量为 258 的两个对比组进行了单因素方差分析，控制变量为鲜切花销售方式，即花农是否为社员，对比组为社员组与非社员组，观察变量为每亩农药费用。两个对比组通过了齐次方差检验，即两个对比组的方差不存在显著差异。均值检验结果为两个对比组的平均值存在显著差异。社员的每亩农药费用平均值（2643.44）低于非社员的每亩农药费用平均值（2739.54），即花农合作社社员的农药费用更低。

（2）资源禀赋对花农农药费用的影响

Ordered Logistic 回归模型的 LR 指数概率为 0.0349，如果以 10%为总体显著性检验水平，回归模型的总体显著性为显著。可以推断，资源禀赋对花农农药费用的影响显著。根据检验概率，其影响显著性从大到小的排序为：种植规模 SS、组织者健康状况 X7、种植同一品种的亲朋好友人数 X8、组织者受教育年限 X6、农业生产固定投资 X11。由模型的系数值及实际意义可知：第一，种植规模越大，每亩农药费用高的可能性越大，即种植规模越大，花农越倾向于增加农药施用量，导致其每亩农药费用增加。第二，组织者健康状况越好，每亩农药费用高的可能性越大，即组织者健康状况越好，越倾向于增加农药施用量，其原因可能是身体健康的组织者更注重也更有能力增加生产投入。第三，种植同一品种的亲朋好友人数越多，花农越倾向于增加农药施用量，其原因可能是大部分花农依赖增加农药施用量来提高产量和质量。第四，组织者受教育年限越长，花农越倾向于降低农药的施用量，其原因可能是受教育年限越长的花农受到的生态保护宣传和教育越多，保护生态意识越强，越倾向于减少农药施用量。

（3）合作社差异性对社员每亩农药费用的影响

Ordered Logistic 回归模型的 LR 指数概率为 0.0435，模型总体显著性为显著，说明合作社基本特征及相关服务会对花农农药费用产生显著影响。根据检验概率，其影响显著性从大到小的排序为：合作社知名度 Z3、合作社年限 Z2。由模型的系数值及实际意义可知：第一，合作社知名度越高，社员每亩农药费用高的可能性越大。其原因可能是，知名度越高的合作社对鲜切花质量的要求越高，从而导致社员增加农药施用量。第二，合作社成立年限越长，社员每亩农药费用低的可能性越大。其原因可能是，花农合作社生产经营经验越丰富，生产技术指导服务效果越好，越能有效降低社员的每亩农药施用量。

5.2.2 基于种植技术与生产标准指导业务假说的检验

5.2.2.1 种植科学化与规范化、提高鲜切花质量假说的检验

1）研究假说的基本思想

花农合作社在服务中对社员的种植行为给予了及时的指导和帮助，定期举办技术交流大会与生产标准讲座，激发了社员学习种植技术与生产标准的热情，增加了社员学习种植技术与生产标准的渠道，能够有效促进社员种植行为的科学化与规范化，从而使社员在相同的生产条件与投入下，获得的鲜切花质量高于非社员。因此，社员获得高质量鲜切花的可能性大于非社员。

2）研究变量（见表 5.2.33）

表 5.2.33 研究变量

变量	类型	描述与取值
A 级花与 B 级花比重 ABP	数值型	A 级花与 B 级花数量占总产量的比重
A 级花与 B 级花比重级别 ABB	有序离散型	1=低；2=较低；3=中；4=较高；5=高

续表

变量	类型	描述与取值
资源禀赋	指标体系	由 10 个资源禀赋指标构成
合作社基本特征	指标体系	由 3 个合作社基本特征指标构成
合作社的技术指导服务评级 CCT	有序离散型	1 = 不满意；2 = 有点不满意；3 = 比较满意；4 = 很满意
合作社的生产标准指导服务评级 CPS	有序离散型	1 = 不满意；2 = 有点不满意；3 = 比较满意；4 = 很满意

3）研究假说的检验

（1）检验设计

本章使用 A 级花与 B 级花比重代表鲜切花质量水平。首先，进行单因素方差分析，检验社员 A 级花与 B 级花比重是否高于非社员。其次，以 A 级花与 B 级花比重级别为因变量，以资源禀赋及销售方式为自变量，分析基于农户自身的 A 级花与 B 级花比重的影响因素，寻找社员鲜切花质量高于非社员的原因。最后，以 A 级与 B 级花比重级别为因变量，以合作社特征及技术生产标准服务评价指标为自变量，建立 Ordered Logistic 模型，分析合作社对社员 A 级花与 B 级花比重的影响，寻找基于合作社的社员鲜切花质量产生差异的原因。

（2）检验结果

- 花农 A 级花与 B 级花比重的统计性描述（见表 5. 2. 34）

表 5. 2. 34　A 级与 B 级花比重的统计性描述

	最大值	最小值	中位数	平均值	标准差
社员	58. 0645	17. 1429	37. 3214	37. 1222	7. 5209
非社员	47. 7941	15. 5556	33. 3333	31. 8593	7. 1057

- 社员与非社员 A 级花与 B 级花比重的齐次方差检验（结果见表 5. 2. 35）

社员的有效样本容量为 258，非社员的有效样本容量为 265，无法构成样本容量相同的两个组进行单因素检验。从 9 个镇（乡）中随机抽取 7 个，再从这 7 个镇（乡）中各随机抽取 1 个非社员的问卷编号，将其对应的样本数据从非社员数据中抽出，构造两个样本容量都为 258 的对比组，进行齐次方差检验。

表 5.2.35　A 级花与 B 级花比重齐次方差检验结果

检验方法	自由度	统计量值	检验概率
F-test	(257, 257)	1.124281	0.3483
Bartlett	1	0.879463	0.3483

以 10%为检验水平，由检验结果可知，接受原假设，两个对比组的方差相同，即两个对比组具有齐次方差，可以进行单因素方差分析。

- 社员与非社员 A 级花与 B 级花比重的单因素方差分析

单因素方差分析需要明确观测变量和控制变量，本问题中观测变量是 A 级花与 B 级花比重，控制变量为鲜切花销售方式，即社员与非社员两个对比组，结果见表 5.2.36。

表 5.2.36　A 级花与 B 级花比重相同均值检验

检验方法	自由度	统计量值	检验概率
t-test	514	8.2822	0.0000
Anova F-statistic	(1, 514)	68.5959	0.0000

以 10%为检验水平，由检验结果可知，拒绝原假设，两个对比组的均值不相同，即两个对比组的均值显著不同。

由表 5.2.37 可知，社员 A 级花与 B 级花比重的均值显著高于非社员 A 级花与 B 级花比重的均值。由于 A 级花与 B 级花比重是数值型变量，取值越大，说明鲜切花的质量水平越高。可见，社员的鲜切花质量水平显著高于非社员。

表 5.2.37　两个对比组 A 级花与 B 级花比重的统计指标

变量	样本数	平均值	样本标准差	平均值标准差
社员 A 级花与 B 级花比重	258	37.1222	7.5029	0.4671
非社员 A 级花与 B 级花比重	258	31.8044	7.0761	0.4405
总体 A 级花与 B 级花比重	516	34.4633	7.7568	0.3415

- Ordered Logistic 回归模型结果

①资源禀赋对花农鲜切花质量的影响

a. A 级花与 B 级花比重的级别

本章将 A 级花与 B 级花比重 ABP 分为七个级别（见表 5.2.38）：当 ABP ≤20%时，ABB 取值为 1；当 20%<ABP≤25%时，ABB 取值为 2；当 25%<

ABP≤30%时，ABB 取值为 3；当 30%<ABP≤35%时，ABB 取值为 4；当 35%<ABP≤40%时，ABB 取值为 5；当 40%<ABP≤45%时，ABB 取值为 6；当 ABP>45%时，ABB 取值为 7。

表 5.2.38 A 级花与 B 级花比重级别

级别	计数（个）	百分比（%）	累计计数（个）	累计百分比（%）
1	23	4.40	23	4.40
2	57	10.90	80	15.30
3	63	12.05	143	27.34
4	126	24.09	269	51.43
5	148	28.30	417	79.73
6	66	12.62	483	92.35
7	40	7.65	523	100.00
合计	523	100.00	523	100.00

b. Ordered Logistic 回归模型

基于所有样本数据，构建以 A 级花与 B 级花比重为因变量，以销售方式及资源禀赋为自变量的 Ordered Logistic 回归模型（见表 5.2.39），寻找花农鲜切花质量的重要影响因素。

表 5.2.39 花农 A 级与 B 级鲜切花比重的 Ordered Logistic 回归模型

解释变量	系数	标准差	z-Statistic	Prob.
SK	0.7040	0.0987	7.1348	0.0000
SS	0.2408	0.1099	2.1906	0.0285
X2	0.0031	0.0032	0.9946	0.3199
X3	0.4877	0.3725	1.3093	0.1904
X4	−0.0323	0.0343	−0.9437	0.3453
X5	0.0163	0.0503	0.3241	0.7458
X6	−0.0749	0.0691	−1.0831	0.2788
X7	0.0170	0.1259	0.1348	0.8927
X8	0.0744	0.0803	0.9260	0.3544
X9	−0.1574	0.1266	−1.2433	0.2138
X10	−0.0068	0.0583	−0.1170	0.9069

续表

解释变量	系数	标准差	z-Statistic	Prob.
X11	-0.1976	0.1762	-1.1216	0.2620
赤池信息准则	3.5117	施瓦兹准则		3.658327
对数似然值	-900.3162	汉南-奎因准则		3.569140
Restr. 对数似然值	-937.1420	Avg. 对数似然值		-1.721446
LR 统计量（自由度 12）	73.65160	LR 指数概率（Pseudo-R^2）		0.0393

由表 5.2.39 可知，LR 指数概率为 0.0393，如果以 10%为总体显著性检验水平，回归模型的总体显著性为显著。可以推断，资源禀赋对花农的鲜切花质量产生的影响不显著。SK 通过了显著性检验，说明是否为社员对鲜切花质量有显著影响。

以 10%为 Z 检验的检验水平，由回归系数检验概率可知：销售方式 SK、种植规模 SS 通过了系数的显著性检验。根据检验概率，其影响显著性从大到小的排序为：销售方式 SK、种植规模 SS。由模型的系数值及实际意义可知：社员的鲜切花质量平均高于非社员；种植规模越大，鲜切花质量水平高的可能性越大。

②合作社差异性对社员鲜切花质量的影响

基于社员的样本数据，构建以 A 级花与 B 级花比重为因变量，以合作社特征与种植技术、生产标准为自变量的 Ordered Logistic 回归模型（见表 5.2.40），分析合作社对社员 A 级花与 B 级花比重的影响。

表 5.2.40　社员 A 级花与 B 级比重的 Ordered Logistic 回归模型

解释变量	系数	标准差	Z 统计量	检验概率
Z1	0.1935	0.4344	0.4454	0.6560
Z2	0.0842	0.3439	0.2450	0.8065
Z3	-0.2598	0.2015	-1.2897	0.1971
CCT	1.2392	0.2097	5.9107	0.0000
CPS	3.5601	0.3235	11.0064	0.0000
赤池信息准则	2.0391	施瓦兹准则		2.1906
对数似然值	-252.0468	汉南-奎因准则		2.1000
Restr. 对数似然值	-443.5404	Avg. 对数似然值		-0.9769
LR 统计量（自由度 5）	382.9872	LR 指数概率（Pseudo-R^2）		0.4317

由表5.2.40可知，LR指数概率为0.4317，如果以10%为总体显著性检验水平，回归模型的总体显著性为不显著，即合作社的差异性对社员鲜切花质量水平没有显著影响。

4）检验结果的解释与讨论

（1）社员与非社员A级花与B级花比重的单因素方差分析

本书对样本容量为258的两个对比组进行了单因素方差分析，控制变量为鲜切花销售方式，即花农是否为社员，对比组为社员组与非社员组，观察变量为A级花与B级花比重。两个对比组通过了齐次方差检验，即两个对比组的方差不存在显著差异。均值检验结果为两个对比组的平均值存在显著差异。由于A级花与B级花比重的取值为数值型，取值越大，鲜切花质量水平越高。社员的A级花与B级花比重的平均值（37.12%）显著高于非社员的A级花与B级花比重的平均值（31.86%），即社员的鲜切花质量水平显著高于非社员。

（2）资源禀赋对花农鲜切花质量的影响

由表5.2.39可知，LR指数概率为0.0393，总体显著性为显著，说明资源禀赋与销售方式对花农的鲜切花质量水平产生的影响显著。从回归系数检验概率看，其影响显著性从大到小的排序为：销售方式SK、种植规模SS。由模型的系数值及实际意义可知：社员的鲜切花质量高于非社员；种植规模越大，鲜切花质量水平高的可能性越大。

（3）合作社差异性对社员鲜切花质量的影响

由表5.2.40可知，LR指数概率为0.4317，模型总体显著性为不显著，说明花农合作社对社员鲜切花质量没有产生显著影响，即花农合作社对社员鲜切花质量的影响没有显著差异。

5.2.2.2 种植科学化与规范化、提高鲜切花产量假说

1）研究假说的基本思想

花农合作社在服务中对社员的种植行为给予及时的指导与帮助，定期举办技术交流大会和生产标准讲座，提高了社员的种植技术与生产标准水平，从而提高了种植面积的产出率，即在种植面积不变的条件下，社员的鲜切花产量有所提高。因此，社员鲜切花的每亩产量应该大于非社员。

2）研究变量（见表 5.2.41）

表 5.2.41 研究变量

变量	类型	描述与取值
每亩产量 AQ	数值型	社员每亩土地的鲜切花平均产量，单位：枝
每亩产量级别 AQB	有序离散型	1=低；2=较低；3=中；4=较高；5=高
资源禀赋	指标体系	由 10 个资源禀赋指标构成
合作社基本特征	指标体系	由 3 个合作社基本特征指标构成
合作社的技术指导服务评级 CCT	有序离散型	1=不满意；2=有点不满意；3=比较满意；4=很满意
合作社的生产标准指导服务评级 CPS	有序离散型	1=不满意；2=有点不满意；3=比较满意；4=很满意

3）研究假说的检验

（1）检验设计

首先，进行单因素方差分析，检验社员产量是否高于非社员。其次，以花农每亩产量级别为因变量，以资源禀赋及销售方式为自变量，建立 Ordered Logistic 模型，分析基于花农自身的鲜切花产量的影响因素，寻找社员每亩平均产量高于非社员的原因。最后，以社员每亩产量级别为因变量，以合作社特征及技术生产标准服务评价指标为自变量，建立 Ordered Logistic 模型，分析合作社对社员每亩平均产量的影响，寻找基于合作社的社员每亩平均产量产生差异的原因。

（2）检验结果

- 鲜切花每亩产量统计性描述（见表 5.2.42）

表 5.2.42 鲜切花每亩产量统计性描述

	最大值	最小值	中位数	平均值	标准差
社员	53333.33	27500.00	41666.67	40731.97	5168.955
非社员	53571.43	26666.67	40000.00	39201.44	5990.728

- 社员与非社员每亩产量的齐次方差检验（结果见表 5.2.43）

表 5.2.43 每亩产量齐次方差检验结果

检验方法	自由度	统计量	检验概率
F-test	（257，257）	1.3465	0.0174
Bartlett	1	5.6537	0.0174

以 10%为检验水平，由检验结果可知，拒绝原假设，两个对比组的方差不相同，即两个对比组的方差存在显著差异，无法直接进行单因素方差分析。

- Ordered Logistic 回归模型结果

①是否为社员对花农每亩产量的影响

社员与非社员两个对比组的方差不是齐次方差，无法直接进行单因素方差分析。为了检验参加合作社是否有利于提高每亩产量，以每亩产量级别为因变量，以是否为社员为自变量之一，建立 Ordered Logistic 回归模型，分析社员身份对花农每亩产量级别的影响。

a. 花农每亩产量级别的频数统计（见表 5. 2. 44）

本章将每亩产量 AQ 分为六个级别：当 AQ≤30000 时，AQB 取值为 1；当 30000<AQ≤35000 时，AQB 取值为 2；当 35000<AQ≤40000 时，AQB 取值为 3；当 40000<AQ≤45000 时，AQB 取值为 4；当 45000<AQ≤50000 时，AQB 取值为 5；当 50000<AQ 时，AQB 取值为 6。

表 5. 2. 44 花农每亩产量级别的频数统计

级别	计数（个）	百分比（%）	累计计数（个）	累计百分比（%）
1	37	7. 07	37	7. 07
2	77	14. 72	114	21. 80
3	146	27. 92	260	49. 71
4	196	37. 48	456	87. 19
5	53	10. 13	509	97. 32
6	14	2. 68	523	100. 00
合计	523	100. 00	523	100. 00

b. 资源禀赋对花农每亩产量的影响

基于所有样本数据，构建以每亩产量级别为因变量、以销售方式及资源禀赋为自变量的 Ordered Logistic 回归模型（见表 5. 2. 45），寻找花农每亩产量级别的重要影响因素。

表 5. 2. 45 花农每亩产量级别与资源禀赋的 Ordered Logistic 回归模型

解释变量	系数	标准差	Z 统计量	检验概率
SK	0. 2952	0. 0959	3. 0796	0. 0021
SS	0. 4371	0. 1114	3. 9241	0. 0001

续表

解释变量	系数	标准差	Z 统计量	检验概率
X2	-0.0040	0.0031	-1.2678	0.2049
X3	-0.4017	0.3621	-1.1092	0.2673
X4	0.0624	0.0336	1.8572	0.0633
X5	-0.0761	0.0505	-1.5068	0.1319
X6	-0.1119	0.0707	-1.5834	0.1133
X7	-0.0817	0.1269	-0.6452	0.5188
X8	0.1033	0.0830	1.2446	0.2133
X9	0.2062	0.1338	1.5408	0.1234
X10	-0.0046	0.0600	-0.0762	0.9392
X11	-0.5395	0.1832	-2.9444	0.0032
赤池信息准则	3.0082	施瓦兹准则		3.1467
对数似然值	-769.6519	汉南-奎因准则		3.0625
Restr. 对数似然值	-796.1948	Avg. 对数似然值		-1.4716
LR 统计量（自由度 12）	53.0858	LR 指数概率（Pseudo-R^2）		0.0333

由表 5.2.45 可知，LR 指数概率为 0.0333，如果以 10%为总体显著性检验水平，回归模型的总体显著性为显著。可以推断，资源禀赋对花农每亩产量产生显著影响。SK 通过系数的显著性检验，说明是否为社员会对花农每亩产量产生显著影响。

以 10%为 Z 检验的检验水平，由回归系数检验概率可知：销售方式 SK、种植规模 SS、农业劳动力年龄 X4、农业固定资产 X11 通过了系数的显著性检验。根据检验概率，其影响显著性从大到小的排序为：种植规模 SS、销售方式 SK、农业固定资产 X11、农业劳动力年龄 X4。由模型的系数值及实际意义可知：种植规模越大，鲜切花每亩产量高的可能性越大；社员的鲜切花每亩产量可能高于非社员；农业固定资产越多，鲜切花每亩产量高的可能性越大。

②合作社差异性对社员每亩产量级别的影响

基于社员的样本数据，构建以每亩产量级别为因变量、以合作社特征及技术生产标准服务评价为自变量的 Ordered Logistic 回归模型（见表 5.2.46），分析合作社对社员每亩产量级别的影响。

表 5.2.46　社员每亩产量级别的 Ordered Logistic 回归模型

解释变量	系数	标准差	Z 统计量	检验概率
Z1	−0.0440	0.4083	−0.1077	0.9142
Z2	−0.6282	0.3152	−1.9932	0.0462
Z3	0.4051	0.1846	2.1949	0.0282
CCT	−0.2472	0.1779	−1.3901	0.1645
CPS	0.2120	0.1837	1.1541	0.2485
赤池信息准则	2.9548	施瓦兹准则		3.0925
对数似然值	−371.1734	汉南-奎因准则		3.0102
Restr. 对数似然值	−377.8327	Avg. 对数似然值		−1.4387
LR 统计量（自由度 5）	13.3186	LR 指数概率（Pseudo-R^2）		0.0176

由表 5.2.46 可知，LR 指数概率为 0.0176，如果以 10%为总体显著性检验水平，回归模型的总体显著性为显著。可以推断，合作社基本特征及相关服务会对社员每亩产量产生显著影响。

以 10%为 Z 检验的检验水平，由回归系数检验概率可知：合作社年限 Z2、合作社商品知名度 Z3 通过了系数的显著性检验。根据检验概率，其影响显著性从大到小的排序为：合作社商品知名度 Z3、合作社年限 Z2。由模型的系数值及实际意义可知：合作社商品知名度越高，社员每亩产量高的可能性越大；合作社成立年限越长，社员每亩产量高的可能性越小。

4）检验结果的解释与讨论

（1）社员与非社员每亩产量的单因素方差分析

本书对样本容量为 258 的两个对比组进行了单因素方差分析，控制变量为鲜切花销售方式，即花农是否为社员，对比组为社员组与非社员组，观察变量为每亩平均产量。两个对比组没有通过齐次方差检验，即两个对比组的方差存在显著差异，无法进行单因素方差分析。

（2）是否为社员对花农每亩产量的影响

根据 Ordered Logistic 回归模型，如果以 10%为总体显著性检验水平，是否为社员 SK 通过系数的显著性检验，说明是否为社员会对花农每亩产量产生显著影响。根据系数符号，成为社员能够使花农每亩产量高的可能性增大，即社员每亩产量高的可能性大于非社员。

（3）资源禀赋对花农每亩产量的影响

由表 5. 2. 45 可知，LR 指数概率为 0. 0333，如果以 10%为总体显著性检验水平，回归模型的总体显著性为显著。可以推断，资源禀赋会对花农每亩产量产生显著影响。以 10%为 Z 检验的检验水平，根据检验概率，其影响显著性从大到小的排序为：种植规模 SS、销售方式 SK、农业固定资产 X11、农业劳动力年龄 X4。由模型的系数值及实际意义可知：种植规模越大，鲜切花每亩产量高的可能性越大；社员的鲜切花每亩产量可能高于非社员；农业固定资产越多，鲜切花每亩产量高的可能性越大。种植规模、农业固定资产及农业劳动力是花农生产能力的重要决定要素，生产能力越强，鲜切花每亩产量越高。

（4）合作社差异性对社员每亩产量级别的影响

由表 5. 2. 46 可知，LR 指数概率为 0. 0176，如果以 10%为总体显著性检验水平，回归模型的总体显著性为显著。可以推断，合作社基本特征及相关服务会对社员每亩产量产生显著影响。以 10%为 Z 检验的检验水平，从回归系数检验概率看，其影响显著性从大到小的排序为：合作社商品知名度 Z3、合作社年限 Z2。由模型的系数值及实际意义可知：合作社商品知名度越高，社员每亩产量高的可能性越大。其主要原因是，知名度越高的合作社，提高社员产量的能力越强。合作社成立年限越长，社员每亩产量高的可能性越小。可能的原因是，随着生产经营经验的积累，经验丰富的合作社更重视鲜切花质量，在产量与质量发生矛盾时，会优先保障质量。

5. 2. 3 基于代理销售业务研究假说的检验

5. 2. 3. 1 提高组织化程度、降低销售成本假说的检验

1）研究假说的基本思想

花农合作社改变了社员以家庭为单位的销售方式，将社员的销售活动外部化，提高了销售的组织化程度，发挥了鲜切花销售的规模效应，节约了运输费用，节省了花农的销售时间，提高了鲜切花的交易效率，从而降低了社员的销售成本。因此，社员每万枝鲜切花的销售成本应该低于非社员。

2）研究变量（见表 5. 2. 47）

表 5. 2. 47　研究变量

变量	类型	描述与取值
每万枝鲜切花的销售成本 ASE	数值型	ASE = 销售成本 SE÷鲜切花产量 Q
销售服务评价 SSA	有序离散型	0 = 非常不满意；1 = 不太满意；2 = 还可以；3 = 比较满意；4 = 非常满意
资源禀赋	指标体系	由 10 个资源禀赋指标构成
合作社基本特征	指标体系	由 3 个合作社基本特征指标构成

3）研究假说的检验

（1）检验设计

首先，进行单因素方差分析，检验社员每万枝鲜切花平均销售成本是否显著低于非社员。其次，以每万枝鲜切花平均销售成本级别为因变量，以资源禀赋指标及是否为社员为自变量，建立 Ordered Logistic 模型，分析基于农户自身的鲜切花销售成本的影响因素，寻找社员销售成本低于非社员的内在原因。最后，以每万枝鲜切花平均销售成本级别为因变量，以合作社基本特征及相关服务评价为自变量，建立 Ordered Logistic 模型，分析合作社对社员销售费用的影响，寻找基于合作社的社员销售费用存在差异的原因。

（2）检验结果

- 每万枝鲜切花销售成本的单因素方差分析

①每万枝鲜切花销售成本的统计性描述（见表 5. 2. 48）

表 5. 2. 48　平均交易价格的统计性描述

	最大值	最小值	中位数	平均值	标准差
社员	600. 00	91. 11	205. 71	220. 87	78. 48
非社员	697. 67	102. 94	250. 00	280. 67	127. 60

②每万枝鲜切花销售成本的齐次方差检验（结果见表 5. 2. 49）

表 5. 2. 49　每万枝鲜切花销售费用的齐次方差检验结果

检验方法	自由度	统计量	检验概率
F-test	（257，257）	2. 6389	0. 0000
Bartlett	1	58. 1505	0. 0000

以 10%为检验水平，由检验结果可知，拒绝原假设，两个对比组的方差存在显著性差异，即两个对比组不具有齐次方差，无法进行单因素方差分析。

- 是否为社员对花农每万枝鲜切花销售成本的影响

为了检验参加合作社是否有利于降低每万枝鲜切花销售费用，以每万枝鲜切花销售费用级别为因变量，以是否为社员为自变量之一，建立 Ordered Logistic 回归模型，分析社员身份对花农每万枝鲜切花销售费用级别的影响。

本章将每万枝鲜切花销售费用 ASE 分为七个级别（频数统计见表 5.2.50）：当 ASE≤100 时，ASEB 取值为 1；当 100<ASE≤200 时，ASEB 取值为 2；当 200<ASE≤300 时，ASEB 取值为 3；当 300<ASE≤400 时，ASEB 取值为 4；当 400<ASE≤500 时，ASEB 取值为 5；当 500<ASE≤600 时，ASEB 取值为 6；当 600<ASE 时，ASEB 取值为 7。

表 5.2.50 每万枝鲜切花销售费用级别的频数统计

级别	计数（个）	百分比（%）	累计计数（个）	累计百分比（%）
1	3	0.57	3	0.57
2	225	43.02	228	43.59
3	168	32.12	396	75.72
4	69	13.19	465	88.91
5	38	7.27	503	96.18
6	18	3.44	521	99.62
7	2	0.38	523	100.00
合计	523	100.00	523	100.00

- 资源禀赋对每万枝鲜切花销售费用的影响（模型见表 5.2.51）

表 5.2.51 花农每万枝鲜切花销售费用级别的 Ordered Logistic 模型

解释变量	系数	标准差	Z 统计量	检验概率
SK	-0.8703	0.1327	-6.5583	0.0000
SS	-0.6049	0.1606	-3.7665	0.0002
X2	0.0338	0.0041	8.1733	0.0000
X3	0.5421	0.4229	1.2817	0.1999
X4	-0.0766	0.0392	-1.9553	0.0505
X5	0.0128	0.0592	0.2162	0.8289

续表

解释变量	系数	标准差	Z 统计量	检验概率
X6	-0.0457	0.0840	-0.5440	0.5864
X7	0.2800	0.1515	1.8481	0.0646
X8	0.5713	0.1048	5.4525	0.0000
X9	0.3598	0.1569	2.2938	0.0218
X10	0.0451	0.0671	0.6724	0.5013
X11	-0.5737	0.2150	-2.6686	0.0076
赤池信息准则	1.8400	施瓦兹准则		1.9867
对数似然值	-463.1757	汉南-奎因准则		1.8975
Restr. 对数似然值	-707.2221	Avg. 对数似然值		-0.8856
LR 统计量（自由度 12）	488.0928	LR 指数概率（Pseudo-R^2）		0.3451

本章采用每万枝鲜切花销售费用来度量花农的销售费用。由表 5.2.51 可知，LR 指数概率为 0.3451，如果以 10%为总体显著性检验水平，回归模型的总体显著性为不显著。可以推断，资源禀赋对花农销售费用没有显著影响。但是，SK 通过了系数的显著性检验，系数的检验概率很小，且为负，说明社员的鲜切花销售费用显著低于非社员。

以 10%为 Z 检验的检验水平，由模型的回归系数检验概率可知：销售方式 SK、种植面积 SS、市场距离 X2、劳动力平均年龄 X4、组织者健康状况 X7、种植同一品种的亲朋好友人数 X8、自行销售鲜切花经验 X9 与农业生产固定资产 X11 通过了系数的显著性检验。根据检验概率，其影响显著性从大到小的排序为：市场距离 X2、销售方式 SK、种植同一品种的亲朋好友人数 X8、种植面积 SS、农业生产固定资产 X11、自行销售鲜切花经验 X9、劳动力平均年龄 X4、组织者健康状况 X7。由模型的系数值及实际意义可知：市场距离越远，花农平均销售成本高的可能性越大；社员平均销售成本高的可能性小于非社员；种植同一品种的亲朋好友人数越多，花农平均销售成本高的可能性越大；种植面积越大，花农平均销售成本高的可能性越小；农业生产固定资产越大，花农平均销售成本高的可能性越小；自行销售鲜切花经验越多，花农平均销售成本高的可能性越大；劳动力平均年龄越大，花农平均销售成本高的可能性越小；组织者健康状况越好，花农平均销售成本高的可能性越大。

• 合作社差异性对销售成本的影响（模型见表 5. 2. 52）

表 5. 2. 52 社员每万枝销售费用级别的 Ordered Logistic 模型

解释变量	系数	标准差	Z 统计量	Prob.
Z1	−1. 1839	0. 4369	−2. 7098	0. 0067
Z2	2. 3011	0. 3680	6. 2525	0. 0000
Z3	−0. 0038	0. 1952	−0. 0193	0. 9846
SSA	0. 5208	0. 1729	3. 0119	0. 0026
赤池信息准则	2. 0473	施瓦兹准则		2. 1713
对数似然值	−255. 1070	汉南−奎因准则		2. 0972
Restr. 对数似然值	−282. 2604	Avg. 对数似然值		−0. 9888
LR 统计量（4 df）	54. 3069	LR 指数概率（Pseudo-R^2）		0. 0962

由表 5. 2. 52 可知，LR 指数概率为 0. 0962，如果以 10%为总体显著性检验水平，回归模型的总体显著性为显著。由此可以推断，合作社对社员销售费用的影响显著。

以 10%为 Z 检验的检验水平，由模型的回归系数检验概率可知：合作社规模 Z1、合作社成立年限 Z2、合作社销售服务评价 SSA 通过了系数的显著性检验。根据检验概率，其影响显著性从大到小的排序为：合作社成立年限 Z2、合作社销售服务评价 SSA、合作社规模 Z1。由模型的系数值及实际意义可知：合作社成立年限越长，社员销售费用高的可能性越大；合作社销售服务评价越高，社员销售费用高的可能性越大；合作社规模越大，社员销售费用高的可能性越小。

4）检验结果的解释与讨论

（1）社员与非社员每万枝鲜切花销售成本的单因素方差分析

本章对样本容量为 258 的两个对比组进行了单因素方差分析，控制变量为鲜切花销售方式，即花农是否为社员，对比组为社员组与非社员组，观察变量为每万枝鲜切花销售费用。两个对比组没有通过齐次方差检验，即两个对比组的方差存在显著差异，无法进行单因素方差分析。

（2）是否为社员对每万枝鲜切花销售费用的影响

根据 Ordered Logistic 回归模型，如果以 10%为总体显著性检验水平，是否为社员 SK 通过了系数的显著性检验，即是否为社员会对花农每万枝鲜切花销售费用产生显著影响。根据系数符号，成为社员能够降低花农支付每万枝鲜切花高销售费用的可能性，即社员支付每万枝鲜切花高销售费用的可能性小于非社员。

（3）资源禀赋对花农每万枝鲜切花销售费用的影响

本章用每万枝鲜切花销售费用来度量花农的销售成本。Ordered Logistic 回归模型的 LR 指数概率为 0. 3451，模型的总体显著性为不显著，说明资源禀赋不是鲜切花销售费用的重要影响因素。其主要原因可能是，鲜切花销售费用的决定因素是销售活动的物流费用和拍卖费用，农户资源禀赋不能造成销售费用的显著差异。

以 10%为总体显著性检验水平，根据系数显著性检验概率，变量显著性从大到小的排序为：市场距离 X2、销售方式 SK、种植同一品种的亲朋好友人数 X8、种植面积 SS、农业生产固定资产 X11、自行销售鲜切花经验 X9、劳动力平均年龄 X4、组织者健康状况 X7。由模型的系数值及实际意义可以得出以下结论：第一，市场距离越远，花农平均销售成本高的可能性越大。运输费用是销售费用的重要组成部分。市场距离越远，运输费用越高，从而会导致销售费用提高。第二，社员平均销售成本高的可能性小于非社员。花农合作社的代理销售业务提高了花农销售鲜切花的组织化程度，在包装、运输与销售方面都能发挥规模经济效应，因而社员平均销售费用高的可能性小于非社员。第三，种植同一品种的亲朋好友人数越多，花农平均销售成本高的可能性越大。单独看这个结论很像一个悖论，种植同一品种亲友的人数越多，销售网络资源越丰富，销售费用低的可能性应该越大。但是，本书的研究背景是，种植同一品种亲友人数较多的花农往往具有较好的资源禀赋，选择的是自行销售的销售方式，为非社员。由此可见，花农合作社帮助社员克服了其资源禀赋劣势，使得社员的销售费用低于非社员。第四，种植面积越大，花农平均销售成本高的可能性越小。种植面积越大，产量越高，在销售方面的规模优势越大，越容易发挥规模经济优势，花农平均销售费用高的可能性越小。第五，农业生产固定资产越多，花农平均销售成本高的可能性越小。农业生产固定资产多的花农，往往拥有自己的运输工具，可以大大降低运输费用，从而降低销售费用。第六，自行销售鲜切花经验越多，花农平均销售费用高的可能性越大。单独看这个结论很像一个悖论，自行销售鲜切花经验越多，销售网络资源越丰富，销售费用高的可能性应该越小。但是，本书的研究背景是，自行销售鲜切花经验多的花农往往具有较好的资源禀赋，选择自行销售的销售方式，为非社员。非社员享受不到合作社的规模效应，销售费用自然会高一些。第七，劳动力平均年龄越大，花农平均销售成本高的可能性越小。单独看这个结论很像一个悖论，劳动力平均年龄越大，去掉模型已经考虑的销售经验优势，花农的生产能力与经验应该越弱，销售费用高的可能性应该越大。但是本书的研究背景是，劳动力平均年龄大的花农往往资源禀赋较差，选择依托花农合作社的销售方式，为社员。由此可见，花农合作社帮助社员克服了其资源禀赋劣势，使得社员的销售费用低于非社员。第八，组织者健康状况越好，花农平均销售费用高的可能性越大。单独看这个结论很像一个悖论，组织者健康状况越好，劳动生产率应该越高，销售费用高的可能性应该越小。但是本书的研究背景是，组织者健康状况良好的花农往往具有较好的资源禀赋，选择自行销售的销售方式，为非社员。非社员享受不到合作社的规模效应，销售费用自然会高一些。

（4）合作社差异性对社员销售费用的影响

Ordered Logistic 回归模型的 LR 指数概率为 0.0962，模型的总体显著性为显著，说明合作社差异性对社员销售费用的影响显著。根据系数显著性检验概率，通过检验的变量显著性从大到小的排序为：合作社成立年限 Z2、合作社销售服务评价 SSA、合作社规模 Z1。由模型的系数值及实际意义可以得出以下结论：第一，合作社成立年限越长，社员销售费用高的可能性越大。合作社成立年限越长，销售服务机制与营销网络越完善，代理销售鲜切花的交易价格也越高，销售收入会随之升高。合作社的销售服务费用是以销售收入为基础，按照一定比例提取的，因而社员缴纳的服务费会随销售收入的升高而有所提高。第二，合作社销售服务评价越高，社员销售费用高的可能性越大。合作社销售服务评价越高，其代理销售鲜切花的交易价格越高，社员的销售收入会随之升高。合作社的销售服务费用是以销售收入为基础，按照一定比例提取的，因而社员缴纳的服务费会随销售收入的升高而有所提高。第三，合作社规模越大，社员销售成本高的可能性越小。合作社规模越大，鲜切花销售的规模优势越大，规模经济效应越明显，合作社销售服务的运营成本越低，合作社销售服务费的提取比例越低。

5.2.3.2 改变市场交易地位、提高交易价格假说的检验

1）研究假说

花农合作社的销售规模大于单户花农自行销售，提高了社员鲜切花销售的组织化程度，减小了花农与批发商市场势力的差距，提高了市场交易地位。此外，花农合作社拥有自己的商标，有利于提高产品的市场竞争力。因此，

花农合作社的代理销售服务可以使社员获得更高的交易价格，即社员获得高交易价格的可能性大于非社员。

2）研究变量（见表5.2.53）

表5.2.53 研究变量

变量	类型	描述与取值
平均交易价格AP	数值型	平均交易价格AP=销售收入÷销售鲜切花数量，单位：元/枝
销售服务评价SSA	有序离散型	0=非常不满意；1=不太满意；2=还可以；3=比较满意；4=非常满意
资源禀赋	指标体系	由10个资源禀赋指标构成
合作社基本特征	指标体系	由3个合作社基本特征指标构成

3）研究假说的检验

（1）检验设计

首先，进行单因素方差分析，检验社员的平均交易价格是否显著高于非社员。其次，以平均交易价格级别为因变量，以资源禀赋指标与合作社服务相关研究变量为自变量，建立Ordered Logistic模型，分析花农平均交易价格的影响因素，以及花农合作社对社员平均交易价格的影响。

（2）检验结果

- 平均交易价格的单因素方差分析

①平均交易价格的统计性描述（见表5.2.54）

表5.2.54 平均交易价格的统计性描述

	最大值	最小值	中位数	平均值	标准差
社员	0.96	0.31	0.64	0.64	0.1433
非社员	0.88	0.24	0.56	0.57	0.1523

②平均交易价格的齐次方差检验（结果见表5.2.55）

表5.2.55 平均交易价格的齐次方差检验结果

检验方法	自由度	统计量	检验概率
F-test	（257，257）	1.1437	0.2826
Bartlett	1	1.1545	0.2826

以10%为检验水平，由检验结果可知，拒绝原假设，两个对比组的方差不存在显著差异，即两个对比组具有齐次方差，可以进行单因素方差分析。

③平均交易价格的均值检验（结果见表5.2.56）

表5.2.56　平均交易价格的均值检验结果

检验方法	自由度	统计量	检验概率
t-test	514	5.6255	0.0000
Anova F-statistic	(1, 514)	31.6460	0.0000

以10%为检验水平，由检验结果可知，接受原假设，两个对比组的平均值存在显著差异。社员平均交易价格的平均值为0.64，非社员平均交易价格的平均值为0.57，社员平均交易价格高于非社员的研究假说成立。

- Ordered Logistic 模型

① 资源禀赋对花农平均交易价格的影响

a. 平均交易价格级别的频数统计（见表5.2.57）

本章将平均交易价格AP分为七个级别：当AP≤0.3时，APB取值为1；当0.3<AP≤0.4时，APB取值为2；当0.4<AP≤0.5时，APB取值为3；当0.5<AP≤0.6时，APB取值为4；当0.6<AP≤0.7时，APB取值为5；当0.7<AP≤0.8时，APB取值为6；当0.8<AP时，APB取值为7。

表5.2.57　平均交易价格级别的频数统计

级别	计数（个）	百分比（%）	累计计数（个）	累计百分比（%）
1	5	0.96	5	0.96
2	59	11.28	64	12.24
3	94	17.97	158	30.21
4	87	16.63	245	46.85
5	123	23.52	368	70.36
6	102	19.50	470	89.87
7	53	10.13	523	100.00
合计	523	100.00	523	100.00

b. 花农平均交易价格级别的 Ordered Logistic 模型（见表 5.2.58）

表 5.2.58 花农平均交易价格级别的 Ordered Logistic 模型

解释变量	系数	标准差	Z 统计量	检验概率
SK	0.5250	0.0956	5.4930	0.0000
SS	0.3193	0.1083	2.9485	0.0032
X2	0.0036	0.0031	1.1696	0.2422
X3	0.3737	0.3559	1.0501	0.2937
X4	-0.0499	0.0337	-1.4805	0.1387
X5	-0.0446	0.0488	-0.9139	0.3608
X6	-0.1935	0.0689	-2.8078	0.0050
X7	-0.0813	0.1222	-0.6653	0.5059
X8	0.0636	0.0801	0.7947	0.4268
X9	-0.0236	0.1267	-0.1859	0.8525
X10	0.0282	0.0595	0.4747	0.6350
X11	-0.3247	0.1760	-1.8453	0.0650
赤池信息准则	3.5378	施瓦兹准则		3.6844
对数似然值	-907.1353	汉南-奎因准则		3.5952
Restr. 对数似然值	-935.4641	Avg. 对数似然值		-1.7345
LR 统计量（自由度 12）	56.6576	LR 指数概率（Pseudo-R^2）		0.0303

Ordered Logistic 回归模型的 LR 指数概率为 0.0303，如果以 10%为总体显著性检验水平，回归模型的总体显著性为显著。由此可以推断，资源禀赋对花农平均交易价格的影响显著。是否为社员 SK 通过了系数的显著性检验，且系数为正，说明社员平均交易价格高的可能性大于非社员。

以 10%为 Z 检验的检验水平，由模型的回归系数检验概率可知：销售方式 SK、种植面积 SS、组织者教育年限 X6、农业生产固定资产 X11 通过了系数的显著性检验。根据检验概率，其影响显著性从大到小的排序为：销售方式 SK、种植面积 SS、组织者受教育年限 X6、农业生产固定资产 X11。由模型的系数值及实际意义可知：社员平均交易价格高的可能性大于非社员；种植规模越大，平均交易价格高的可能性越大；组织者受教育年限越长，平均交易价格高的可能性越低；农业生产固定资产越多，平均交易价格高的可能性越低。

②合作社差异性对平均交易价格的影响（模型见表 5.2.59）

表 5.2.59　社员平均交易价格级别的 Ordered Logistic 模型

解释变量	系数	标准差	Z 统计量	检验概率
Z1	0.0154	0.3969	0.0389	0.9690
Z2	0.1306	0.3108	0.4203	0.6743
Z3	0.2667	0.1804	1.4785	0.1393
SSA	0.9159	0.1628	5.6271	0.0000
赤池信息准则	3.2192	施瓦兹准则		3.3431
对数似然值	-406.2737	汉南-奎因准则		3.2690
Restr. 对数似然值	-440.2230	Avg. 对数似然值		-1.5747
LR 统计量（自由度 4）	67.8987	LR 指数概率（Pseudo-R^2）		0.0771

Ordered Logistic 回归模型的 LR 指数概率为 0.0771，如果以 10%为总体显著性检验水平，回归模型的总体显著性为显著。由此可以推断，合作社的差异性对社员平均交易价格的影响显著。

以 10%为 Z 检验的检验水平，由模型的回归系数检验概率可知：仅有合作社销售服务评价 SSA 通过了系数的显著性检验。由模型的系数值及实际意义可知：合作社销售服务评价越高，社员交易价格高的可能性越大。合作社知名度 Z3 的检验概率为 0.1393，与检验水平较接近。虽然理论上合作社知名度能够提高交易价格，但是由于拥有高知名度花农合作社的数量占总花农合作社数量的比重较小，商标知名度提高交易价格的作用并不显著。

4）检验结果的解释与讨论

（1）社员与非社员平均交易价格的单因素方差分析

本章对样本容量为 258 的两个对比组进行单因素方差分析，控制变量为鲜切花销售方式，即花农是否为社员，对比组为社员组与非社员组，观察变量为平均交易价格。两个对比组通过了齐次方差检验，即两个对比组的方差不存在显著差异。均值检验结果为两个对比组的平均值存在显著差异。社员平均交易价格的平均值为 0.64，非社员平均交易价格的平均值为 0.57，可见社员平均交易价格的平均值显著高于非社员。

（2）资源禀赋对花农平均交易价格的影响

Ordered Logistic 回归模型的 LR 指数概率为 0.0303，回归模型的总体显著性为显著。由此可以推断，资源禀赋对花农平均交易价格的影响显著。是否为社员SK通过了系数的显著性检验，且系数为正，说明社员平均交易价格高的可能性大于非社员。以10%为Z检验的检验水平，由模型的回归系数检验概率可知，其影响显著性从大到小的排序为：销售方式SK、种植面积SS、市场距离X2、组织者受教育年限X6、农业生产固定资产X11。由模型的系数值及实际意义可知：社员平均交易价格高的可能性大于非社员，说明花农合作社提高花农组织化程度以后，在鲜切花议价上比普通花农获得了更大的话语权；种植规模越大，平均交易价格高的可能性越大，说明在鲜切花销售量上有优势可以获得更高的交易价格；组织者受教育年限越长，农业生产固定资产越多，平均交易价格高的可能性越低，造成这种现象的原因是组织者受教育年限较长、农业生产固定资产较多的花农更愿意自行销售，其在销售量方面的优势小于合作社，因而获得的交易价格低于合作社。

（3）合作社差异性对社员平均交易价格的影响

Ordered Logistic回归模型的LR指数概率为0.0771，模型的总体显著性为显著，说明合作社的差异性对社员平均交易价格的影响显著。根据系数显著性检验概率，通过检验的变量仅有合作社销售服务评价SSA。由模型的系数值及实际意义可得出以下结论：合作社销售服务评价越高，社员交易价格高的可能性越大。交易价格是社员评价合作社销售服务水平的重要指标，因此合作社销售服务评价越高，社员交易价格高的可能性越大。虽然理论上合作社知名度能够提高交易价格，但是由于拥有高知名度花农合作社的数量占总花农合作社数量的比重较小，商标知名度提高交易价格的作用并不显著。

5.3　中介变量对花农收益的影响

5.3.1　实证研究设计

根据花农合作社增加社员收益机制的基本思想，合作社的业务影响了社员的生产经营行为，改变了社员生产经营行为对应的经济变量，进而引起中介变量的变化，形成社员收益的变量。因此，社员与非社员中介变量的差异是社员收益高于非社员的直接原因。花农合作社增加社员收益假说已经分析了合作社对中介变量影响的路径与结果，在此基础上，可以完整地描述合作社如何通过相关业务增加社员收益，从中介变量角度找到社员收益高于非社员的原因。本章以花农收益级别，即社员每亩收益级别ARB为因变量，以中介变量，即每亩产量级别 AQB、质量级别 ABB、每亩平均生产成本级别 APCB、每万枝鲜切花销售费用级别 ASEB、平均交易价格级别 APB 为自变量，建立 Ordered Logistic 模型，分析中介变量对花农获得高收益的影响。

5.3.2 研究变量（见表 5.3.1）

表 5.3.1 变量说明

变量	类型	描述
花农每亩平均收益级别 ARB	有序离散型	每亩平均收益=收益÷种植面积，按照每亩平均收益从大到小划分的级别
花农每亩产量级别 AQB	有序离散型	每亩产量=产量÷种植面积，按照每亩平均产量从大到小划分的级别
花农 A 级与 B 级花比重级别	有序离散型	按照 A 级与 B 级花比重从大到小划分的级别
花农每亩平均生产成本级别 APCB	有序离散型	每亩平均生产成本=生产成本÷种植面积，按照每亩平均生产成本从大到小划分的级别
花农每万枝鲜切花销售费用级别 ASEB	有序离散型	每万枝鲜切花销售费用=销售费用÷产量×10000，按照每万枝鲜切花销售费用从大到小划分的级别
花农平均交易价格级别 APB	有序离散型	平均交易价格=销售收入÷产量，按照平均交易价格从大到小划分的级别

5.3.3 建立模型

本章建立 Ordered Logistic 模型，分析中介变量对花农收益的影响，见表 5.3.2。

表 5.3.2 花农每亩收益级别与中介变量的 Ordered Logistic 模型

解释变量	系数	标准差	Z 统计量	Prob.
AQB	3.4190	0.2051	16.6725	0.0000
ABB	0.5605	0.1063	5.2709	0.0000
APCB	-0.3400	0.0705	-4.8240	0.0000
ASEB	-0.4625	0.0985	-4.6938	0.0000
APB	3.1576	0.2050	15.4013	0.0000
赤池信息准则	1.4194	施瓦兹准则		1.5090
对数似然值	-360.1717	汉南-奎因准则		1.4545

续表

解释变量	系数	标准差	Z 统计量	Prob.
Restr. 对数似然值	-912.1745	Avg. 对数似然值		-0.6887
LR 统计量（自由度 5）	1104.006	LR 指数概率（Pseudo-R^2）		0.6052

Ordered Logistic 回归模型的 LR 指数概率为 0.6052，如果以 10%为总体显著性检验水平，模型的总体显著性为不显著，但是所有解释变量的系数检验都高度显著，说明虽然中介变量对花农收益有重要影响，但模型中遗漏了重要解释变量，故模型总体不显著。

以 10%为 Z 检验的检验水平，由模型的回归系数检验概率可知：全部解释变量都通过了系数的显著性检验。根据 Z 统计量取值，其影响显著性从大到小的排序为：每亩产量级别 AQB、平均交易价格级别 APB、A 级与 B 级花比重级别 ABB、每亩平均生产成本级别 APCB、每万枝鲜切花销售费用级别 ASEB。由模型的系数符号及实际意义可知：每亩产量级别越高，花农每亩平均收益高的可能性越大；平均交易价格级别越高，花农每亩平均收益高的可能性越大；A 级与 B 级花比重级别越高，花农每亩平均收益高的可能性越大；每亩平均生产成本级别越高，花农每亩平均收益高的可能性越小；每万枝鲜切花销售费用级别越高，花农每亩平均收益高的可能性越小。

5.3.4　实证结论

Ordered Logistic 回归模型的 LR 指数概率为 0.6052，模型总体显著性为不显著，原因是回归模型中遗漏了重要解释变量，初步推测该解释变量为种植规模（实证结果显示，种植规模对产量、交易价格、质量、生产成本、销售费用都产生了显著影响），说明花农的每亩产量级别 AQB、平均交易价格级别 APB、A 级与 B 级花比重级别 ABB、每亩平均生产成本级别 APCB、每万枝鲜切花销售费用级别 ASEB 等变量不能充分解释花农每亩收益的差别，规模效益对鲜切花收益的作用很大。

五个中介变量都通过了系数的显著性检验，说明中介变量是花农收益的重要影响因素。因此，中介变量是社员收益高于非社员的重要原因。由 Ordered Logistic 模型的结果，可以得出以下结论：

第一，提高产量是增加花农收益非常有效的途径。在五个中介变量中，产量对花农获得高收益可能性的影响最显著，说明与其余四个中介变量相比，产量对花农收益的影响最大。此外，根据模型的系数符号，每亩产量级别越高，社员每亩平均收益高的可能性越大。因此，提高产量是增加花农收益非常有效的途径。花农合作社的种植技术与生产标准业务能够提高社员的鲜切花产量，从而使社员收益高于非社员的可能性增大。

第二，提高交易价格是增加花农收益的有效途径。在五个中介变量中，交易价格对花农获得高收益可能性的影响显著性位居第二，说明与质量、生产成本及销售成本相比，交易价格对花农收益的影响更大。此外，根据模型的系数符号，平均交易价格级别越高，花农每亩平均收益高的可能性越大。因此，提高交易价格是增加花农收益的有效途径。花农合作社的种苗业务与代理销售业务能够提高社员的交易价格，从而使社员收益高于非社员的可能性增大。

第三，提高鲜切花质量是增加花农收益的有效途径。在五个中介变量中，质量对花农获得高收益可能性的影响显著性位居第三，说明与生产成本及销售成本相比，质量对花农收益的影响更大。此外，根据模型的系数符号，A级花与B级花比重级别即质量级别越高，花农每亩平均收益高的可能性越大。因此，提高鲜切花质量是增加花农收益的有效途径。花农合作社的种植技术与生产标准业务能够提高社员鲜切花的质量，从而使社员收益高于非社员的可能性增大。

第四，降低生产成本是增加花农收益的有效途径。在五个中介变量中，生产成本对花农获得高收益可能性的影响显著性位居第四，说明与销售成本相比，生产成本对花农收益的影响更大。此外，根据模型的系数符号，每亩生产成本级别越低，花农每亩平均收益高的可能性越大。因此，降低生产成本是增加花农收益的有效途径。花农合作社的生产资料供应业务能够降低社员鲜切花的生产成本，从而使社员收益高于非社员的可能性增大。

第五，降低销售成本是增加花农收益的有效途径。在五个中介变量中，销售费用对花农获得高收益可能性的影响显著性位居第五。此外，根据模型的系数符号，每亩销售费用级别越低，花农每亩平均收益高的可能性越大。因此，降低销售费用是增加花农收益的有效途径。花农合作社的生产资料供应业务能够降低社员鲜切花的生产成本，从而使社员收益高于非社员的可能性增大。

5.4 合作社基本特征及服务评价对社员收益影响的实证研究

5.4.1 实证研究设计

在花农合作社增加社员收益机制的分析框架中，合作社的业务影响了社员的生产经营行为，改变了社员生产经营行为对应的经济变量，进而引起中介变量变化，形成社员收益的变量。因此，合作社的业务能力是社员收益形成差异的原因。本章以社员每亩收益级别 ARB 为因变量，以合作社特征及服务评价为自变量，建立 Ordered Logistic 模型，分析合作社特征及服务评价对社员收益的影响，寻找不同合作社的社员收益存在差异的原因。

5.4.2 研究变量（见表5.4.1）

表5.4.1 变量说明

变量	指标类型	取值
社员每亩收益级别 ARB	有序离散型	社员每亩收益从大到小的排序级别
社员规模 Z1	有序离散型	10户以下=1；10~30户=2；30~60户=3；60户以上=4
成立年限 Z2	有序离散型	1年以下=1；1~3年=2；3~5年=3；5年以上=4
商品知名度 Z3	有序离散型	知名度很小=1；有一点知名度=2；比较有知名度=3；较高知名度=4；高知名度=5
品种约束 KCS	有序离散型	0=没有约束；1=有要求；2=严格要求
种苗购买约束 DCS	有序离散型	0=没有约束；1=有要求；2=严格要求
种植技术指导服务 CCT	有序离散型	1=不满意；2=有点不满意；3=比较满意；4=很满意
生产标准指导服务 CPS	有序离散型	1=不满意；2=有点不满意；3=比较满意；4=很满意
种苗技术指导 SDT	有序离散型	0=没有；1=较差；2=一般；3=较好；4=好
种苗质量水平 SDQ	有序离散型	1=较差；2=一般；3=较好；4=好
种苗价格 SDP	有序离散型	0=低于市场价格；1=与市场价格相同；2=高于市场价格
化肥技术指导 FET	有序离散型	0=没有；1=较差；2=一般；3=较好；4=好
化肥质量水平 FEQ	有序离散型	1=较差；2=一般；3=较好；4=好
化肥价格 FEP	有序离散型	0=低于市场价格；1=与市场价格相同；2=高于市场价格

续表

变量	指标类型	取值
农药技术指导 DET	有序离散型	0=没有；1=较差；2=一般；3=较好；4=好
农药质量水平 DEQ	有序离散型	1=较差；2=一般；3=较好；4=好
农药价格 DEP	有序离散型	0=低于市场价格；1=与市场价格相同；2=高于市场价格
销售服务评价 SSA	有序离散型	0=非常不满意；1=不太满意；2=还可以；3=比较满意；4=非常满意

5.4.3 建立模型

本章建立 Ordered Logistic 模型，分析合作社特征及服务评价对社员收益的影响，见表 5.4.2。

表 5.4.2 社员每亩收益级别的 Ordered Logistic 模型

自变量	系数	标准差	Z 统计量	检验概率
Z1	-0.5701	0.4445	-1.2823	0.1997
Z2	0.3351	0.3385	0.9900	0.3222
Z3	0.4634	0.1882	2.4629	0.0138
KCS	0.4063	0.2497	1.6269	0.1038
DCS	-0.1123	0.2178	-0.5153	0.6063
CCT	-0.3250	0.3217	-1.0101	0.3125
CPS	1.3331	0.1994	6.6855	0.0000
SDT	-0.4809	0.2974	-1.6168	0.1059
SDQ	0.7367	0.4491	1.6403	0.1009
SDP	0.1028	0.4849	0.2120	0.8321
FEQ	0.3313	0.3562	0.9300	0.3524
FET	1.1512	0.4626	2.4883	0.0128
FEP	0.2245	0.7158	0.3136	0.7538
DEQ	-0.0899	0.2731	-0.3293	0.7420
DET	1.0556	0.4348	2.4279	0.0152
DEP	-0.5515	0.5839	-0.9444	0.3450
SSA	0.2126	0.2977	0.7142	0.4751

续表

自变量	系数	标准差	Z 统计量	检验概率
赤池信息准则	2.9341	施瓦兹准则		3.2509
对数似然值	-355.5032	汉南-奎因准则		3.0615
Restr. 对数似然值	-427.9809	Avg. 对数似然值		-1.3779
LR 统计量（自由度 17）	144.9554	LR 指数概率（Pseudo-R^2）		0.1693

Ordered Logistic 回归模型的 LR 指数概率为 0.1693，如果以 10%为总体显著性检验水平，模型的总体显著性还不够显著。由此可以推断，合作社特征及服务评价不会对社员收益产生显著影响，即现阶段花农合作社促进社员收益的能力和效果没有显著差异。

以 10%为 Z 检验的检验水平，由模型的回归系数检验概率可知：合作社商标知名度 Z3、生产标准指导评价 CPS、化肥技术指导评价 FET、农药质量评价 DEQ 通过了系数的显著性检验。根据 Z 统计量取值，其影响显著性从大到小的排序为：生产标准指导评价 CPS、化肥技术指导 FET、合作社商标知名度 Z3、农药质量评价 DET。由模型的系数符号及实际意义可知：生产标准指导评价越高，社员每亩收益高的可能性越大；化肥技术指导水平越高，社员每亩收益高的可能性越大；合作社知名度越高，社员每亩收益高的可能性越大；农药技术指导水平越高，社员每亩收益高的可能性越大。

5.4.4 实证结论

Ordered Logistic 回归模型的 LR 指数概率为 0.1693，总体显著性不够显著，说明现阶段花农合作社基本特征及服务评价还不是社员收益产生显著差异的主要原因，这也从侧面表明现阶段云南花农合作社对社员的服务能力和增收效应不存在显著差异。生产标准指导评价、化肥技术指导、合作社商标知名度与农药技术指导通过系数的显著性检验，根据模型系数，可以得出以下结论：

第一，生产标准指导服务水平的差异是不同花农合作社之间社员收益存在差异的重要原因。生产标准指导评价通过了系数的显著性检验，在系数显著性检验中显著性位居第一，说明生产标准评价是不同合作社的社员收益形成差异的重要原因。根据系数符号，生产标准指导评价越高，社员获得高收益的可能性越大。这说明在云南花农合作社中，获得生产标准指导高评价的合作社社员收益高于其他合作社社员收益的可能性更大。因此，生产标准指导服务水平越高的花农合作社，增加社员收益的效果越显著。

第二，社员获得高收益可能性更大的花农合作社往往比较重视化肥技术指导服务。化肥技术指导通过了系数显著性检验，在系数显著性检验中显著性位居第二。根据系数符号，化肥指导技术越高，社员获得高收益的可能性越大。这说明获得高收益的花农合作社往往具有较强的化肥技术指导能力，能够使社员获得更高的产量和质量，从而提高社员收益。

第三，社员获得高收益可能性更大的花农合作社的商品知名度一般较高。合作社商标知名度通过了系数显著性检验，在系数显著性检验中显著性位居第三，说明合作社知名度是不同合作社的社员收益形成差异的重要原因。根据系数符号，合作社知名度越高，社员获得高收益的可能性越大。商标知名度是市场竞争力的重要指标，是合作社经营与管理能力的综合表现。因此，商标知名度高的花农合作社具有更大的市场势力，获得高交易价格的可能性更大，社员获得高收益的可能性也更大。

第四，社员获得高收益可能性更大的花农合作社具有较强的农药技术指导能力。农药技术指导通过了系数显著性检验，在系数显著性检验中显著性位居第四，说明农药技术指导是不同合作社的社员收益形成差异的重要原因。根据系数符号，农药技术指导水平越高，社员获得高收益的可能性越大。其原因可能是，农药施用指导对鲜切花的种植非常重要，科学施用农药能够显著提高鲜切花的产量与质量，进而促使花农收益增加。

第6章 研究结论、对策建议与研究展望

6.1 研究结论

6.1.1 云南花农合作社增加社员收益的机制

社员收益是社员生产经营行为的结果。云南花农合作社通过业务活动影响社员生产经营行为，改变社员生产经营行为对应的经济变量，从而使中介变量发生改变，促进社员收益的增加。因此，云南花农合作社增加社员收益机制以花农合作社业务为载体，以社员生产经营行为为传导路径，以产量、质量、生产费用、销售费用与交易价格为中介变量，描述了云南花农合作社增加社员收益的整个过程，如图 6.1.1 所示。

6.1.1.1 云南花农合作社增加社员收益机制的载体

1）种苗业务

花农合作社向社员提供种苗时，常常会向社员提供一些关于鲜切花品种的信息与建议，影响社员的品种选择行为，从而改善社员的种植品种，有利于社员获得更高的交易价格。购买种苗是生产资料采购行为中的一项重要活动，花农合作社在推荐或销售种苗时，会影响社员的生产资料采购行为，进而对社员的生产成本产生影响。

2）化肥农药业务

购买化肥农药是生产资料采购行为中的一项重要活动，花农合作社在推荐或销售化肥农药时，会影响社员的生产资料采购行为，进而对社员的生产成本产生影响。

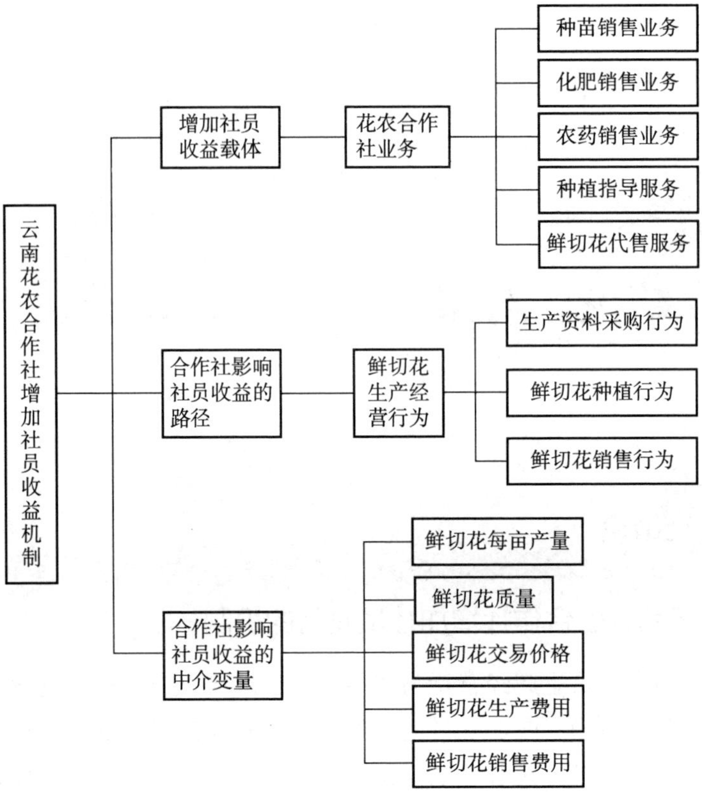

图 6.1.1　云南花农合作社增加社员收益机制

3）种植技术与生产标准指导业务

种植技术与生产标准指导业务可以提高社员的种植能力，改善生产资料投入结果，减少生产资料投入，进而减少生产成本，降低社员的生产风险。

4）代理销售业务

代理销售业务水平是评价花农合作社服务能力的重要指标，也是花农是否选择参加合作社的重要依据。花农合作社销售业务能够直接影响社员的交易价格与销售费用，而且销售业务结果将影响下一期的社员生产经营决策。

6.1.1.2　云南花农合作社增加社员收益机制的传导路径

1）鲜切花品种选择行为

鲜切花品种选择属于生产经营的投入环节，是鲜切花生产的基础要素。鲜切花品种不仅决定了投入生产资料的数量与结构，而且决定了鲜切花的基本产量、质量及市场价格。

2）生产资料采购行为

生产资料采购行为发生在鲜切花生产阶段，该阶段花农与市场联系较为紧密。云南花农使用的种苗、农膜、化肥与农药几乎完全来自市场。生产资料采购行为是提高农业外部规模经营的重要内容，价格合理、质量合格的生产资料是降低生产成本、提高质量产量、增加花农收益的重要途径。

3）种植行为

种植行为主要包括技术行为与生产标准采用行为两个方面。在云南鲜切花种植中，如果没有按照生产标准采摘，鲜切花的质量等级会大大下降，甚至进入不了批发市场，无法销售出去。

4）销售行为

鲜切花的销售行为是实现花农收益的核心环节，是农户与市场对接的关键。在鲜切花产量、质量及市场供求关系相同的条件下，不同的销售渠道选择会造成花农收益的不同。本书主要讨论的云南花农销售渠道为自行去批发市场销售与委托花农合作社销售。

6.1.1.3 云南花农合作社增加社员收益机制的中介变量

中介变量的本质是自变量对因变量产生影响的内在原因。本书采用中介变量分析合作社与社员收益的关系，由于两者之间存在一系列不能被直接观察到但可以根据条件及结果找出来的关系，基于对这些变量的分析才可以描述合作社增加社员收益的整个过程，揭示合作社增加社员收益的原因。本书对花农合作社影响社员收益中介变量的选择标准为是否具有可测性、相关性和可控性。本书将交易价格、产量、生产成本、质量与销售费用五个变量作为云南花农合作社增加社员收益机制的中介变量。

6.1.1.4 云南花农合作社增加社员收益机制的基本要素

云南花农合作社增加社员收益机制的基本要素包括基于合作社的基本要素和基于社员的基本要素。

1）基于合作社的基本要素

（1）合作社基本特征

合作社基本特征是花农合作社特征属性的反映，是形成合作社服务能力差异的基本原因。本书使用合作社规模、成立年限及商标知名度来描述合作社基本特征。

(2) 合作社服务机制

合作社服务机制是指花农合作社向社员提供服务时的制度安排。本书将云南花农合作社的入社协议对社员的要求归纳为六个方面，即品种选择、种苗购买、化肥农药购买、生产标准使用、种植技术采用与销售渠道。

2）基于社员的基本要素

根据资源的属性特征与相关研究，本书将农户资源禀赋分为自然资源、劳动力资源、人力资本资源、社会网络资源及家庭财富资源五大部分。

6.1.2 云南花农合作社增加社员收益的原理

云南花农合作社增加社员收益机制只是描述了合作社业务作用于社员收益的框架及路径，没有表明社员收益的变化状况。云南花农合作社增加社员收益的原理，才能说明合作社增加社员收益的原因。云南花农合作社增加社员收益的机理由云南花农合作社增加社员收益机制与云南花农合作社增加社员收益原理两部分组成。

6.1.2.1 生产资料供应业务增加社员收益的假说检验结果

1）改善品种，促进交易价格提高

第一，花农合作社能够促使社员接受新品种，有利于社员品种的改善。本章对样本容量为 258 的社员与非社员两个对比组进行单因素方差分析，均值检验结果为两个对比组的平均值存在显著差异。由于品种类型为有序离散变量，取值越大，品种类型越新。社员的品种类型平均值为 2.0930，非社员的品种类型平均值为 1.9170，可见社员的品种类型平均值显著大于非社员，即社员的品种新于非社员。

第二，花农品种类型的内部影响因素。Ordered Logistic 回归模型的 LR 指数概率为 0.0293，回归模型的总体显著性为显著。由此可以推断：资源禀赋是花农品种类型的主要影响因素。SK 通过系数检验，且符号为正，说明社员接受新的鲜切花品种的可能性更大。

第三，合作社差异性对社员品种类型的影响。Ordered Logistic 回归模型的 LR 指数概率为 0.0564，模型总体显著性为显著，说明合作社能够对社员种植小品种类型产生显著影响。自变量显著性从大到小的排序为：社员对品种推荐的选择行为、品种约束及合作社商标知名度。具体来说：其一，接受合作社品种推荐的社员比不接受品种推荐的社员种植新品种的可能性更大；其二，合作社对社员小品种的约束越严格，社员种植新品种的可能性越大；其三，合作社商标的知名度越高，社员种植新品种的可能性越大。

第四，新品种高交易价格。Ordered Logistic 回归模型的 LR 指数概率为 0.1184，回归模型的总体显著性不够显著，即花农品种类型不能对花农交易价格产生重要影响，其主要原因是花农的鲜切花品种趋同度太高，导致品种类型无法对花农交易价格产生显著影响。以 10%为 Z 检验的检验水平，品种类型通过了系数的显著性检验。由模型的系数值及实际意义可知：品种越新，花农获得高交易价格的可能性越大。

2）减少种苗费用，降低生产成本

第一，社员与非社员的种苗费用差异。本书对样本容量为 258 的两个对比组进行了单因素方差分析，均值检验结果为两个对比组的平均值存在显著差异。社员的每亩种苗费用平均值为 4354. 82，非社员的每亩种苗费用平均值为 4458. 43，可见社员的每亩种苗费用平均值显著低于非社员，即向花农合作社购买种苗能够减少种苗费用。

第二，花农资源禀赋对种苗费用的影响。Ordered Logistic 回归模型的 LR 指数概率为 0. 3794，模型的总体显著性不够显著，说明资源禀赋不是花农种苗费用的重要影响因素。其原因可能是，花农种苗费用取决于种苗数量和种苗价格，种苗价格具有较强刚性，组织化程度提高产生的数量优势对种苗价格影响较小。根据系数显著性检验概率，通过检验的变量显著性从大到小的排序为：品种类型、销售方式、市场距离、种植同一品种的亲友人数与种植面积。种植品种类型越新，花农种苗费用高的可能性越大；社员种苗费用低于非社员；市场距离越远，花农种苗费用高的可能性越大；种植同一品种亲友的人数越多，花农种苗费用高的可能性越大，其原因可能是种植同一品种亲友的人数较多的花农往往具有较好的资源禀赋，通常选择独立经营方式，其种苗主要向供应商直接购买，没有享受合作社的种苗优惠价格；种植面积越大，花农种苗费用高的可能性越大，其原因可能是种植面积大的花农往往具有较好的资源禀赋，选择独立经营方式，其种苗主要向供应商直接购买，没有享受合作社的种苗优惠价格。

第三，合作社差异性对社员每亩种苗费用的影响。Ordered Logistic 回归模型的 LR 指数概率为 0. 0635，模型的总体显著性为基本显著，说明合作社差异性对社员种苗费用产生的影响显著。根据系数显著性检验概率，通过检验的变量显著性从大到小的排序为：合作社商标知名度、合作社种苗质量水平、合作社成立年限。由模型的系数值及实际意义可以得出以下结论：合作社商标知名度越高，社员种苗费用高的可能性越大，其原因可能是知名度高的合作社种苗质量更高、品种更新；合作社种苗质量水平越高，社员种苗费用高的可能性越大；合作社成立年限越长，社员种苗费用高的可能性越大，其原因可能是成立年限越长的合作社种苗质量越高、品种更新。

3）减少化肥费用，降低生产成本

第一，资源禀赋对花农每亩化肥费用的影响。Ordered Logistic 回归模型的 LR 指数概率为 0.0171，模型总体显著性为显著，说明资源禀赋对花农化肥费用的影响显著。是否为社员 SK 没有通过系数的显著性检验，即是否为社员对化肥费用没有显著影响，社员与非社员的每亩化肥费用不存在显著差异，研究假设没有通过实证检验。其原因可能是：首先，化肥的价格对采购量来说呈较大刚性，合作社组织化程度提高带来的大采购量无法获得比非社员更优惠的化肥价格；其次，合作社化肥技术指导服务并没有带来化肥施用量的显著减少，社员与非社员的施肥技术水平和施肥数量趋同。根据检验概率，变量影响显著性从大到小的排序为：鲜切花种植年限 X10、种植规模 SS、农业生产固定投资 X11、市场距离 X2。由模型的系数值及实际意义可知：其一，鲜切花种植年限越长，每亩化肥费用低的可能性越大，说明鲜切花种植经验能够有效减少化肥施用量。其二，种植规模越大，每亩化肥费用高的可能性越大，说明种植规模化能够享受到更低的化肥价格。其三，农业生产固定投资越大，每亩化肥费用低的可能性越大。农业生产固定投资大代表自我生产能力强，自我生产能力强的花农比普通花农的化肥施用量低。其四，距离市场越远，每亩化肥费用高的可能性越大，其原因是距离市场越远，运输成本越高。

第二，合作社差异性对社员每亩化肥费用的影响。Ordered Logistic 回归模型的 LR 指数概率为 0.0185，模型总体显著性为显著，说明合作社基本特征及服务评价对社员化肥费用的影响显著。根据系数显著性检验概率，其影响显著性从大到小的排序为：合作社成立年限 Z2、合作社规模 Z1。由模型的系数值及实际意义可知：其一，合作社成立年限越长，每亩化肥费用高的可能性越大，因为成立年限长的合作社倾向于鼓励社员增加化肥施用量。其二，合作社规模越大，每亩化肥费用低的可能性越大，其原因是合作社规模越大，化肥采购量越大，越容易获得更低的化肥价格。

4）减少农药费用，降低生产成本

第一，社员与非社员的农药费用差异。本书对样本容量为 258 的社员与非社员两个对比组进行了单因素方差分析，均值检验结果为两个对比组的平均值存在显著差异。社员的每亩农药费用平均值为2643.44，非社员的每亩农药费用平均值为2739.54。可见，社员的每亩农药费用平均值显著低于非社员。

第二，资源禀赋对花农农药费用的影响。Ordered Logistic回归模型的LR指数概率为0.0349，如果以10%为总体显著性检验水平，回归模型的总体显著性为显著。由此可以推断，资源禀赋对花农农药费用的影响显著。SK通过了系数的显著性检验，说明社员与非社员鲜切花生产的农药费用存在显著差异。自变量显著性从大到小排序为：种植规模SS、组织者健康状况X7、种植同一品种的亲朋好友人数X8、是否为社员SK、组织者受教育年限X6、农业生产固定资产X11。由模型的系数值及实际意义可知：种植规模越大，每亩农药费用高的可能性越大；组织者健康状况越好，每亩农药费用高的可能性越大；种植同一品种的亲朋好友人数越多，每亩农药费用高的可能性越大；社员的每亩农药费用可能低于非社员；组织者受教育年限越长，每亩农药费用低的可能性越大；农业生产固定资产越多，每亩农药费用低的可能性越大。

第三，合作社差异性对社员每亩农药费用的影响。Ordered Logistic回归模型的LR指数概率为0.0435，模型总体显著性为显著，说明合作社基本特征及服务评价对花农农药费用的影响显著。自变量显著性从大到小的排序为：合作社知名度Z3、合作社年限Z2。由模型的系数值及实际意义可知：合作社知名度越高，每亩农药费用高的可能性越大；合作社成立年限越长，每亩农药费用低的可能性越大。

6.1.2.2　种植技术与生产标准指导业务增加社员收益的假说检验

1）种植科学化与规范化，提高鲜切花质量

第一，社员与非社员的鲜切花质量差异。本书对样本容量为258的两个对比组进行了单因素方差分析，均值检验结果为两个对比组的平均值存在显著差异。由于A级花与B级花比重的取值为数值型，取值越大，鲜切花质量水平越高。社员的A级花与B级花比重平均值为37.12%，非社员的A级花与B级花比重平均值为31.86%，可见社员A级花与B级花比重的平均值显著高于非社员，即社员的鲜切花质量水平显著高于非社员。

第二，资源禀赋对花农鲜切花质量的影响。Ordered Logistic回归模型的LR指数概率为0.0393，总体显著性为显著，说明花农资源禀赋对鲜切花质量水平的影响显著。SK 通过了显著性检验，说明是否为社员对鲜切花质量有显著影响。自变量显著性从大到小的排序为：销售方式 SK、种植规模 SS。由模型的系数值及实际意义可知：社员的鲜切花质量高于非社员；种植规模越大，鲜切花质量水平高的可能性越大。

第三，合作社差异性对社员鲜切花质量的影响。Ordered Logistic 回归模型的 LR 指数概率为 0.4317，模型总体显著性为不显著，说明花农合作社的差异性不能对社员鲜切花质量产生显著影响。自变量显著性从大到小的排序为：生产标准指导服务 CPS、种植技术指导服务 CCT。由模型的系数值及实际意义可知：生产标准指导服务评级越高，社员的鲜切花质量水平越高；种植技术指导服务评级越高，社员的鲜切花质量水平越高。

2）种植科学化与规范化，提高鲜切花产量

第一，资源禀赋对花农每亩产量的影响。Ordered Logistic 回归模型的 LR 指数概率为 0.0333，回归模型的总体显著性为显著，说明资源禀赋对花农每亩产量的影响显著。SK 通过系数的显著性检验，说明是否为社员对花农每亩产量的影响显著。自变量影响显著性从大到小的排序为：种植规模 SS、销售方式 SK、农业生产固定资产 X11、农业劳动力年龄 X4。由模型的系数值及实际意义可知：种植规模越大，鲜切花每亩产量高的可能性越大；社员的鲜切花每亩产量可能高于非社员；农业生产固定资产越多，鲜切花每亩产量高的可能性越大。

第二，合作社差异性对社员每亩产量级别的影响。Ordered Logistic 回归模型的 LR 指数概率为 0.0176，回归模型的总体显著性为显著，说明合作社基本特征及相关服务对社员每亩产量的影响显著。自变量影响显著性从大到小的排序为：合作社商品知名度 Z3、合作社年限 Z2。由模型的系数值及实际意义可知：合作社商标知名度越高，社员每亩产量高的可能性越大；合作社成立年限越长，社员每亩产量高的可能性越小。

6.1.2.3 代理销售业务增加社员收益的假说检验结果

1）发挥规模经济，降低销售费用

第一，社员每万枝鲜切花销售费用与非社员的差异。Ordered Logistic 回归模型的 LR 指数概率为 0.3451，如果以 10% 为总体显著性检验水平，回归模型的总体显著性为不显著。由此可以推断，资源禀赋对花农销售费用没有产生显著影响。但是，SK 通过了系数的显著性检验，系数的检验概率很小，且为负，说明社员的鲜切花销售费用显著低于非社员。

第二，资源禀赋对花农每万枝鲜切花销售费用的影响。Ordered Logistic 回归模型的 LR 指数概率为 0.3451，模型的总体显著性为不显著，说明资源禀赋不能对花农销售费用产生显著影响。花农销售费用主要取决于销售活动产生的支出，花农之间的销售费用差异不显著。根据系数显著性检验概率，通过检验的变量显著性从大到小的排序为：市场距离 X2、销售方式 SK、种植同一品种的亲朋好友人数 X8、种植面积 SS、农业生产固定资产 X11、自行销售鲜切花经验 X9、劳动力平均年龄 X4、组织者健康状况 X7。由通过显著性检验变量的系数值及实际意义可以得出以下结论：其一，市场距离越远，花农平均销售成本高的可能性越大。其二，社员平均销售成本高的可能性小于非社员。其三，种植同一品种的亲朋好友人数越多，花农平均销售成本高的可能性越大，其原因可能是，种植同一品种亲朋好友的人数较多的花农往往具有较好的资源禀赋，通常会选择自行销售的销售方式，从而成为非社员。由此可见，花农合作社帮助社员克服了资源禀赋劣势，使社员的销售费用低于非社员。其四，种植面积越大，花农平均销售费用高的可能性越小。其五，农业生产固定资产越多，花农平均销售费用高的可能性越小。其六，自行销售鲜切花经验越多，花农平均销售费用高的可能性越大，原因可能是自行销售鲜切花经验多的花农往往具有较好的资源禀赋，通常会选择自行销售的销售方式，从而成为非社员。由此可见，花农合作社帮助社员克服了资源禀赋劣势，使得社员的销售费用低于非社员。其七，劳动力平均年龄越大，花农平均销售费用高的可能性越小，其原因可能是劳动力平均年龄大的花农往往资源禀赋较差，通常会选择依托花农合作社的销售方式，成为社员。由此可见，花农合作社帮助社员克服了资源禀赋劣势，使得社员的销售费用低于非社员。其八，组织者健康状况越好，花农平均销售费用高的可能性越大，其原因可能是组织者健康状况良好的花农往往具有较好的资源禀赋，通常会选择自行销售的销售方式，从而成为非社员。由此可见，花农合作社帮助社员克服了资源禀赋劣势，使得社员的销售费用低于非社员。

第三，合作社差异性对社员销售费用的影响。Ordered Logistic 回归模型的 LR 指数概率为 0.0962，模型的总体显著性为显著，说明合作社对社员销售费用的影响显著。根据系数显著性检验概率，通过检验的变量显著性从大到小的排序为：合作社成立年限 Z2、合作社销售服务评价 SSA、合作社规模 Z1。由模型的系数值及实际意义可以得出以下结论：其一，合作社成立年限越长，社员销售费用高的可能性越大；其二，合作社销售服务评价越高，社员销售费用高的可能性越大；其三，合作社规模越大，社员销售费用高的可能性越小。

2）改变市场交易地位，提高交易价格

第一，社员交易价格与非社员的差异。本书对样本容量为 258 的两个对比组进行了单因素方差分析，均值检验结果为两个对比组的平均值存在显著差异。社员平均交易价格的平均值为 0.64，非社员平均交易价格的平均值为 0.57，可见社员平均交易价格的平均值显著高于非社员。

第二，资源禀赋对花农平均交易价格的影响。Ordered Logistic 回归模型的 LR 指数概率为 0.0303，模型总体显著性为显著，说明资源禀赋对花农平均交易价格的影响不显著。根据检验概率，自变量显著性从大到小的排序为：销售方式 SK、种植面积 SS、组织者受教育年限 X6、农业生产固定资产 X11。由模型的系数值及实际意义可知：社员平均交易价格高的可能性大于非社员；种植规模越大，平均交易价格高的可能性越大；组织者受教育年限越长，平均交易价格高的可能性越低；农业固定资产越多，平均交易价格高的可能性越低。

第三，合作社对社员平均交易价格的影响。Ordered Logistic 回归模型的 LR 指数概率为 0.0771，模型的总体显著性为显著，说明合作社对社员平均交易价格的影响显著。根据系数显著性检验概率，通过检验的变量仅有合作社销售服务评价 SSA。由模型的系数值及实际意义可得出以下结论：合作社销售服务评价越高，社员交易价格高的可能性越大。交易价格是社员评价合作社销售服务水平的重要指标，因此合作社销售服务评价越高，社员交易价格高的可能性越大。虽然理论上合作社知名度有助于提高交易价格，但是由于拥有高知名度花农合作社的数量占总花农合作社数量的比重较小，商标知名度提高交易价格的作用不显著。

6.1.3 云南花农合作社增加社员收益的路径

6.1.3.1 基于中介变量的增加社员收益路径

第一，提高产量是增加花农收益非常有效的途径。根据中介变量对花农收益影响的实证研究，五个中介变量中产量对花农获得高收益可能性的影响最显著，说明与其余四个中介变量相比，产量对花农收益的影响最大。此外，根据模型的系数符号，每亩产量级别越高，社员每亩平均收益高的可能性越大。因此，提高产量是增加花农收益非常有效的途径。花农合作社的种植技术与生产标准业务能够提高社员产量，从而使社员收益高于非社员的可能性增大。

第二，提高交易价格是增加花农收益的有效途径。根据中介变量对花农收益影响的实证研究，五个中介变量中交易价格对花农获得高收益可能性的影响显著性位居第二，说明与质量、生产成本及销售成本相比，交易价格对花农收益的影响更大。此外，根据模型的系数符号，平均交易价格级别越高，花农每亩平均收益高的可能性越大。花农合作社的种苗业务与代理销售业务能够提高社员的交易价格，从而使社员收益高于非社员的可能性增大。

第三，提高鲜切花质量是增加花农收益的有效途径。根据中介变量对花农收益影响的实证研究，五个中介变量中质量对花农获得高收益可能性的影响显著性位居第三，说明与生产成本及销售费用相比，质量对花农收益的影响更大。此外，根据模型的系数符号，A 级花与 B 级花比重级别即质量级别越高，花农每亩平均收益高的可能性越大。花农合作社种植技术与生产标准业务能够提高社员鲜切花的质量，从而使社员收益高于非社员的可能性增大。

第四，降低生产成本是增加花农收益的有效途径。根据中介变量对花农收益影响的实证研究，五个中介变量中生产成本对花农获得高收益可能性的影响显著性位居第四，说明与销售费用相比，生产成本对花农收益的影响更大。此外，根据模型的系数符号，每亩生产成本级别越低，花农每亩平均收益高的可能性越大。花农合作社的生产资料供应业务能够降低社员鲜切花的生产成本，从而使社员收益高于非社员的可能性增大。

第五，降低销售费用是增加花农收益的有效途径。根据中介变量对花农收益影响的实证研究，五个中介变量中销售费用对花农获得高收益可能性的影响显著性位居第五。此外，根据模型的系数符号，每亩销售费用级别越低，花农每亩平均收益高的可能性越大。花农合作社的代理销售业务能够降低社员的销售费用，从而使社员收益高于非社员的可能性增大。

6.1.3.1　基于合作社基本特征及服务评价的增收路径

第一，重视生产标准指导服务，努力提高花农合作社的生产标准指导服务水平。根据合作社基本特征及服务评价对社员收益影响的实证研究，生产标准指导服务水平的差异是不同花农合作社社员收益存在差异的重要原因。生产标准指导评价通过了系数的显著性检验，在系数显著性检验中显著性位居第一，说明生产标准评价是不同合作社社员收益产生差异的重要原因。根据系数符号，生产标准指导评价越高，社员获得高收益的可能性越大。这说明在云南花农合作社中，获得生产标准指导高评价的合作社社员收益高于其他合作社社员收益的可能性更大。因此，生产标准指导服务水平越高的花农合作社，社员收益增加的效果越显著。

第二，提高花农合作社综合实力及商标知名度。根据合作社基本特征及服务评价对社员收益影响的实证研究，社员获得高收益可能性大的花农合作社的商品知名度一般较高。合作社商标知名度通过了系数显著性检验，在系数显著性检验中显著性位居第三，说明合作社知名度是不同合作社社员收益产生差异的重要原因。根据系数符号，合作社知名度越高，社员获得高收益的可能性越大。商标知名度是市场竞争力的重要指标，是合作社经营与管理能力的综合表现。因此，商标知名度高的花农合作社具有更大的市场势力，获得高交易价格的可能性更大，社员获得高收益的可能性也更大。

第三，重视农药供应业务，努力提高社员施用农药的效率。社员获得高收益可能性更大的花农合作社一般更重视农药供应业务。农药质量评价通过了系数显著性检验，在系数显著性检验中显著性位居第四，说明农药质量评价是不同合作社社员收益产生差异的重要原因。根据系数符号，农药质量评价越高，社员获得高收益的可能性就越大。农药质量评价系数符号为正，在这里的实际含义是，社员获得高收益可能性更大的花农合作社具有农药质量评价较高的特征。产生这一现象的原因是，农药对鲜切花的生产非常重要，社员获得高收益可能性更大的花农合作社一般更重视农药供应业务，因此社员对农药质量评价较高。

6.2 对策建议

6.2.1 基于生产资料供应业务的建议

第一，积极推广新品种，向社员做好品种推荐工作。新品种高交易价格模型已经说明了新品种与交易价格之间的关系，种植新品种的花农获得高交易价格的可能性大于种植老品种的花农。由于社员对花农合作社的信任强于种苗公司，与花农合作社的沟通强于农业科研部门，花农合作社在推广新品种方面具有明显的优势。花农合作社应该更加重视新品种的推荐工作，不仅要在社员咨询种苗购买业务时提供新品种推荐，而且应该为新品种开办推荐会，介绍新品种的生物特性、种植要求与市场行情，同时开设一部分新品种试验田，创造条件让一部分花农种植新品种，发挥示范作用。

第二，加强新品种研发与引进，提高合作社培育与采购种苗的能力。一些花农合作社已经具备了研发新品种的能力，如：通海骄阳花卉专业合作社自主选育的“新香韵”等新品种在试种时受到花农的欢迎；郑继兰花卉合作社、翠华花卉合作社等向荷兰莫尔海姆玫瑰贸易公司等国外种苗公司购买专利种苗，不断推广新品种。培育与采购种苗的能力是花农合作社推广新品种的基础，也是花农合作社降低社员种苗费用的关键，还是花农合作社提高种苗供应服务能力、降低社员生产成本的有效途径。

第三，优化社员的肥料结构，不仅提供优质低价的化肥，而且引导社员施用更多的有机生态肥。由于化肥的过度使用，一些鲜切花生产老区的土地出现严重的板结，不得不进行土壤改良。水滴循环施肥技术不仅可以提高化肥利用率，而且可以有效减少水污染。农家肥有利于提高土壤质量，防止土壤板结。联庆花卉合作社带头示范的“半基质环保栽培技术”能够使土地连续种植 10 余年，仍然保持高质与稳产。“半基质环保栽培技术”的核心是科学、合理和高效地使用粪便与枝叶腐料等有机生态肥，采用生态环保模式组织生产。如果种植月季以施用化肥为主，一亩需要 1300 元左右；但是如果改为以施用有机生态肥为主，一亩仅需 600 元左右。有机生态肥不仅可以提高土壤质量，防止土地板结，而且可以延长种苗的种植期，将 3 年一换的月季苗变为 5 年一换，有效节约生产成本。

第四，积极引进与推广鲜切花病虫害治理的新技术，提高农药施用效率。根据鲜切花种植经验，农药是花农控制鲜切花质量的主要手段。合理的灌溉与消毒措施能够有效降低鲜切花的病虫害发生率。喷洒农药不仅会增加生产成本，而且容易引发病虫害的抗药性。如果喷洒农药不注意自我防护，还会发生急性或慢性中毒事件，危害花农的身体健康。因此，花农合作社应该积极引进与推广鲜切花病虫害治理的新技术，减少社员的农药使用量，同时，在供应农药时做好农药施用的技术指导，提高农药施用效率，指导社员做好喷洒农药时的自我保护。农药供应业务不仅可以减少农药费用、降低生产成本，而且可以保证鲜切花质量，是提高社员收益的重要途径。

6.2.2 基于种植技术与生产标准的建议

加强对社员种植技术与生产标准的指导，促进社员提高产量与质量手段的多元化，倡导“绿色”生产。由于不少花农的种植经验与理念还停留在多投入多产出的水平，多施用化肥与农药成为其保障鲜切花产量与质量的手段。化肥的大量施用会使土地质量严重下降，不仅造成水污染，而且会使土地板结。喷洒农药不仅会增加生产成本，还会增加鲜切花的农药残留，降低鲜切花的品质。花农合作社的理事长与核心社员本来就是种植能手，具有较好的技术，花农合作社学习与推广种植技术的能力强于单户花农。花农合作社应该积极推行测土配方施肥技术，帮助花农从传统盲目施肥向科学施肥方式转变，努力推广能够提高鲜切花产量与质量的技术与方法，促进社员提高产量与质量手段的多元化，改变社员“多投入，多产出”的粗放型生产思想与方式，培育社员的绿色集约型生产意识。

6.2.3 基于代理销售业务的建议

6.2.3.1 基于销售费用的增收建议

代理销售业务是花农合作社产生的基础，也是解决小花农进入大市场的重要途径。花农合作社应该不断完善代理销售业务制度，提高代理销售服务水平，降低社员销售费用。本书中的代理销售服务是云南花农合作社的基础业务之一。本书没有以出资入股作为划分社员与非社员的标准，而是以是否委托合作社销售鲜切花作为划分社员与非社员的标准，社员又分为股东社员与非股东社员。云南花农加入花农合作社最初的动机是降低鲜切花的销售成本，解决“卖花难”的问题。因此，代理销售服务水平不仅影响着花农合作社的规模，还影响着社员的忠诚度。完善代理销售业务制度，避免销售过程中业务人员的“偷懒”与“寻租”行为，提高代理销售服务水平，不仅可以提高合作社销售服务的效率与业绩，而且有利于合作社提高社员忠诚度、扩大规模。

6.2.3.2 基于交易价格的增收建议

积极培育合作社品牌，扩展合作社营销资源与网络。随着鲜切花市场竞争的加剧，质量成为鲜切花销售中的第一要素。一些花农合作社由于鲜切花品质好，获得了批发市场的广泛认可，商品的知名度不断提高，创立了自己的品牌。拥有品牌的花农合作社能够吸引更多的批发商来采购，在价格谈判中具有更大的优势，更容易获得较高的交易价格。因此，积极培育合作社品牌，扩展合作社营销资源与网络，是花农合作社增加社员收益的重要举措之一。

6.2.4　基于花农合作社业务多样化的建议

扩展花农合作社的基本业务，提高花农合作社的纵向整合度。虽然花农合作社的生产资料供应业务、种植技术与生产标准指导业务及代理销售业务已经覆盖了鲜切花产前、产中与产后三个阶段，但是花农合作社的业务划分还不够细致，产前与产后服务还需要扩展，以提高整个鲜切花供应链的纵向整合度。随着花农对品种与生产计划重要性认知的加深，品种推荐与种植面积计划可以作为产前环节的生产计划服务独立出来。生产计划服务可向社员提供当前品种现状与鲜切花市场行情等方面信息，对社员的土地进行土质分析，可以大大提高社员品种选择的能力与效果，降低盲目扩大种植面积的概率。此外，鲜切花目前的产后服务仅有包装、运输与销售，可以进一步扩展业务。对于品质较差评不上级的鲜切花，目前社员只能将其作为有机肥的腐料。花农合作社应该寻找与开发利用鲜切花的其他途径，如云南丽都公司回收评不上级的月季花瓣，用锅炉蒸馏提取精油，从而增加收益。

6.2.5　基于花农合作社基本特征的建议

6.2.5.1　花农合作社的适度规模

合作社规模与社员收益增加能力之间的关系，对于了解合作社的发展规律、促进合作社健康发展和绩效提升具有重要意义。梁巧、白荣荣（2021）基于 2014—2018 年近似全量农民合作社数据，采用动态面板数据模型研究合作社规模对绩效的影响，发现合作社的最优农民社员规模相对较小，为 15 户，呈现一种“小而美”的现象，东部地区合作社的最优农民社员规模（25 户）显著大于中西部地区（13 户）。云南花农合作社大多属于异质型合作社，在增加社员收益方面取得了令人瞩目的成绩，获得了较好的经济效益。由于鲜切花产业的高速发展，云南花农合作社的社员规模较大，一般为 30 户左右。

规模化经营是农民合作社实现经济效益的基础，销售额、社员数和资产总额是衡量规模的重要指标，但农业合作社规模的优化不等于这些指标的最大化。虽然目前云南花农合作社普遍需要通过吸收社员来扩大和稳定合作社规模，但是合作社在发展中仍需注意适度规模问题。合作社的规模不是越大越好，过大的规模可能导致合作社的运营和管理成本增加、效率下降，从而导致促进社员收益增加的能力下降。政府应该坚持适度规模的理念，不盲目鼓励合作社进行扩张，而是提倡其提升业务规模和服务能力；鼓励合作社加强内部资源的整合与分工协作、提高社有资产专用化程度和使用效率、实现农业服务的规模化、扩大经营范围和开展综合业务等。

6.2.5.2 花农合作社的成立年限

不同产品类型的农民合作社在组织结构与运营绩效方面存在差异。农民合作社研究必须基于产品特性，否则研究结果的正确性和适用范围得不到保障。农民合作社按照产品特性可以分为：粮食类、食用菌类、花卉苗木类和农业生产服务类。它们在组织规模、治理结构与运营绩效方面都存在不同程度的差异。不同产品类型的合作社不仅在成员和资本规模上有明显差异，而且在年总收入、总盈余和利润水平上存在显著差异。因此，对不同产品类型合作社，要有针对性地进行引导和扶持。政府应该为花卉产业合作社量身定制扶持和引导政策，尤其要加强对成立年限长的花农合作社的扶持。成立年限长的花农合作社具有经验优势，更具有升级和发展的潜力。

从实证研究数据可以看出，成立年限长的花农合作社在种植技术指导经验和运营能力方面都比较强，具有更好的社员基础和影响力。但是，成立年限长的花农合作社在鲜切花销售费用和获得更好的交易价格方面并没有明显的优势。成立年限长的花农合作社应该充分发挥自身经验优势，不断提高合作社的业务能力、服务能力和运营能力，在提高社员鲜切花产量和质量、降低鲜切花的化肥和农药施用量的同时，在降低鲜切花销售费用和提高鲜切花交易价格方面有所作为。

6.2.5.3 花农合作社的商标品牌培育

品牌建设是农民合作社发展的关键环节，对提升农民合作社经济绩效和增加社员收益，以及推进农业现代化和实施乡村振兴战略具有重要意义。内部条件因素中的种植面积、注册年限、“三品一标”情况，外部条件中的市场竞争激烈程度、组织文化条件中的理事长对品牌建设重视程度因素、政府是否进行资金和政策支持因素具有较强的显著性。商标的品牌知名度能够提高合作社在鲜切花交易活动中的地位和话语权，对花农合作社的发展具有重要意义。从实证研究数据来看，知名度高的合作社在种苗培育和销售业务上具有明显优势，特别是在新品种的推广方面。但是，知名度高的合作社在鲜切花交易中并没有获得明显的议价优势和更高的交易价格。政府应加大扶持力度，鼓励农民合作社完善内部管理机制、进行规范化运营、加强文化建设和品牌建设。

目前，在社会需求多元化、买方市场形成等因素的共同制约下，花农合作社有必要通过品牌构建提升鲜切花的产品竞争力。具体包括：加大政策性扶持力度，打造云南特色鲜切花品牌；清晰界定农民合作社农产品商标产权；打造云南花农合作社联合社；可依附工商资本品牌和渠道；合理延伸鲜切花产业链，提高花农合作社的品牌认知度。

6.3 研究展望

本书基于社员收益影响机制的基本要素（资源禀赋与合作社基本特征），提出了云南花农合作社增加社员收益的 6 个研究假说。在研究假说的基础上，结合云南省鲜切花主产区晋宁区与通海县的经验数据，实证分析了 6 个增收假说，验证了花农合作社增加社员收益的原理，解释了社员收益高于非社员的原因，揭示了不同合作社社员收益存在差异的原因及影响因素。未来还有不少可以深入研究的问题。

6.3.1 花农合作社产生的外部条件

虽然云南花农合作社在数量与质量方面取得了令人瞩目的成绩，但是花农合作社发展的地区差异性说明外部环境对花农合作社的产生与发展非常重要。鲜切花种植区域的形成是花农合作社形成的首要条件。一个地区如果只有零散的几户花农小规模地种植鲜切花，是不可能产生花农合作社的。此外，农业企业发达的地区也很难产生花农合作社，过大的竞争会使花农合作社刚诞生就夭折。资源禀赋处于劣势的花农对花农合作社的需求最强，距离专业批发市场越远、经营规模越小、采购农资的困难越大、种植技术越落后的地区越需要花农合作社，产生花农合作社的可能性越大。但是，资源禀赋处于劣势的地区不一定能产生花农合作社，花农合作社的理事长与核心成员对花农合作社的产生具有重大作用。如果当地存在有一定种植与销售经验、一定威望与带头作用、一些有经济实力的种植能手，那么该地区产生花农合作社的可能性比较大。由于时间与精力的限制，本书没有对花农合作社产生的外部条件进行系统研究。在今后的研究中，可从区域、市场环境、花农特征、种植能手等方面，结合经验数据，系统分析花农合作社产生的外部条件，以获得更有利于云南花农合作社发展与壮大的具有较强实践意义的结论。

6.3.2 花农合作社的适度规模

如果企业规模过小，难以发挥规模经济效应；如果企业规模过大，管理费用与经营难度会使企业不堪重负，因而企业的适度规模一直是经济学中的一个重要问题。与企业相似，花农合作社也存在适度规模的问题。如果花农合作社规模过小，在采购农资、运输与销售等方面就难以产生规模优势，提高组织化程度的效果也难以显现。如果规模过大，花农合作社的服务设施与管理能力跟不上，服务水平很容易大幅下滑，将失去社员的信任与支持，花农合作社可能很快解体。因此，适度规模对花农合作社的存在与发展具有重要意义，是一个值得深入研究的问题。

6.3.3 社员对花农合作社信任的影响因素

社员对花农合作社的信任是花农合作社存在与发展的基础。社员对花农合作社的信任不仅取决于社员收益，还取决于社员对花农合作社的服务评价。花农合作社如果不能显著增加花农收益，将很难留住社员，更无法扩大规模。花农合作社业务制度的不合理、服务设施欠缺、鲜切花销售过程中的“偷懒”或“寻租”行为等，都会影响社员对花农合作社的服务评价，使花农合作社失去社员的信任。因此，基于花农合作社服务评价分析社员对花农合作社信任的影响因素，对改善花农合作社经营制度、提高与保障社员忠诚度、提高花农合作社的生存能力具有重要意义。

参考文献

[1] 蔡荣，韩洪云．农业经营组织演化的经济学解释［J］．当代经济管理，2011（3）：54-57.

[2] 蔡荣．合作社内部交易合约安排及对农户生产行为的影响：以山东省苹果产业为例［D］．杭州：浙江大学，2011.

[3] 蔡荣，祁春节．农业产业化组织形式变迁：基于交易费用与契约选择的分析［J］．经济问题探索，2007（3）：28-31.

[4] 孔祥智，岳振飞，张琛．合作社联合的本质：一个交易成本解释框架及其应用［J］．新疆师范大学学报（哲学社会科学版），2018，39（1）：100-106.

[5] 陈曦，陶佩君，董海荣．梨果标准化生产不同阶段农户行为的实证研究［J］．农业科技管理，2007（4）：85-88.

[6] 巩前文，张俊彪，李瑾．农户施肥量决策的影响因素实证分析：基于湖北省调查数据的分析［J］．农业经济问题，2008（10）：63-68.

[7] 范小菲．农业生产合作社标准化生产影响因素分析：以四川省郫县锦宁韭黄生产合作社为例［J］．农村经济，2011（2）：108-110.

[8] 石芮岭，彭译霆．合作社服务对农户减量使用化肥的影响研究［J］．农村经济与科技，2021，32（13）：41-44.

[9] 张永强，王珧，蒲晨曦．合作社保障农产品质量安全机制研究［J］．北方园艺，2018（23）：187-194.

[10] 万凌霄，蔡海龙．合作社参与对农户测土配方施肥技术采纳影响研究：基于标准化生产视角［J］．农业技术经济，2021（3）：63-77.

[11] 董晓霞．种植业结构调整对农户收入影响的实证分析：以环北京地区为例［J］．农业技术经济，2008（1）：10-17.

[12] 王芳，王宁，隋明姜，等．合作社实施农业标准化分析：基于河北、吉林、陕西、浙江四省份调查［J］．农业技术经济，2013（9）：67-75.

［13］徐旭初，吴彬．合作社是小农户和现代农业发展有机衔接的理想载体吗？［J］．中国农村经济，2018（11）：80-95.

［14］王图展．农民合作社议价权、自生能力与成员经济绩效：基于381份农民专业合作社调查问卷的实证分析［J］．中国农村经济，2016（1）：53-68，82.

［15］高贵如，王双进．基于交易成本的农民合作组织需求分析［J］．中国经济评论，2007（10）：60-62.

［16］郭红东．中国农民合作社发展：理论与实证研究［M］．杭州：浙江大学出版社，2011.

［17］郭红东，钱崔红．关于合作社理论的文献综述［J］．中国农村观察，2005（1）：72-77.

［18］崔宝玉，程春燕．农民专业合作社的关系治理与契约治理［J］．西北农林科技大学学报（社会科学版），2017，17（6）：40-47.

［19］崔宝玉，刘丽珍．交易类型与农民专业合作社治理机制［J］．中国农村观察，2017（4）：17-31.

［20］崔宝玉，王纯慧．论中国当代农民合作社制度［J］．上海经济研究，2017（2）：118-127.

［21］罗千峰，罗增海．合作社再组织化的实现路径与增效机制：基于青海省三家生态畜牧业合作社的案例分析［J］．中国农村观察，2022（1）：91-106.

［22］向德平，刘风．农民合作社在反脆弱性发展中的作用和路径分析［J］．河南社会科学，2017，25（5）：120-124.

［23］罗明忠，陈江华．农民合作社的生成逻辑：基于风险规避与技术扩散视角［J］．西北农林科技大学学报（社会科学版），2016，16（6）：43-49.

［24］郭锦墉，肖剑．内部治理结构、外部支持与农民合作社农产品质量可追溯参与行为［J］．农业经济与管理，2022（1）：93-106.

［25］郭红东，蒋文华．影响农户参与专业合作经济组织行为的因素分析：基于对浙江省农户的实证研究［J］．中国农村经济，2004（5）：10-16，30.

［26］郭红东，袁路明，林迪．影响社员对合作社满意度因素的分析［J］．西北农林科技大学学报（社会科学版），2009（5）：32-36.

［27］郭建宇．农业产业化的农户增收效应分析：以山西省为例［J］．中

国农村经济，2008（11）：8-11.

［28］郭欣旺．市场参与方式对农户收入与分配的影响研究［D］．中国农业科学院，2011.

［29］黄凤，杨丹．农民合作社内部治理对其农业服务能力的影响：来自中国15省市的调查数据［J］．湖南农业大学学报（社会科学版），2014，15（6）：39-45.

［30］颜华，王思禹．黑龙江省农民合作社三产融合促农增收效果研究［J］．北方园艺，2021（11）：148-155.

［31］刘杰，李聪，李树苗．示范合作社的农业标准化效应：基于ESR模型的计量分析［J］．农业技术经济，2023（5）：98-112.

［32］刘浩，刘宇荧，傅新．合作社标准化生产服务能够提升农户收入吗？［J］．农村经济，2021（1）：55-62.

［33］罗磊，唐露菲，乔大宽，等．农民合作社培训、社员认知与绿色生产意愿［J］．中国农业资源与区划，2022，43（9）：79-89.

［34］周振，张琛，钟真．"统分结合"的创新与农业适度规模经营：基于新田地种植专业合作社的案例分析［J］．农业经济问题，2019（8）：49-58.

［35］洪建国，杨钢桥．生产要素市场发育与农户生产行为决策［J］．华中农业大学学报（社会科学版），2012（2）：23-27.

［36］胡初枝，黄贤金，方鹏，等．农户资源禀赋对劳动力转移行为的影响分析：基于常熟市、如东县和铜山县农户调查的分析［J］．江南大学学报（人文社会科学版），2008（4）：72-76.

［37］胡定寰，陈志钢，孙庆珍，等．合同生产模式对农户收入和食品安全的影响：以山东省苹果产业为例［J］．中国农村经济，2006（11）：17-24，41.

［38］胡敏华．农民理性及其合作行为问题的研究述评：兼论农民"善分不善合"［J］．财贸研究，2007（6）：46-52.

［39］梁巧，白荣荣．农民合作社组织规模与绩效的关系探究［J］．经济学家，2021（8）：119-128.

［40］钟真，张琛，张阳悦．纵向协作程度对合作社收益及分配机制影响：基于4个案例的实证分析［J］．中国农村经济，2017（6）：16-29.

［41］胡卓红．农民合作社发展实证研究［M］．杭州：浙江大学出版

社，2008.

[42] 黄季焜，齐亮，陈瑞剑．技术信息知识、风险偏好与农民施用农药[J]．管理世界，2008（5）：71-76.

[43] 黄季焜，马恒运．中国主要农产品生产成本与主要国际竞争者的比较[J]．中国农村经济，2000（5）：17-21.

[44] 黄珺，顾海英，朱国玮．农产品价格、合作社与农民增收的经济学分析[J]．生产力研究，2006（6）：58-59，88.

[45] 黄胜忠．转型时期农民合作社的组织行为研究：基于成员异质性的视角[M]．杭州：浙江大学出版社，2008.

[46] 黄胜忠．农业合作社理论研究述评[J]．商业研究，2009（3）：175-179.

[47] 黄胜忠，林坚，徐旭初．农民合作社治理机制及其绩效实证分析[J]．中国农村经济，2008（3）：65-73.

[48] 黄胜忠，徐旭初．成员异质性与农民合作社的组织结构分析[J]．南京农业大学学报（社会科学版），2008（3）：1-7.

[49] 黄文华，林燕金．农业标准化实施中农户行为实证分析：基于茶农采标行为的研究[J]．江西农业大学学报（社会科学版），2008（12）：67-70.

[50] 黄祖辉．农民合作：必然性、变革态势与启示[J]．中国农村经济，2000（8）：4-8.

[51] 黄祖辉．让合作社成为农村产业化经营的主力军[J]．中国合作经济，2009（10）：46-47.

[52] 黄祖辉，梁巧．梨果供应链中不同组织的效率及其对农户的影响：基于浙江省的实证调研数据[J]．西北农林科技大学学报（社会科学版），2009（1）：36-40.

[53] 黄祖辉，梁巧．小农户参与大市场的集体行动：以浙江省箬横西瓜合作社为例的分析[J]．农业经济问题，2007（9）：66-71.

[54] 黄祖辉．中国农民合作组织发展的若干理论与实践问题[J]．中国农村经济，2008（11）：4-7，26.

[55] 钟真，黄斌．要素禀赋、入社门槛与社员增收：基于三家农民合作社的案例分析[J]．改革，2018（9）：126-134.

[56] 张国鹏，王玉斌．我国农民合作社内部交易价格机制的比较分析：

基于盈余分配的视角［J］. 哈尔滨工业大学学报（社会科学版），2018，20（5）：133-140.

［57］陆倩，孙剑，向云. 农民合作社产权治理现状、类型划分及社员利益比较：中国为何缺乏有效的农民合作社［J］. 经济学家，2016（9）：86-95.

［58］黄祖辉，徐旭初. 基于能力和关系的合作治理：对浙江省农民合作社治理结构的解释［J］. 浙江社会科学，2006（1）：60-66.

［59］蒋永穆，高杰. 不同农业经营组织结构中的农户行为与农产品质量安全［J］. 云南财经大学学报，2013（1）：142-148.

［60］孔祥智，张小林，庞晓鹏，等. 陕、宁、川农民合作经济组织的作用及制约因素调查［J］. 经济理论与经济管理，2005（6）：52-57.

［61］李瑜. 家庭承包经营体制下农户经营行为及其绩效分析［J］. 安徽农业科学，2011，39（22）：13731-13734.

［62］梁巧. 合作社对农户生产效益和规模效率的影响：基于理论模型和经验研究［D］. 浙江大学，2010.

［63］林迪，郭红东. 农民合作社发展：基于部分合作社社员的调查与分析［J］. 农业经济，2009（2）：81-82.

［64］林坚，黄胜忠. 成员异质性与农民合作社的所有权分析［J］. 农业经济问题，2007（10）：12-17.

［65］林坚，马彦丽. 农业合作社和投资者所有企业的边界：基于交易费用和组织成本角度的分析［J］. 农业经济问题，2006（3）：16-20，79.

［66］刘梅，杜丽丽，张晓. 基于Logistic模型的农户有机肥施用意愿及影响因素分析：以山东为例［J］. 安徽农业科学，2010，38（9）：4827-4829.

［67］刘勇. 西方农业合作社理论文献综述［J］. 华南农业大学学报（社会科学版），2009，8（4）：54-63.

［68］卢向虎，吕新业，秦富. 农户参加农民专业合作组织意愿的实证分析：基于7省24市（县）农户的调研数据［J］. 农业经济问题，2008（1）：26-31.

［69］罗松远. 农户行为对我国农业技术进步类型影响的实证分析：以小麦为例［J］. 河南工业大学学报（社会科学版），2009（2）：27-30.

［70］马彦丽. 我国农民合作社的制度解析［M］. 北京：中国社会科学出版社，2007.

［71］马彦丽，孟彩英．我国农民合作社的双重委托代理关系：兼论存在的问题及改进思路［J］．农业经济问题，2008（5）：55-60.

［72］宁满秀，吴小颖．农业培训与农户化学要素施用行为关系研究：来自福建省茶农的经验分析［J］．农业技术经济，2011（2）：27-34.

［73］齐文娥，唐雯珊．农户农产品销售渠道的选择与评价：以广东省荔枝种植者为例［J］．中国农村观察，2009（6）：14-22，94.

［74］钱文荣，张忠明．农民土地意愿经营规模影响因素实证研究：基于长江中下游区域的调查分析［J］．农业经济问题，2007（5）：28-34，110.

［75］钱鼎炜．茶叶新品种技术扩散对不同农户收入的影响：以福建省茶产区农户为例［J］．农业技术经济，2012（3）：65-70.

［76］秦丽欢，罗良国．影响种植农户收益的投入因素及潜在环境影响分析：以云南省大理市、洱源县种植业为例［J］．农业环境与发展，2012（6）：75-79.

［77］屈小博，霍学喜．交易成本对农户农产品销售行为的影响：基于陕西省 6 个县 27 个村果农调查数据的分析［J］．中国农村经济，2007（8）：35-46.

［78］程士国．云南花卉合作经济组织的现状透视［J］．经济问题探索，2007（4）：176-180.

［79］陆继亮，刘宇．携起手来闯市场：云南花农专业合作组织发展侧记［J］．致富天地，2011（6）：14-15.

［80］高雅，吴晨．农民合作社异化及其对组织绩效的影响［J］．湖南农业大学学报（社会科学版），2014，15（3）：27-32.

［81］杨军．农民合作社异化的成因及趋势［J］．农村经济，2012（7）：118-121.

［82］杨明珊，陆继亮，魏国震，等．云南现代花卉产业的优势和问题［J］．农业工程技术，2020，40（13）：14-21，28.

［83］陈治宇，李永前，陈蕊，等．荷兰花卉产业成功经验对云南花卉产业发展的启示［J］．农业展望，2019，15（4）：118-121，127.

［84］邵科，徐旭初．成员异质性对农民合作社治理结构的影响：基于浙江 88 家合作社的分析［J］．西北农林科技大学学报（社会科学版），2008（8）：5-9.

［85］史耀波．市场提供农村公共产品对农户收入的影响分析［J］．中国

农业大学学报，2012（2）：177-184.

［86］宋金田，祁春节．交易成本对农户农产品销售方式选择的影响：基于对柑橘种植农户的调查［J］．中国农村观察，2011（5）：33-44，96.

［87］孙艳华，周力，应瑞瑶．农民合作社增收绩效研究：基于江苏省养鸡农户调查数据的分析［J］．南京农业大学学报（社会科学版），2007（2）：22-27.

［88］王格玲，陆迁，王昕．社会资本对农户收入及收入差距影响的灰色关联度分析［J］．广东农业科学，2012（16）：200-202.

［89］王克亚，刘婷，邹宇．欠发达地区农户参与专业合作社意愿调查研究［J］．经济纵横，2009（7）：71-73.

［90］王曙光．中国农民合作组织历史演进：一个基于契约—产权视角的分析［J］．农业经济问题，2010（11）：21-27，110.

［91］王孝莹，张可成，胡继连．农户生产合作博弈模型［J］．运筹与管理，2006，15（3）：114-118.

［92］王瑜，应瑞瑶．契约选择和生产者质量控制行为研究：基于农户风险偏好视角［J］．经济问题，2007（9）：85-87.

［93］谢蓉，吴永兴，顾霖霞．不同类型农户生产经营行为的对比研究：基于上海市郊1000个农户的调查案例分析［J］．农村经济，2009（6）：46-50.

［94］肖富群．人力资本要素对农户收入影响的次序性：基于广西农村的调查数据［J］．软科学，2010（6）：101-105.

［95］徐健，汪旭辉．订单农业及其组织模式对农户收入影响的实证分析［J］．中国农村经济，2009（4）：39-47.

［96］毋俊芝．中国农民合作经济组织的理论与实践［M］．北京：中国社会出版社，2008.

［97］薛凤蕊，乔光华，姜冬梅．土地合作社对农户收入影响评价［J］．农业经济问题，2012（5）：34-39.

［98］余丽燕．农民合作社融资研究［D］．西北农林科技大学，2012.

［99］曾明星，杨宗锦．农民合作社最优内部交易价格模型与应用研究［J］．开发研究，2010（6）：19-22.

［100］张广胜，周娟，周密．农民对专业合作社需求的影响因素分析：基于沈阳市200个村的调查［J］．农业经济问题，2007（11）：68-73.

［101］张立华．抑制农产品价格非理性波动的路径选择：基于农民合作社视角的分析［J］．价格理论与实践，2010（10）：17-18.

［102］张晓山．农民合作社的发展趋势探析［J］．管理世界，2009（5）：89-96.

［103］张晓雯．农户对专业合作社依存性影响因素分析：基于山东等四省408户农户调查数据的分析［J］．中央财经大学学报，2011（11）：44-49.

［104］张雪莲，冯开文．农民合作社决策权分割的博弈分析［J］．中国农村经济，2008（8）：61-69.

［105］张媛，支玲，许守任，等．云南省花农花卉新品种种植意愿影响因素分析［J］．林业调查规划，2012（4）：128-131.

［106］张忠明，钱文荣．农民土地意愿经营规模影响因素实证研究：基于长江中下游区域的调查分析［J］．农业经济问题，2007（9）：65-70.

［107］赵国杰，郭春丽．农民合作社生命周期分析与政府角色转换初探［J］．农业经济问题，2009（1）：76-80.

［108］赵佳荣．农户对专业合作社的需求及其影响因素比较：基于湖南省两类地区农户的实证分析［J］．中国农村经济，2008（11）：18-26.

［109］钟智利，周娟，肖艳春．辽宁省农户参与农民合作经济组织行为的影响因素分析［J］．农业经济，2008（1）：65-66.

［110］钟瑞添，肖富群．专业合作经营与农民增收：基于广西贵港市469个农户的调查数据［J］．改革与战略，2011（5）：13-17.

［111］周波，于冷．农业技术应用对农户收入的影响：以江西跟踪观察农户为例［J］．中国农村经济，2011（1）：49-57.

［112］朱红根，陈昭玖，翁贞林，等．稻作经营大户对专业合作社需求的影响因素分析：基于江西省385个农户调查数据［J］．农业经济问题，2008（12）：71-78.

［113］朱建军，舒帮荣．农地经营权配置对农户收入影响的实证分析［J］．南京农业大学学报（社会科学版），2012（2）：77-82，109.

［114］AKRIDGE J T，HERTEL T W. Cooperative and investor-oriented firm efficiency：a multi-product analysis［J］. Journal of Agricultural Cooperation，1992，7：1-14.

［115］ALBAEK S，SCHELTA C. On the relative advantage of cooperatives［J］. Economic Letters，1998，59（2）：397-401.

[116] BIJMAN W, HENDRIKSE G. Co-operatives in chains: institutional restructuring in the Dutch fruit and vegetable industry [J]. Journal on Chain and Network Science, 2003, 3 (2): 95-107.

[117] BOYLE G E. The economic efficiency of Irish dairy marketing co-operatives [J]. Agribusiness, 2004, 20 (2): 143-153.

[118] BRUCE F H, LEVEEN E P. Farm size and economic efficiency: the case of California [J]. American Journal of Agricultural Economics, 1978, 60 (4): 589-600.

[119] CAVES R F, PETERSEN B C. Cooperatives' shares in farm industries: organizational and policy factoys [J]. Agri-business, 1986, 2 (1): 1-19.

[120] CHADDAD F R, COOK M L. An ownership rights typology of cooperative models [R]. Working Paper, 2002.

[121] CHOI E K, FEINERMAN E. Producer cooperatives, input pricing and land allocation [J]. Journal of Agricultural Economics, 1993, 44 (2): 230-244.

[122] CLARK E. Farmer cooperatives and economic welfare [J]. Journal of Farm Economics, 1952, 34 (1): 35-51.

[123] COASE R H. The nature of the firm [J]. Economica, 1937, 4 (16): 386-405.

[124] COOK M L, BURRESS M J. A cooperative life cycle framework [A] // Columbia: University of Missouri, 2009.

[125] DRIVAS K, GIANNAKAS K. The effect of cooperatives on quality-enhancing innovation [J]. Journal of Agricultural Economics, 2010, 61 (2): 295-317.

[126] EILERS C, HANF C H. Contracts between farmers and farmers-processing cooperatives: a principal-agent approach for the potato starch industry [M] // Heidelberg (ed.) Vertical Relationships and Coordination in the Food System, 1999: 267-284.

[127] EMELIANOFF I V. Economic theory of co-operatives [M]. Washington DC: Edward Brothers, Int., 1942.

[128] ENKE S. Consumer cooperatives and economic efficiency [J]. The American Economic Review, 1945, 35 (1): 148-155.

[129] EVANS L, MEADE R. The role and significance of cooperatives in

New Zealand agriculture: a comparative institutional analysis [M]. Wellington: New Zealand Institute for the Study of Competition and Regulation, Inc, 2006.

[130] FEATHERSTONE A M, RAHMAN M. Non-parametric analysis of the optimizing behavior of mid western cooperatives [J]. Review of Agricultural Economics, 1996, 18 (2): 265-273.

[131] FEINERMAN E, FALKOVITZ M S. An agricultural multipurpose service cooperative: pareto optimality, price-tax solution, and stability [J]. Journal of Comparative Economics, 1991, 15 (1): 95-114.

[132] FERRIER G D, PORTER P K. The productive efficiency of us milk processing co-operatives [J]. Journal of Agricultural Economics, 1991, 42 (2): 161-173.

[133] FRANKEN J R, PENNINGS J M E, GARCIA P. Do transaction costs and risk preferences influence marketing arrangements in the Illinois hog industry [J]. Journal of Agricultural and Resource Economics, 2009, 34 (2): 297-315.

[134] FULTON M. The future of Canadian agricultural cooperatives: a property rights approach [J]. American Journal of Agricultural Economics, 1995, 77 (5); 1144-1152.

[135] FULTON M, SANDERSON K. Co-operatives and farmers in the new agriculture [J]. Working paper, 2002.

[136] GIANNAKAS K, FULTON M. Process innovation activity in a mixed oligopoly: the role of cooperatives [J]. American Journal of Agricultural Economics, 2005, 87 (4): 406-422.

[137] GOLDSMITH A. The private sector and rural development: can agribusiness help the small farmer? [J]. World Development, 1985, 13 (10): 1125-1138.

[138] GROSSMAN S, HART O. The costs and benefits of ownership: a theory of vertical and lateral integration [J]. Journal of Political Economy, 1986. 94 (1): 691-719.

[139] HANSMANN H. Cooperative firms in theory and practice [J]. LTA, 1999, 48 (4): 404-417.

[140] HARRIS A, FULTON M E. Comparative financial performance analysis of Canadian co-operatives, investor-owned firms, and industry norms [R].

Working paper, 1996.

[141] HELMBERGER P G, HOOS S. Cooperative enterprise and organization theory [J]. Journal of Farm Economics, 1962, 44 (2) : 275-290.

[142] HELMBERGER P G. Cooperative enterprise as a structural dimension of farm markets [J]. Journal of Farm Economics, 1964, 46 (3): 603-617.

[143] HENDRIKES G, BIJMAN W. Ownership structure in agrifood chains: the marketing cooperative [J]. American Journal of Agricultural Economics, 2002, 84 (1): 104-119.

[144] HENDRIKSE G W J, VEERMAN C P. Marketing cooperatives and financial structure: a transaction costs economics analysis [J]. Agricultural Economics, 2001, 26 (3): 205-216.

[145] HERBST P, PRUFER J. Firms, nonprofits and cooperatives: a theory of organizational choice [R]. Working Paper, 2007.

[146] HOFFINANNN R. Ownership structure and endogenous quality choice: cooperatives versus investor-owned firms [J]. Journal of Agricultural & Food Industrial Organization, 2005, 3 (8): 1-24.

[147] JAMES JR H S, SYKUTA M E. Property right and organizational characteristics of producer owned firms and organizational trust [J]. Analyse of Public and Cooperative Economics, 2005, 76 (4): 545-580.

[148] LERMAN Z, PARLIAMENT C. Comparative performance of food-processing cooperatives and investor-owned firms [J]. Agribusiness, 1990, 6 (6): 527-540.

[149] LEVAY C. Agricultural cooperative theory: a review [J]. Journal of Agricultural Economics, 1983, 34 (1): 1-44.

[150] LI S, YE B, YU J. Incentives and quality provision in organizations: cooperative vs IOF [R]. Working Paper, 2010.

[151] MACPHERSON I. The ICA statement on the co-operative identity [J]. Co-operative Principles for the 21st Century, 1996.

[152] NILSSON J. Cooperative issues in Nordic research [J]. Annals of Public and Cooperative Economics, 1994, 65 (1): 149-178.

[153] NOURSE E G. The economic philosophy of cooperation [J]. American Economic Review, 1922, 12: 577-597.

[154] NOURSE E G. The place of the cooperative in our national economy [A]. Journal of Agricultural Cooperation, 1942: 33-39.

[155] NOVKOVIC S. Defining the co-operative difference [J]. Journal of Socio-Economics, 2008, 37 (6): 2168-2177.

[156] PARLIAMENT C, LERMAN Z, FULTON J. Performance of cooperatives and investor owned firms in the dairy industry [R]. Staff Papers, 1989.

[157] PHILLIPS R. Economic nature of the cooperative association [J]. Journal of Farm Economics, 1953, 35 (1): 74-87.

[158] PORTER P K, SCULLY G W. Economic efficiency in cooperatives [J]. The Journal of Law and Economics, 1987, 30 (2): 489-512.

[159] RHODES V J. The large agricultural cooperative as a competitor [J]. American Journal of Agricultural Economics, 1983, 65 (5): 1090-1095.

[160] ROBOTKA F. A theory of cooperation [J]. Journal of Farm Economics, 1947 (29): 94-114.

[161] ROYER J S. Potential for cooperative involvement in vertical coordination and value-added activities [J]. Agribusiness, 1995, 11 (5): 473-481.

[162] ROYER J S, BHUYAN S. Forward integration by farmer cooperatives: comparative incentives and impacts [J]. Journal of Cooperatives, 1995, 10: 33-48.

[163] ROYER J S, SMITH D B. Patronage refunds, expectations, and optimal pricing by agricultural cooperatives [J]. Journal of Cooperatives, 2007, 20: 1-16.

[164] SAITONE T L, SEXTON R J. Optimal cooperative pooling in a quality-differentiated market [J]. American Journal of Agricultural Economics, 2009, 91 (5): 1224-1232.

[165] SAVAGE J K. Comment on economic nature of the cooperative association [J]. Journal of Farm Economics, 1954, 36 (3): 529-534.

[166] SEXTON R J. Imperfect competition in agricultural markets and the role of cooperatives: a spatial analysis [J]. American Journal of Agricultural Economics, 1990, 72 (3): 709-720.

[167] SEXTON R J. The formation of cooperatives: a game-theoretic approach with implications for cooperative finance, decision making, and stability

[J]. American Journal of Agricultural Economics, 1986, 68 (2): 214-225.

[168] SEXTON R J, ISKOW J. The competitive role of cooperatives in market-oriented economics: a policy analysis [M] //CSAKI C, KISLEV Y. Agricultural Cooperatives in Fransition, Ballder Colo: Westview Press, 1993.

[169] SHAFFER J D. Thinking about famers' cooperatives contracts and economic coordination [C] //ROYER J. Cooperative theory: new approaches. Washington D. C.: DSDA, 1981: 61-86.

[170] STAAZS J M. Cooperatives a theoretical perspective on the behavior of farmers [D]. East Lansing: Michigan State University, 1984.

[171] SYKUTA M, COOK M. A new institutional economics approach to contracts and cooperatives [J]. American Journal of Agricultural Economics, 2001, 83 (5): 1273-1279.

[172] TENNBAKK B. Marketing cooperatives in mixed duopolies [J]. Journal of Agricultural Economics, 1995, 46 (1): 33-45.

[173] TRIFON R. The economics of cooperative ventures: further comments [J]. Journal of Farm Economics, 1961, 43 (2): 215-235.

[174] VALENTINOV V. Why are cooperatives important in agriculture? An organizational economics perspective [J]. Journal of Institutional Economics, 2007, 3 (1): 55-69.

[175] VAN SICKLE J J, LADD G W. A model of cooperative finance [J]. American Journal of Agricultural Economics, 1983, 65 (2): 273-281.

[176] VITALIANO P. Cooperative enterprise: an alternative conceptual basis for analyzing a complex institution [J]. American Journal of Agricultural Economics, 1983, 65 (5): 1078-1083.

[177] ZUSMAN P. Constitutional selection of collective-choice rules in a cooperative enterprise [J]. Journal of Economic Behavior & Organization, 1992, 17 (3): 353-362.

附录　云南花农合作社增加社员收益机理调查问卷

问卷编号：

市：

县：

镇（乡）：

村：

调查员：

调查日期：

尊敬的受访者与调查员：

我们承诺将对问卷的所有内容与信息进行严格保密，且问卷仅用于学术研究，不涉及任何商业用途。

问卷的生产年度为2017年，即从2017年1月1日到2017年12月31日的生产周期。本问卷涉及的所有生产经营信息都应该发生在2017年度。

非常感谢您的支持与帮助！

第一部分　花农的基本信息与资源禀赋

1. 花农基本信息

户主（农业生产组织者）性别________（男性请填 1，女性请填 2）

户主年龄______岁　　户主受教育年限_________年

户主的健康状况__________（良好请填 5，较好请填 4，一般请填 3，较差请填 2，差请填 1）

2. 花农生产经营基本情况

问　题	您的回答
请问您 2017 年度的鲜切花总产量是多少枝?	枝
请问您 2017 年度的 A 级花与 B 级花的数量分别是多少枝?	枝
请问您 2017 年度的鲜切花销售收入是多少元?	元

3. 花农资源禀赋情况

问　题	您的回答
请问您种植鲜切花的总面积是多少?（包括租赁土地）	亩
请问您的鲜切花种植基地距离鲜切花专业批发市场（昆明市呈贡区斗南镇）的距离是多少公里?	公里
请问您的家庭中常年从事鲜切花种植劳动的有多少人?	人
请问您的家庭中常年从事鲜切花种植成员的平均年龄（包括农业生产组织者）是多少岁?	岁
请问您的家庭自行到鲜切花批发市场销售鲜切花的经验为以下哪种情况?（请填写编码：4—销售经验 6 年及以上；3—销售经验 3~5 年；2—销售经验 1~2 年；1—销售经验 1 年以下；0—没有自行销售经验）	
请问您种植鲜切花的年限为多少年?	年
请问您家庭的农业生产固定资产（主要包括农业生产的硬件设施、农机设备与运输工具）为以下哪种情况?（请填写编码：4—8 万元以上；3—5~8 万元；2—3~5 万元；1—3 万元以下）	

第二部分　鲜切花品种部分

问　题	您的回答
请问您种植月季的小品种为以下哪种? （请填写编码：1—老三样（老三样为“卡罗拉”/“超玫”、“黑魔术”、“影星”/“艳粉”）；2—新四样（“维西利亚”“假日公主”“玛丽亚”“芬得拉”）；3—国产新品种（如“中国红”等）；4—其他品种（如“蜜桃雪山”）	

续表

问　题	您的回答
如果您委托合作社销售鲜切花，请继续填写以下三项（如果您自行去批发市场销售鲜切花，则不用填写）	
请问您接受合作社为您推荐的月季品种吗？ （请填写编码：0—没有接受推荐；1—接受推荐）	
请问您委托的合作社对鲜切花的品种有要求吗？ （请填写编码：0—没有要求；1—有一定的要求；2—有严格要求）	
请问您委托的合作社要求您向其购买种苗吗？ （请填写编码：0—没有要求；1—有一定的要求；2—有严格要求）	

第三部分　种植面积部分

问　题	您的回答
请问您是否想扩大鲜切花的种植面积？ （请填写编码：1—很想缩小面积；2—有点想缩小面积；3—维持不变；4—有点想扩大面积；5—很想扩大面积）	

第四部分　种植技术与生产标准部分

如果您委托合作社销售鲜切花，请填写以下两项（如果您自行去批发市场销售鲜切花，则不用填写）

问　题	您的回答
请问您对合作社提供的种植技术指导服务怎么评价？ （请填写编码：1—对服务不满意；2—对服务有点不满意；3—对服务比较满意；4—对服务很满意）	
请问您对合作社提供的生产标准指导服务怎么评价？ （请填写编码：1—对服务不满意；2—对服务有点不满意；3—对服务比较满意；4—对服务很满意）	

第五部分　生产成本部分

问　题	您的回答
请问您 2017 年度用于购买种苗的支出为多少元？	元
请问您 2017 年度用于肥料（包括化肥与农家肥）的支出为多少元？	元
请问您 2017 年度用于购买农药的支出为多少元？	元
请问您 2017 年度雇佣劳动力从事鲜切花生产与经营的支出为多少元？	元

续表

问　题	您的回答
如果您委托合作社销售鲜切花，请继续填写以下几项（如果您自行去批发市场销售鲜切花，则不用填写）	
请问您对合作社提供的种苗技术指导怎么评价？ （请填写编码：0—没有进行指导；1—指导情况较差；2—指导情况一般；3—指导情况较好；4—指导情况好）	
请问您对合作社提供的种苗质量怎么评价？ （请填写编码：1—种苗质量较差；2—种苗质量一般；3—种苗质量较好；4—种苗质量好）	
请问合作社向您提供种苗的价格与市场价格相比怎么样？ （请填写编码：0—低于市场价格；1—与市场价格相同；2—高于市场价格）	
请问您对合作社提供的肥料技术指导怎么评价？ （请填写编码：0—没有进行指导；1—指导情况较差；2—指导情况一般；3—指导情况较好；4—指导情况好）	
请问您对合作社提供的化肥质量怎么评价？ （请填写编码：1—化肥质量较差；2—化肥质量一般；3—化肥质量较好；4—化肥质量好）	
请问合作社向您提供化肥的价格与市场价格相比怎么样？ （请填写编码：0—低于市场价格；1—与市场价格相同；2—高于市场价格）	
请问您对合作社提供的农药技术指导怎么评价？ （请填写编码：0—没有进行指导；1—指导情况较差；2—指导情况一般；3—指导情况较好；4—指导情况好）	
请问您对合作社提供的农药质量怎么评价？ （请填写编码：1—农药质量较差；2—农药质量一般；3—农药质量较好；4—农药质量好）	
请问合作社向您提供农药的价格与市场价格相比怎么样？ （请填写编码：0—低于市场价格；1—与市场价格相同；2—高于市场价格）	

第六部分　销售费用

问　题	您的回答
如果您自行到鲜切花批发市场销售，请填写： 您 2017 年度用于销售鲜切花的支出为多少元？（包括鲜切花的包装费、运输费与市场手续费）	元
如果您委托合作社销售鲜切花，请填写以下几项：	
请问您 2017 年度向合作社支付的鲜切花销售服务费为多少元？	元

续表

问　题	您的回答
请您对合作社提供的销售服务作出评价。 （请填写编码：0—对服务非常不满意；1—对服务不太满意；2—对服务基本满意；3—对服务比较满意；4—对服务非常满意）	

第七部分　花农合作社的基本特征

如果您委托合作社销售鲜切花，请继续填写以下几项（如果您自行去批发市场销售鲜切花，则不用填写）

问　题	您的回答
请问您委托合作社的社员规模为以下哪种情况？ （请填写编码：1—10 户以下；2—10～30 户；3—30～60 户；4—60 户以上）	
请问您委托合作社的成立年限为以下哪种情况？ （请填写编码：1—1 年以下；2—1～3 年；3—3～5 年；4—5 年以上）	
请问您委托合作社的商品知名度为以下哪种情况？ （请填写编码：1—知名度很小；2—有一点知名度；3—比较有知名度；4—较高知名度;5—批发市场人人皆知的品牌）	
请问您是否为合作社的股东？ （请填写编码：1—是；0—否）	
请问您委托合作社的盈余返还金额为多少元？	元